PLAN D'ÉTUDES

DES LYCÉES.

On trouve à la même librairie :

Plan d'Études et Programmes de l'Enseignement des lycées impériaux ; grand in-18.

Instruction générale sur l'exécution du Plan d'études des lycées ; grand in-18.

Programme des conditions d'admission aux Bourses des lycées et des colléges ; grand in-18.

Programme des conditions d'admission à l'Agrégation des lycées (lettres et sciences) ; grand-18.

Programmes des examens dans les Facultés des Lettres, Baccalauréat, Licence, Doctorat ; grand in-18.

Programme de l'examen du Baccalauréat ès Lettres, prescrit par arrêté du 5 septembre 1852 ; grand in-18.

Programmes des examens dans les Facultés des Sciences, Baccalauréat, Licence, Doctorat ; grand in-18.

Programme de l'examen du Baccalauréat ès Sciences, prescrit par arrêté du 7 septembre 1852 ; grand in-18.

Programme de l'examen de la Licence ès Sciences, prescrit par arrêté du 20 avril 1835 ; grand in-18.

Programme des connaissances exigées pour l'admission à l'Ecole polytechnique, publié par le ministre de la guerre ; grand in-18.

Programme des connaissances exigées pour l'admission à l'École militaire de Saint-Cyr, publié par le ministre de la guerre ; grand in-18.

Programme des connaissances exigées pour l'admission à l'Ecole normale supérieure, publié par le ministre de l'instruction publique ; grand in-18.

Programme des connaissances exigées pour l'admission à l'Ecole navale, publié par le ministre de la marine ; grand in-18.

Programme des connaissances exigées pour l'admission à l'École forestière, publié par le ministre des finances ; grand in-18.

PLAN D'ÉTUDES

DES LYCÉES IMPÉRIAUX

SUIVI

DE L'INSTRUCTION GÉNÉRALE

PUBLIÉE POUR SON EXÉCUTION

Par M. FORTOUL

MINISTRE DE L'INSTRUCTION PUBLIQUE ET DES CULTES.

Nouvelle édition contenant tous les programmes annexes et les décrets et arrêtés rendus pour l'application et l'exécution du plan d'études.

PARIS.
IMPRIMERIE ET LIBRAIRIE CLASSIQUES
DE JULES DELALAIN
IMPRIMEUR DE L'UNIVERSITÉ

Rues de Sorbonne et des Mathurins-Saint-Jacques.

M DCCC LIV.

TABLE GÉNÉRALE.

I.

Plan d'études et programmes annexes. 1
Table du Plan d'études et des programmes annexes. 171

II.

Instruction générale pour l'exécution du plan d'études. 177
Table de l'Instruction générale. 325

III.

Décrets et arrêtés rendus pour l'exécution du plan d'études. 329
Table des décrets et arrêtés. 355

PROGRAMMES
DE L'ENSEIGNEMENT
DES LYCÉES.

PLAN D'ÉTUDES.

Le Ministre de l'instruction publique et des cultes,
Vu les articles 1, 2 et 3 du décret du 10 avril 1852, déterminant le système d'études des établissements publics,
Le conseil supérieur de l'instruction publique entendu,
Arrête ainsi qu'il suit le plan d'études des lycées :

CHAPITRE Ier. — DIVISION ÉLÉMENTAIRE.

CLASSE DE HUITIÈME.

Lecture et Récitation, avec explication des mots et des phrases.
Écriture.
Exercices d'orthographe.
Grammaire française : noms, adjectifs, verbes.
Histoire sainte, jusqu'à la mort de Salomon (récitation et interrogation).
Géographie : explication des termes, divisions principales du globe et de l'Europe.
Calcul : les quatre règles enseignées par la pratique.
Dessin linéaire au crayon et à la plume.

Évangiles des dimanches, en français.
Histoire sainte, approuvée par l'évêque diocésain.
Grammaire française de Lhomond.
Fénelon : *Fables*.

CLASSE DE SEPTIÈME.

Lecture et Récitation, avec explication des mots et des phrases.
Écriture.
Exercices d'orthographe.
Grammaire française : révision et continuation.
Grammaire latine : déclinaisons, conjugaisons. — Premières règles de la Syntaxe enseignées par des exercices d'application.
Exercices d'analyse grammaticale de vive voix et au tableau.
Explication de l'*Epitome historiæ sacræ*.
Histoire sainte : révision et continuation.
Géographie de la France : limites, montagnes, fleuves, anciennes provinces, départements avec leurs chefs-lieux.
Calcul : révision. — Système légal des poids et mesures.
Dessin linéaire au crayon et à la plume.

Évangiles des dimanches, en français.
Histoire sainte, approuvée.
Grammaires française et latine de Lhomond.
Fénelon : *Morceaux choisis*
La Fontaine : *Fables choisies*.
Epitome historiæ sacræ.

CHAPITRE II. — DIVISION DE GRAMMAIRE.

EXAMEN D'ADMISSION.

Lecture à haute voix.
Dictée d'orthographe.
Interrogation sur les parties de la grammaire française et de la grammaire latine qui ont été enseignées dans la division élémentaire.
Explication d'un passage choisi dans les vingt premiers chapitres de l'*Epitome historiæ sacræ*.

CLASSE DE SIXIÈME.

Récitation d'auteurs français et latins.
Grammaire française : révision.
Grammaire latine : révision des premiers éléments, syntaxe.
— Premières règles de la Méthode enseignées par des exercices d'application.
Grammaire grecque : déclinaisons, dans le second semestre.
Explication d'auteurs français et latins.
Thème latin.
Version latine.
Notions générales d'Histoire et de Géographie anciennes, pour servir d'introduction à l'histoire de France. — Histoire de France : première race. Notions correspondantes de géographie (Sommaire dicté et appris; développements oraux accompagnés d'interrogations (Programme 1, p. 19).
Révision des exercices pratiques de calcul.

Maximes tirées de l'Écriture sainte, par Rollin (texte latin).
Grammaires française et latine de Lhomond.
Grammaire grecque de Burnouf.
Fleury : *Mœurs des Israélites*.
Morceaux choisis de prose et de vers des classiques français.
Epitome historiæ græcæ.
De viris illustribus urbis Romæ.

CLASSE DE CINQUIÈME.

Récitation : textes français et latins. — Les cent premières décades des racines grecques.
Grammaire française.
Grammaire latine : révision de la Syntaxe, étude de la Méthode.
Grammaire grecque : conjugaisons. — Exercices d'application.
Explication d'auteurs français, latins, et, dans le deuxième semestre, d'auteurs grecs.
Thème latin.
Version latine.
Histoire de France : continuation jusqu'au règne de François Ier. Notions correspondantes de géographie (Programme 2, p. 28).
Géographie physique de la France (Programme 4, p. 39).
Révision des exercices pratiques de calcul.

Maximes tirées de l'Écriture sainte, par Rollin (texte latin).
Grammaires de Lhomond.
Grammaire grecque de Burnouf.
Morceaux choisis de prose et de vers des classiques français.
Fleury : *Mœurs des chrétiens.*
Racine : *Esther.*
Selectæ e profanis scriptoribus historiæ.
Cornélius Népos.
Phèdre : *Fables.*
Ésope : *Fables.*
Évangile selon saint Luc (texte grec).

CLASSE DE QUATRIÈME.

Récitation : textes français et latins. — Fin et révision des racines grecques.
Grammaire grecque : Syntaxe.
Notions élémentaires de Grammaire comparée dans les trois langues (Programme 6, p. 41).
Notions élémentaires de Prosodie latine.
Explications d'auteurs français, grecs et latins.
Thème latin.
Version latine.
Version grecque.

Histoire de France : continuation jusqu'à l'année 1815. Notions correspondantes de géographie (Programme 3, p. 33).
Géographie administrative de la France (Programme 5, p. 40).

Maximes tirées de l'Écriture sainte, par Rollin (texte latin).
Grammaires de Lhomond.
Grammaire grecque de Burnouf.
Prosodie latine.
Morceaux choisis de prose et de vers des classiques français.
Fénelon : *Télémaque*.
Racine : *Athalie*.
Cicéron : *Choix de Lettres familières*.
Quinte-Curce.
César : *De bello gallico*.
Virgile : *Églogues*.
Ovide : *Choix de métamorphoses*.
Évangile selon saint Luc (texte grec).
Xénophon : *Cyropédie*.
Lucien : *Choix de dialogues des morts*.

Une leçon par semaine est réservée aux éléments de l'Arithmétique et à des notions préliminaires de Géométrie, enseignés par un professeur spécial (Programme 7, p. 43).

EXAMEN DE GRAMMAIRE.

L'examen de grammaire est fait par le proviseur ou le censeur, assisté du professeur de troisième et du professeur de quatrième.

Cet examen se compose :
1° D'une version latine ;
2° De l'explication de trois textes français, latin et grec, choisis dans les auteurs vus en quatrième ;
3° D'interrogations sur les trois grammaires ;
4° De questions sur l'histoire et la géographie de la France ;
5° D'opérations d'arithmétique.

Le certificat d'aptitude délivré dans un lycée est valable pour tous les établissements publics.

Il est délivré sans examen aux élèves des lycées qui ont rempli une des trois conditions suivantes : 1° avoir été rangé, d'après l'ensemble de toutes les compositions, dans la première moitié de la classe de quatrième ; 2° avoir été inscrit pour deux facultés différentes au tableau d'honneur dans le courant de l'année ; 3° avoir obtenu dans cette année un prix ou deux *accessit*.

CHAPITRE III. — DIVISION SUPÉRIEURE.

§ 1er.

ENSEIGNEMENT COMMUN A LA SECTION DES LETTRES ET A LA SECTION DES SCIENCES [1].

Cet enseignement, qui comprend le français, le latin, l'histoire, la géographie, l'allemand, l'anglais et la logique, est donné dans les leçons du soir.

Dans les classes de troisième, seconde et rhétorique, le cours de français et de latin a, par semaine, trois ou deux leçons alternativement; le cours d'histoire et de géographie, une ou deux. Les cours de langues vivantes ont, chacun, une leçon par semaine.

Pendant la quatrième année, l'enseignement commun de la logique fait l'objet de deux leçons par semaine.

CLASSE DE TROISIÈME.
(Sections réunies des lettres et des sciences.)

FRANÇAIS ET LATIN.

Récitation d'auteurs français.
Exercices français : récits et lettres d'un genre simple.
Explication d'auteurs français et latins.
Version latine.

Morceaux choisis de prose et de vers des classiques français.
Voltaire : *Vie de Charles XII.*
Boileau : *Satires.*
Cicéron : *Les discours contre Catilina, le Traité de l'Amitié.*
Salluste.
Virgile : *Épisodes des Géorgiques.*

HISTOIRE ET GÉOGRAPHIE.

Histoire ancienne et Géographie historique de l'antiquité (Programme 8, p. 44).
Notions générales de géographie physique et politique, grandes divisions du globe (Programme 11, p. 57).

---

1. Voir pages 11 et 14 pour les études complémentaires de chaque section.

DIVISION SUPÉRIEURE. 7

LANGUES VIVANTES.

ALLEMAND.
(Programme 14, p. 62.)

Lecture, prononciation, orthographe.
Récitation.
Grammaire : première partie.
Thème.
Traduction orale ou écrite.
Langue parlée.

Morceaux choisis de prose et de vers des classiques allemands.

ANGLAIS.
(Programme 17, p. 63.)

Lecture, prononciation, orthographe.
Récitation.
Vocabulaire. — Racines saxonnes.
Grammaire : formation des mots et syntaxe.
Traduction orale ou écrite.
Langue parlée.

Morceaux choisis de prose et de vers des classiques anglais.

CLASSE DE SECONDE.
(Sections réunies des lettres et des sciences.)

FRANÇAIS ET LATIN.

Récitation d'auteurs français.
Exercices français : récits, lettres, descriptions de divers genres.
Explication d'auteurs français et latins.
Version latine.

Morceaux choisis de prose et de vers des classiques français.
Fénelon : *Lettres à l'Académie.*
Bossuet : *Discours sur l'histoire universelle.*
Voltaire : *Siècle de Louis XIV.*
Théâtre classique.
Boileau : *Épîtres.*
J.-B. Rousseau : *Œuvres lyriques.*

Tite-Live : *Narrationes excerptæ.*
Cicéron : *Les discours contre Verrès, le Traité de la Vieillesse.*
Virgile : *Les trois premiers livres de l'Énéide.*
Horace : *Odes.*

HISTOIRE ET GÉOGRAPHIE.

Histoire et Géographie historique du moyen âge (Programme 9, p. 47).

Géographie des États européens autres que la France. — Histoire sommaire de la géographie. — Géographie statistique des productions et du commerce des principales contrées (Programme 12, p. 59).

LANGUES VIVANTES.

ALLEMAND.
(Programme 15, p. 62.)

Lecture.
Récitation.
Grammaire : Syntaxe. — Questions grammaticales traitées en allemand.
Explication d'auteurs préparée et à livre ouvert.
Thème écrit et improvisé.
Version.

Morceaux choisis de prose et de vers des classiques allemands.

ANGLAIS.
(Programme 18, p. 63.)

Lecture.
Récitation.
Vocabulaire : comparaison des éléments saxon, latin et français.
Questions et réponses en anglais.
Thème.
Composition par écrit et de vive voix; lettres familières.

Morceaux choisis de prose et de vers des classiques anglais.

CLASSE DE RHÉTORIQUE.

(Sections réunies des lettres et des sciences.)

FRANÇAIS ET LATIN.

Récitation d'auteurs français.
Notions élémentaires de rhétorique et de littérature (Programme 20, p. 64).
Exercices français : discours, analyses littéraires.
Explication d'auteurs français et latins.
Version latine.
Morceaux choisis de Pascal, La Bruyère, Mme de Sévigné, Massillon, Fontenelle, Buffon.
Bossuet : *Oraisons funèbres.*
Fénelon : *Dialogues sur l'Éloquence.*
Massillon : *Le Petit Carême.*
Montesquieu : *Considérations sur les causes de la grandeur et de la décadence des Romains.*
Théâtre classique.
Boileau : *Art poétique.*
La Fontaine : *Fables.*
Conciones sive orationes collectæ.
Cicéron : *Le Songe de Scipion.*
César : *Commentaires.*
Pline l'Ancien : *Morceaux choisis.*
Tacite : *Annales.*
Virgile : *Les sept derniers livres de l'Énéide.*
Horace : *Satires, Épîtres, Art poétique.*

HISTOIRE ET GÉOGRAPHIE.

Histoire et Géographie historique des temps modernes (Programme 10, p. 52).
Géographie physique, politique, industrielle et commerciale de la France (Programme 13, p. 60).

LANGUES VIVANTES.

ALLEMAND.
(Programme 16, p. 63.)

Lecture.
Récitation.

Grammaire : révision.
Questions étymologiques.
Explication d'auteurs.
Thème, avec exercices grammaticaux.
Version.
Exercices littéraires : narrations, amplifications, etc.

Morceaux choisis de prose et de vers des classiques allemands.

ANGLAIS.
(Programme 19, p. 64.)

Lecture.
Récitation.
Vocabulaire : révision.
Questions et réponses en anglais.
Analyses de vive voix, en anglais, d'ouvrages littéraires et scientifiques.
Compositions écrites en anglais.

Morceaux choisis de prose et de vers des classiques anglais.

CLASSE DE LOGIQUE.

(Sections réunies des lettres et des sciences.)

Le cours est divisé de la manière suivante :

1er trimestre : étude de l'esprit humain et du langage ;
2e trimestre : de la méthode dans les divers ordres de connaissances ;
3e trimestre : application des règles de la méthode à l'étude des principales vérités de l'ordre moral (Programme 21, p. 65).

Il y a deux sortes d'exercices :

Rédactions ;
Dissertations françaises.

§ 2.

ENSEIGNEMENT PARTICULIER A LA SECTION DES LETTRES.

Cet enseignement comprend d'une part l'étude approfondie des langues latine et grecque et de la logique, et d'autre part les notions scientifiques appropriées aux élèves de la section littéraire.

Dans les classes de troisième, seconde et rhétorique, chaque semaine, le cours de langues latine et grecque a, le matin, quatre leçons; le cours scientifique en a une.

Pendant la quatrième année, l'enseignement scientifique est donné, chaque semaine, dans les cinq leçons du matin. Le soir, outre les deux leçons communes aux deux sections, les élèves de la section des lettres reçoivent une troisième leçon de logique destinée à compléter cette étude. Les deux autres leçons du soir sont consacrées à la révision de l'enseignement littéraire compris dans les programmes du baccalauréat ès lettres.

CLASSE DE TROISIÈME.
(Section des lettres.)

LANGUES LATINE ET GRECQUE.

Récitation d'auteurs latins et grecs.
Révision des notions de Grammaire comparée (Programme 6, p. 41).
Thème latin.
Vers latins.
Thème grec.
Version grecque.
Hérodote.
Plutarque : *Vies des hommes illustres.*
Choix de discours des Pères Grecs.
Homère : *Iliade.*

SCIENCES.

Notions générales de Géométrie (Programme 22, p. 67) et de Physique (Programme 23, p. 68), pour servir d'introduction à l'étude des sciences.

Lecture de morceaux choisis dans les auteurs classiques qui ont écrit sur les sciences.

CLASSE DE SECONDE.
(Section des lettres.)

LANGUES LATINE ET GRECQUE.

Récitation d'auteurs latins et grecs.
Analyses littéraires d'auteurs latins et grecs.
Thème latin et Narration latine alternativement.
Vers latins.
Thème grec.
Version grecque.

Excerpta e scriptoribus græcis (d'Andrezel).
Platon : *Apologie de Socrate.*
Plutarque : *Un des traités moraux.*
Homère : *Odyssée.*

SCIENCES.

Notions de Chimie (Programme 24, p. 69) et de Cosmographie (Programme 25, p. 70).
Lecture de morceaux choisis dans les auteurs classiques qui ont écrit sur les sciences.

CLASSE DE RHÉTORIQUE.
(Section des lettres.)

LANGUES LATINE ET GRECQUE.

Récitation d'auteurs latins et grecs.
Analyses littéraires d'auteurs latins et grecs.
Discours latin.
Vers latins.
Version grecque.

Thucydide.
Démosthènes : *Les Olynthiennes, les Philippiques, le Discours pour la couronne.*
Sophocle : *Une tragédie.*
Aristophane : *Plutus.*

SCIENCES.

Notions générales d'Histoire naturelle (Programme 26, p. 71).

Lecture de morceaux choisis dans les auteurs classiques qui ont écrit sur les sciences.

CLASSE DE LOGIQUE.

(Section des lettres.)

LOGIQUE.

La leçon complémentaire de logique est consacrée :
1° A la dissertation latine.
2° A l'analyse des auteurs philosophiques dont les noms suivent :

Platon : *Le premier Alcibiade* et *le Gorgias.*
Aristote : *Les Analytiques.*
Cicéron : *De Officiis.*
Saint Augustin : *Soliloques.*
Bacon : *Novum Organum.*
Descartes : *Le Discours de la Méthode*, *les Méditations* (texte latin).
Pascal : *De l'Autorité en matière de philosophie, Réflexions sur la géométrie en général, De l'art de persuader.*
Logique de Port-Royal.
Malebranche : *Recherche de la vérité.*
Bossuet : *Traité de la connaissance de Dieu et de soi-même*, *Traité du libre arbitre*, *Logique.*
Fénelon : *Traité de l'existence de Dieu*, et *Lettres sur divers sujets de métaphysique.*
Pensées de Leibnitz, par l'abbé Emery.
Euler : *Lettres à une princesse d'Allemagne* (édition complète).

RÉVISION DE L'ENSEIGNEMENT LITTÉRAIRE.

Deux leçons par semaine sont consacrées :
1° A l'explication des auteurs français, latins et grecs ;
2° A des exercices de traduction et de composition ;
3° Au résumé de l'histoire et de la géographie.

SCIENCES.

Le cours de Mathématiques [Arithmétique (Programme 27, p. 75), Géométrie plane (Programme 28, p. 76), Géométrie à trois dimensions (Programme 29, p. 77)] a trois leçons par semaine.

Le cours de Physique (Programme 30, p. 78) en a deux.

§ 3.

ENSEIGNEMENT PARTICULIER A LA SECTION DES SCIENCES.

Cet enseignement comprend l'arithmétique, l'algèbre, la géométrie et ses applications, la trigonométrie rectiligne, la cosmographie, la physique, la mécanique, la chimie, l'histoire naturelle, les éléments de logique, le dessin linéaire et d'imitation.

Pendant les années de troisième et de seconde, chaque semaine l'enseignement est donné dans les cinq leçons du matin.

Dans l'année de rhétorique, outre les cinq leçons du matin, consacrées chaque semaine aux sciences, une sixième leçon peut être consacrée, le jeudi matin, pendant le premier semestre, à enseigner les éléments de la logique (Programme 52, p. 116) aux élèves qui en font la demande.

Dans la quatrième année, chaque semaine, outre les deux leçons de logique qui leur sont communes avec les élèves de la section des lettres, les élèves de la section des sciences reçoivent, le soir, deux leçons consacrées à la révision de l'enseignement littéraire. La cinquième leçon du soir et les cinq leçons du matin sont employées à la révision de l'enseignement scientifique, et distribuées de telle sorte que les élèves aient la faculté d'approfondir le genre de sciences approprié aux carrières qu'ils se proposent de suivre.

Pendant les quatre années, chaque semaine le dessin linéaire et d'imitation est enseigné dans quatre séances d'une heure placées hors des heures ordinaires des classes.

CLASSE DE TROISIÈME.
(Section des sciences.)

Arithmétique et notions préliminaires d'Algèbre (Programme 31, p. 80).

Géométrie : figures planes (Programme 34, p. 84).

Applications de la Géométrie élémentaire : levé des plans (Programme 37, p. 91).
Physique : notions préliminaires (Programme 43, p. 97).
Chimie : notions préliminaires (Programme 46, p. 104).
Histoire naturelle : notions générales ; principes des classifications (Programme 49, p. 108).

Dessin linéaire et d'imitation (Programme 51, p. 114).

CLASSE DE SECONDE.
(Section des sciences.)

Algèbre (Programme 32, p. 82).
Géométrie : figures dans l'espace ; révision (Programme 35, p. 87).
Applications de la Géométrie : notions sur la représentation géométrique des corps à l'aide des projections (Programme 38, p. 92).
Trigonométrie rectiligne (Programme 40, p. 93).
Physique (Programme 44, p. 98).
Chimie (Programme 47, p. 105).

Dessin linéaire et d'imitation (Programme 51, p. 114).

CLASSE DE RHÉTORIQUE [1].
(Section des sciences.)

Arithmétique et Algèbre : exercices (Programme 33, p. 84).
Géométrie : notions sur quelques courbes usuelles ; révision générale (Programme 36, p. 89).
Applications de la Géométrie : notions sur le nivellement et ses usages (Programme 39, p. 92).
Trigonométrie : révision (Programme 41, p. 94).
Cosmographie (Programme 42, p. 95).
Physique : mécanique (Programme 45, p. 101).
Chimie : fin et révision (Programme 48, p. 107).

---

1. Une leçon peut être consacrée, le jeudi matin, pendant le premier semestre, à enseigner les éléments de la logique (Programme 52, p. 116) aux élèves qui en font la demande.

Histoire naturelle : zoologie et physiologie animale ; botanique et physiologie végétale ; géologie (Programme 50, p. 110).

Dessin linéaire et d'imitation (Programme 51, p. 114).

CLASSE DE LOGIQUE.

(Section des sciences.)

RÉVISION DE L'ENSEIGNEMENT LITTÉRAIRE.

Deux leçons par semaine sont consacrées :
1° A l'explication des auteurs latins, français, allemands et anglais ;
2° A des exercices de traduction ;
3° Au résumé de l'histoire de France et de la géographie.

RÉVISION DE L'ENSEIGNEMENT SCIENTIFIQUE.

Six leçons par semaine sont employées à la préparation des matières du baccalauréat ès sciences et à la révision méthodique des cours des trois années précédentes, resserrée ou développée selon que le comporte l'état des connaissances acquises par les élèves (Programme 53, p. 117).

§ 4.

ENSEIGNEMENT COMPLÉMENTAIRE DE LA SECTION DES SCIENCES.

CLASSE DE MATHÉMATIQUES SPÉCIALES.

Dans les lycées qui seront ultérieurement désignés[1], cinq leçons par semaine seront consacrées à l'enseignement des mathématiques spéciales (Programme 54, p. 118 et 129).

1. Par arrêté du 8 septembre 1852, ont été désignés pour l'enseignement des mathématiques, les lycées de Paris, Besançon, Bordeaux, Brest, Caen, Dijon, Douai, Grenoble, Lyon, Marseille, Metz, Montpellier, Nancy, Nantes, Poitiers, Rennes, Rouen, Strasbourg, Toulouse, Versailles.

Dans les autres leçons, les élèves pourront revoir, en commun avec ceux de l'année de logique, les cours de lettres et de sciences physiques, chimiques et naturelles, nécessaires pour la préparation de l'examen du baccalauréat ès-sciences et du concours d'admission à l'école normale et à l'école polytechnique.

Les élèves seront admis au cours de mathématiques spéciales, après avoir justifié de leur aptitude, soit qu'ils aient parcouru le cours entier de la section des sciences, soit qu'ils n'en aient suivi les leçons que pendant trois ans.

§ 5.

DISPOSITIONS TRANSITOIRES RELATIVES
A LA SECTION DES SCIENCES.

Pendant l'année scolaire 1852-1853, l'enseignement particulier de la section des sciences sera donné, dans les classes de troisième, de seconde et de rhétorique, conformément aux programmes de la classe de troisième (p. 14).

Pendant l'année scolaire 1853-1854, il sera donné dans la classe de rhétorique conformément aux programmes de la classe de seconde (p. 15.)

Pendant les trois années scolaires 1852-1853, 1853-1854, 1854-1855, où les élèves n'auront pas complété leur instruction normale, il y sera suppléé par un enseignement spécial donné dans la classe de logique (Programme 55, p. 119).

Fait à Paris, le 30 août 1852.

H. FORTOUL.

ENSEIGNEMENT RELIGIEUX.

Le ministre de l'instruction publique et des cultes,
Vu l'article 4 du décret du 10 avril 1852,
Le conseil supérieur de l'instruction publique entendu,

Arrête :

Art. 1er. L'enseignement religieux des lycées est obligatoire pour tous les élèves internes à quelque classe qu'ils appartiennent.

Au commencement de l'année, les élèves externes dont les parents le demanderont, seront admis aux cours de l'enseignement religieux. Ces cours seront dès lors obligatoires pour eux.

Art. 2. L'enseignement religieux sera donné une fois par semaine à chaque division d'élèves.

Chaque leçon sera d'une heure.

Dans la division supérieure des lycées, les élèves de la section des lettres et ceux de la section des sciences seront réunis pour recevoir en commun l'enseignement religieux.

Art. 3. L'enseignement religieux donnera lieu à des compositions périodiques et aux mêmes récompenses que les autres enseignements obligatoires.

Art. 4. La répartition des divers cours d'enseignement religieux entre les ecclésiastiques attachés à chaque lycée, aussi bien que l'ordre des compositions, et généralement tout ce qui a rapport au service et à l'enseignement religieux de chaque lycée, sera réglé par le proviseur de concert avec l'aumônier en tout ce qui concerne la discipline. Ce règlement sera soumis chaque année à l'approbation de l'évêque diocésain.

Art. 5. L'inspection officielle de l'enseignement religieux des lycées sera faite au nom de l'évêque diocésain et par ses délégués, en présence du proviseur ou de tel autre représentant du ministre de l'instruction publique.

Art. 6. Des mesures d'exécution analogues à celles qui sont indiquées dans les articles 4 et 5 sont prescrites pour les élèves des cultes non catholiques reconnus.

Fait à Paris, le 29 août 1852.

H. FORTOUL.

PROGRAMMES ANNEXÉS
AU PLAN D'ÉTUDES.

Le Ministre de l'instruction publique et des cultes,
Vu les articles 1, 2 et 3 du décret du 10 avril 1852,
Vu l'arrêté en date de ce jour, portant règlement du plan d'études des lycées,
Le conseil supérieur de l'instruction publique entendu,
Arrête ainsi qu'il suit les programmes d'enseignement des lycées :

DIVISION DE GRAMMAIRE.

HISTOIRE DE FRANCE.

Le professeur dictera et fera réciter le résumé de ses leçons qui auront spécialement pour objet l'histoire particulière de la France. Il donnera des développements oraux en s'attachant uniquement à l'exposition des faits et des détails qui les caractérisent ; il s'assurera par des interrogations fréquentes que les élèves ont compris la leçon et qu'ils l'ont retenue. Au lieu de rédactions continues, il exigera d'eux le récit écrit des parties les plus saillantes du cours.

N° 1.
CLASSE DE SIXIÈME.

Première Partie. — **Notions générales d'histoire et de géographie anciennes, pour servir d'introduction à l'histoire de France.**

1. *Géographie physique générale de l'ancien continent.* —
    Afrique : limites et étendue ; montagnes, fleuves, oasis. — Anciennes divisions politiques : Egypte et Ethiopie ; Cyrénaïque et possessions de Carthage ; Numidie et Mauritanie.
    Europe : limites, étendue, mers intérieures, golfes, détroits, montagnes, fleuves. — Anciennes divisions ethno-

graphiques : Thrace, Grèce, Italie, Espagne, Gaule, Germanie, Sarmatie, etc.

Asie : limites et étendue ; mers et golfes ; montagnes ; fleuves. — Anciennes divisions politiques : Asie Mineure et ses subdivisions ; Syrie, Phénicie et Palestine ; Arabie, Mésopotamie, Médie, Perside, Parthiène, Bactriane, Inde, Sérique, Scythie asiatique, etc.

Limites du monde connu des anciens.

2. *Histoire sommaire du peuple de Dieu.* — La création. — La chute de l'homme. — Le déluge. — Les patriarches. — Vocation d'Abraham. — Jacob. — Joseph. — Moïse. — Arrivée du peuple de Dieu dans la terre promise. — Gouvernement des juges. — Les rois. — Royaumes de Juda et d'Israël. — Captivité de Babylone. — Retour des Israélites en Judée. — La Judée sous la domination des Perses, des Grecs et des Romains. — Hérode. —Naissance de Jésus-Christ. — Destruction du temple.

3. *Egyptiens.* — Caractère physique de la vallée du Nil. — Premiers rois. — Sésostris. — Rois éthiopiens. — Néchao. — Amasis. — Psamménit (525). — Religion, gouvernement, sciences et arts. — Pyramides, temples, obélisques, le labyrinthe, canaux, etc.

Phéniciens et Carthaginois.—Leur activité commerciale.

4. *Assyriens.* — Nemrod et Assur. — Babylone et Ninive. Sémiramis. — Sardanapale (759). — Second empire d'Assyrie, guerres avec les Juifs et la Phénicie (759-606).

Babyloniens. — Ere de Nabonassar (747). — Nabopolassar. — Nabuchodonosor (564). — Balthasar (538).

Lydiens. — Crésus (546).

Mèdes et Perses. — Arbacès. — Déjocès, Phraorte, Cyaxare, Astyage. — Cyrus. — Ses conquêtes (559-529). — Cambyse : il s'empare de l'Egypte (525). — Darius fils d'Hystaspe.— Expédition contre les Scythes. —Apogée de la puissance des Perses.— Mœurs et religion.—Limites, étendue et divisions de leur empire.

5. *Géographie physique et politique de la Grèce.* — Montagnes et presqu'îles, fleuves, mers, golfes, îles. — Divisions du Péloponèse, de la Grèce centrale et de la Grèce septentrionale. — Pays colonisés par les Grecs.

Premiers temps de la Grèce. — Populations primitives. — Age héroïque : Hercule ; les Argonautes ; guerres de Thèbes, guerre de Troie. — Homère. — Retour des Héraclides. — Codrus. — Colonies grecques. — Amphictyons et jeux olympiques.

6. *Sparte.* — Lycurgue ; ses lois. — Guerres de Messénie. — Puissance de Sparte avant les guerres médiques.

7. *Athènes.* — L'Archontat. — Dracon. — Solon ; ses lois. Pisistrate et ses fils. — Clisthène.

8. *Guerres médiques* (492-449). — Première guerre médique : Expéditions de Mardonius (492), de Datis et d'Artapherne (490). — Bataille de Marathon. — Miltiade ; sa mort. — Seconde guerre médique : Aristide et Thémistocle. — Xerxès. — Léonidas aux Thermopyles. — Batailles de Salamine (480), de Platée et de Mycale (479). — Hérodote. — Trahison de Pausanias. — Confédération athénienne. — Exil de Thémistocle. — Mort d'Aristide. — Cimon. — L'indépendance des colonies grecques de l'Asie Mineure assurée (449).

9. *Guerre du Péloponèse* (431-404). — Puissance d'Athènes. — Sage administration de Périclès. — Eclat des lettres et des arts : Phidias, Eschyle, Sophocle et Euripide. — Guerre du Péloponèse : Mort de Périclès. — Cléon. — Paix de Nicias. — Alcibiade. — Expédition de Sicile. — Bataille d'Egos-Potamos. — Prise d'Athènes. — Fin de la guerre du Péloponèse. — Thucydide.

10. *La Grèce de l'an 404 à l'an 336.* — Les Trente Tyrans à Athènes. — Mort de Socrate. — Retraite des Dix Mille. — Agésilas. — Puissance et orgueil de Sparte. — Traité d'Antalcidas (387). — Thèbes opprimée par Sparte. — Pélopidas et Epaminondas. — Batailles de Leuctres (371) et de Mantinée (362). — Philippe, roi de Macédoine (359-336). — Son intervention dans les affaires de la Grèce. — Guerre sacrée. — Démosthènes. — Bataille de Chéronée (338). — Philippe, nommé généralissime de l'expédition projetée contre les Perses. — Sa mort. — Platon, Xénophon Aristote, Hippocrate, Praxitèle, Apelle.

11. *Alexandre le Grand* (336-323). — Destruction de Thèbes. — Expédition en Asie : batailles du Granique,

d'Issus et d'Arbelles. — Expédition au nord et à l'est, au delà de l'Indus. — Retour à Babylone. — Navigation de Néarque. — Mort d'Alexandre. — Géographie politique de son empire.

12. *Démembrement de l'Empire d'Alexandre.* — Royaumes d'Egypte sous les Ptolémées ; de Syrie sous les Séleucides (Antiochus le Grand) ; de Pergame ; de Pont (Mithridate) ; d'Arménie et des Parthes. — Les Gaulois en Asie (278).

13. *La Macédoine et la Grèce de 323 à 146.* — Déchirements intérieurs : ligue achéenne. — Aratus. — Ambition des rois de Macédoine. — Intervention des Romains dans les affaires de la Grèce. — Philopœmen. — Bataille de Cynoscéphales (197). — Flamininus proclame l'indépendance de la Grèce. — Paul Emile et Persée : bataille de Pydna (168). — Destruction de Corinthe (Mummius). — La Grèce et la Macédoine réduites en province romaine.

14. *Géographie physique et politique de l'Italie :* les Alpes et l'Apennin ; le Pô, l'Adige et le Tibre ; le Vésuve et l'Etna ; les marais Pontins.

Gaule cisalpine, Ligurie et Vénétie ; Etrurie, Latium et Campanie ; Ombrie, Picénum, Sabine et Samnium ; Apulie, Lucanie et Brutium ; Sicile, Sardaigne, Corse, Elbe.

Emplacement de Rome.

15. *Commencements de Rome (754).* — Romulus : union avec les Sabins ; premières institutions politiques : sénat, patriciens, plébéiens, assemblée par curies ; mort de Romulus. — Numa (714) : institutions religieuses. — Tullus Hostilius (672) : conquête d'Albe, Horace. — Ancus Martius (640) : fondation d'Ostie. — Tarquin l'Ancien (616) : introduction dans Rome des coutumes étrusques. — Servius Tullius (578) : réorganisation de l'Etat : le cens : assemblée par centuries. — Tarquin le Superbe (534) : extension de la puissance romaine. — Brutus et Lucrèce ; expulsion des rois (510).

16. *Organisation du gouvernement républicain et conquête de l'Italie (510-272).* — Consuls ; dictateurs ; tribuns ; sénat ; assemblées par centuries et par tribus : les dé-

cemvirs (449) : la censure. — Guerres contre les Latins (Bataille du lac Rhégille), contre les Volsques (Coriolan), contre les Eques (Cincinnatus). — Invasion gauloise (Camille). — La loi agraire, partage du consulat entre les deux ordres (367). — Guerre du Samnium (343-280).—Guerre de Pyrrhus (280-272) : soumission de l'Italie péninsulaire. — Pauvreté, désintéressement et patriotisme des Romains de cet âge (Fabricius, Curius Dentatus).

17. *Guerres puniques.* — Carthage, son gouvernement, sa puissance. — La première guerre punique (264-241) lui coûte la Sicile et l'empire de la mer (Régulus). — La seconde guerre punique (218-201). — Annibal. — Passage des Alpes, batailles du Tessin, de la Trébie, de Trasimène, de Cannes et du Métaure. — Constance de Rome, dévouement des citoyens. — Scipion : prise de Carthagène. — Expédition en Afrique ; Masinissa. — Bataille de Zama. — Carthage perd l'Espagne. — Troisième guerre punique (149-146). — Scipion Emilien. — Destruction de Carthage.

18. *Conquêtes des Romains autour de la Méditerranée* (200-118).—Défaites des Macédoniens à Cynoscéphales (197), d'Antiochus aux Thermopyles (192) et à Magnésie (190). — Réduction de la Gaule cisalpine en province romaine (191), de la Macédoine (148), de la Grèce (146), du royaume de Pergame (129). — Viriathe et Numance ; soumission de l'Espagne (133). — Formation d'une province romaine dans la Gaule transalpine, entre les Alpes et les Pyrénées (125-118).

19. *Première période des troubles civils* (133-72). — Les Gracques (133-121), la loi agraire. — Marius, ses succès contre Jugurtha (106) et contre les Cimbres (102-101). — Violences de Saturninus. — La guerre sociale (90-88). — Rivalité de Marius et de Sylla. — Proscriptions ordonnées par Marius. — Succès de Sylla contre Mithridate ; batailles de Chéronée et d'Orchomène (86). — Retour de Sylla à Rome. — Sa dictature, ses proscriptions, ses réformes, sa mort (78). — Pompée et Lucullus : guerres contre Sertorius, contre Spartacus, contre les pirates et contre Mithridate.

20. *Seconde période des troubles civils (70-44).* — Rétablissement du tribunat dans ses droits (70). — Catilina et Cicéron. — Le premier triumvirat : César, Crassus et Pompée. — Guerre des Gaules (58-50). — Violences de Clodius et de Milon. — Pompée seul consul. — Rupture avec César (49). — Guerre civile. — Bataille de Pharsale (48). — Guerre d'Alexandrie. — Guerre d'Afrique : Bataille de Thapsus, mort de Caton. — Bataille de Munda. — Dictature, réformes et projets de César; sa mort (44).

21. *Troisième période des troubles civils (44-30).* — Octave; le second triumvirat avec Antoine et Lépide. — Les proscriptions. — Mort de Cicéron. — Batailles de Philippes. — Antoine et Cléopâtre; Octave et Sextus Pompée. — Bataille d'Actium (31); réduction de l'Égypte en province romaine (30).

22. *Auguste* (30 avant J. C., 14 après). — Organisation du gouvernement impérial. — Ordre public; armée permanente; développement du commerce; éclat des lettres : Horace, Virgile, Tite-Live. — Guerres pour dompter les peuples encore indépendants dans l'intérieur et pour donner à l'empire de bonnes frontières. — Varus.

23. *Limites et étendue de l'empire romain à la mort d'Auguste.* — Division en provinces du sénat et en provinces de l'empereur; villes principales.

24. *Les empereurs de la famille d'Auguste* (14-68 après J. C.) — Tibère, Germanicus et Séjan. — Caligula. — Claude : conquêtes en Bretagne. — Néron. — Ébranlement de l'empire : Galba, Othon, Vitellius (68-70).

25. *Les empereurs Flaviens* (70-96). — Vespasien : destruction de Jérusalem; Civilis, Agricola, Titus (Pline l'ancien). — Domitien. — Conquête de la Bretagne.

Les Antonins (96-180). — Un siècle de paix et de prospérité. — Nerva, Trajan (Tacite), Adrien, Antonin, Marc-Aurèle. — Commode.

Les empereurs Syriens (193-235). — Septime-Sévère, Caracalla, Héliogabale, Alexandre-Sévère. — Anarchie militaire.

Restauration de l'empire par les princes illyriens (235-285). — Aurélien, Probus.

26. *Dernier siècle de l'empire* (284-395). — Dioclétien (284-305.) — Division de l'empire en quatre grands gouvernements. — Progrès du christianisme. — Persécutions contre les chrétiens. — Constantin (306-337). — Triomphe du christianisme. — Réorganisation de l'empire. — Fondation de Constantinople. — Constance et l'arianisme. — Julien et le paganisme. — Valens et l'invasion des barbares (378). — Théodose. — Partage définitif de l'empire (395).

27. *Géographie de l'empire et du monde barbare avant l'invasion.* — Préfectures, diocèses, provinces, cités. — Confédération des Francs et des Alamans; Vandales et Burgondes. — Empire des Goths. — Approche des Huns et des Alains. — Les Perses. — Les Arabes. — Les nomades d'Afrique.

Deuxième Partie. — Histoire des Gaulois et des Francs, jusqu'à la fin de la première race.

28. *La Gaule indépendante.* — Limites et étendue de la Gaule. — Caractère de ses peuples. — Druides et monuments druidiques. — Anciennes migrations en Espagne, en Italie, dans la vallée du Danube, en Grèce, en Thrace et en Asie Mineure. — Soumission de la Gaule narbonaise aux Romains. — Lutte contre César (58-50). — Ambiorix, Vercingétorix, siége d'Alésia. — Pacification de la Gaule.

29. *Les Gaulois sous l'empire* (50 avant J. C., 395 après). — Organisation de la Gaule par Auguste : division en quatre provinces et en soixante cités. — Organisation ultérieure au quatrième siècle : division en dix-sept provinces et en cent vingt cités. — La civilisation romaine en Gaule : écoles, arts, industrie, commerce. — Le christianisme en Gaule. — Événements politiques : persécution contre les druides; Florus et Sacrovir; Civilis; Sabinus et Eponine. — Les Césars gaulois (261-273). — Misère croissante au quatrième siècle; les Bagaudes. — Ravages des barbares. — Julien en Gaule. — La Gaule dans le lot d'Honorius.

30. *Invasion des Barbares.* — Les Visigoths poussés par les Huns entrent dans l'empire (375); Alaric en Italie (403), à Rome (410). — Invasion de Radagaise en Italie (406) ; grande invasion en Gaule (406). — Royaume des Burgondes (413). — Royaume des Visigoths (419). — Les Alains, les Suèves passent en Espagne, les Vandales en Afrique. — Invasion d'Attila et des Huns : grande bataille de Châlons (451). — Chaos de la Gaule de 451 à 481. — Chute de l'Empire d'Occident en 476.

31. *Les Francs avant Clovis.* — Origine des Francs, confédération de plusieurs tribus germaniques ; première mention vers 241. — Course de Francs jusqu'en Afrique (256). — Francs établis par Probus sur le Pont-Euxin (277). — Invasions en Gaule. — Établissement sur la Meuse au temps de Julien. — Le Franc Arbogast (392). — Les Francs saliens sous Clodion s'avancent jusqu'à la Somme, et sous Mérovée luttent contre Attila. — Childéric. — Mœurs et religion des Francs ; leurs institutions politiques. — Élections des rois dans la famille de Mérovée.

32. *Clovis* (481-511). — Divisions politiques de la Gaule en 481. — Burgondes et Visigoths ariens ; cités armoricaines ; Syagrius ; Saxons ; rois francs. Faiblesse de la tribu des Saliens. — Victoire de Soissons (486) ; le vase de Soissons. — Mariage de Clovis et de Clotilde (493). — Bataille de Tolbiac ; conversion de Clovis (496). — Les Burgondes rendus tributaires (500). — Bataille de Vouglé (507), ses suites. — Clovis consul ; meurtre des rois francs. — Clovis, seul chef de toutes les tribus franques, il réside à Paris où il meurt (511).

33. *Les fils de Clovis* (511-561). — Partage de la monarchie franque entre les quatre fils de Clovis. — Conquête de la Thuringe (530). — Conquête du pays des Burgondes (534). — Guerre contre les Visigoths et contre les Ostrogoths. — Expéditions au delà des Alpes (539) et des Pyrénées (542). — Mort violente de presque tous les princes francs. — Clotaire Ier, seul roi (558-561). — Sainte Radegonde.

34. *Les fils et les petits-fils de Clotaire Ier* (561-613). — Nouveau partage en 561. — Rivalité de la Neustrie et de l'Austrasie. — Frédégonde et Brunehaut. — Meurtres de Galswinthe, de Sigebert (575), de Chilpéric (584).

— Le roi Gontran. — Traité d'Andelot (587). — Pouvoir de Brunehaut en Austrasie, puis en Bourgogne. — Conspiration des grands contre elle ; sa mort affreuse (613). — Désordres et ténèbres de ce temps, excepté dans l'Église ; pouvoir des évêques. — Condition des personnes et des terres. — Caractère de la royauté franque. — Les lois barbares. — La loi salique.

35. *Clotaire II et Dagobert* (613-687). — Clotaire II seul roi (613-628). — Puissance de Dagobert (628-638). — Décadence des Mérovingiens. — Les maires du palais. — Les fils de Dagobert. — Ebroïn ; sa lutte contre les grands et contre l'Austrasie. — Saint Léger. — Bataille de Testry (687). — Chute irrémédiable des rois de la première race et des Francs-Neustriens. — Prépondérance des Francs-Austrasiens ou Ripuaires.

36. *Reconstruction de l'empire et du pouvoir par les maires d'Austrasie.* — Pepin d'Héristal. — Charles Martel (715-743) ; victoire de Poitiers (732) ; les Francs sauvent la chrétienté de l'invasion musulmane. — Conquête de la Bourgogne et de la Provence. — Préparatifs d'une expédition en Italie. — Mairie de Pepin le Bref (741-752). — Victoire sur les Bavarois, les Alamans et les Aquitains. — Rapports avec Rome pour la conversion des Frisons et des Saxons. — Childéric III est enfermé dans un monastère. — Tableau généalogique des Mérovingiens.

37. *Géographie de l'empire des Francs mérovingiens sous Dagobert.* — Divisions ethnographiques : Bavière, Thuringe, Alamannie, Austrasie, Neustrie, Aquitaine, Bourgogne, Provence, Septimanie, Novempopulanie, etc. — Divisions administratives : comtés et duchés. — Divisions ecclésiastiques suivant les anciennes divisions romaines en cités et en provinces

N° 2.

CLASSE DE CINQUIÈME.

Histoire de France, depuis l'avénement de la seconde race jusqu'à François Ier (752-1515).

1. *Guerres de Pepin et de Charlemagne.* — Origine, puissance et services des premiers Carlovingiens. Pepin le Bref fonde la seconde race (752-768). — Consécration de Pepin par le pape (753). — Expédition de Pépin en Italie (754-756). — Conquête de l'Aquitaine et de la Septimanie (752-768). — Charlemagne et Carloman (768-771). — Guerre de Charlemagne contre les Lombards; conquête de la moitié de l'Italie (773-774). — Guerre de Saxe (772-804). — Guerre entre l'Elbe et l'Oder (789), contre les Avares (788-796), contre les Arabes d'Espagne (778-812). — Charlemagne empereur d'Occident (800). — Résultats des guerres de Charlemagne. — Apparition des Northmans.
2. *Gouvernement de Charlemagne.* — Le comte et les centeniers ou vicaires. — Les envoyés royaux. — Les assemblées générales. — Les Capitulaires. — Travaux publics et écoles. — Première renaissance littéraire. — Alcuin et Eginhard. — Grandeur et renommée de Charlemagne. — Ses relations avec Haroun-al-Raschid et avec l'empire grec.
3. *Géographie politique de l'empire de Charlemagne.* — Limites des pays régis directement par des comtes francs; zône de peuples tributaires, Bretons, Basques, Bénéventins, Slaves entre l'Elbe et l'Oder. — Divisions: comtés, légations, royaumes. — Royaume d'Italie avec la marche de Carinthie et le patrimoine de Saint-Pierre. — Royaume d'Aquitaine avec le duché de Gascogne et la marche d'Espagne. — Nouvelles cités en Austrasie et en Allemagne.
4. *Démembrement de l'empire de Charlemagne par le soulèvement des peuples (814-843).* — Faiblesse de Louis le Débonnaire : partage de l'empire entre ses fils. — Révolte et mort de Bernard (817). — Pénitence publique de Louis. — Première et seconde déposition.

— Bataille de Fontanet (841). — Traité de Verdun qui partage l'empire en trois royaumes et limite celui de France à l'ouest de la Meuse, de la Saône et du Rhône.

5. *Démembrement du royaume de France par les usurpations des leudes* (843-887). — Embarras de Charles le Chauve. — Les Northmans. — Hastings et Robert le Fort. — Démembrement de la France en grands fiefs. — Édits de Mersen et de Kiersy-sur-Oise. — Louis le Bègue, Louis III et Carloman (877-884). — Charles le Gros. — Sa déposition (887). — Commencement du régime féodal; puissance du clergé.

6. *Les derniers rois Carlovingiens et les ducs de France* (887-987). — Opposition contre les Carlovingiens. — Élection d'Eudes, duc de France, et de Raoul, duc de Bourgogne. — Charles le Simple. — Établissement des Northmans en France (912). — Ravages des Sarrasins et des Hongrois. — Louis IV d'Outre-Mer. — Lothaire et Louis V. — Misère des derniers Carlovinniens. — Tableau généalogique des rois de la seconde race.

7. *Les quatre premiers Capétiens* (987-1108). — Hugues Capet fonde la troisième race (987). — La couronne est réunie à un grand fief. — Alliance des premiers Capétiens avec l'Église. — Robert (996). — Henri Ier (1031). — Fondation de la première maison capétienne de Bourgogne. — Philippe Ier (1060).

8. *Exposition du système féodal au onzième siècle.* — Hérédité des bénéfices et des fonctions publiques. — Vassal et suzerain. — Recommandation, foi, hommage, investiture. — Droits du suzerain : obligations des vassaux et des sujets. — Droit de guerre privée. — Violences universelles. — Ignorance. — Misère du peuple. — Quelques résultats heureux du régime féodal.

9. *Entreprises extérieures.* — Nombreux pèlerinages ; réforme dans l'Église par Grégoire VII, qui ranime l'enthousiasme religieux. — Fondation par les Normands du royaume des Deux-Siciles. — Fondation par Henri de Bourgogne du royaume de Portugal. — Conquête de

l'Angleterre par les soixante mille Français de Guillaume, duc de Normandie (1066).

10. *Géographie politique de la France avant les croisades.* — Étendue du domaine royal. — Grands vassaux de la couronne : duchés de Normandie, de Bretagne, de Bourgogne et de Guyenne, comtés de Flandre, de Champagne, d'Anjou, de Toulouse et de Barcelonne. — Vassaux inférieurs. — Fiefs de l'Eglise.

11. *La première croisade.* (1095-1099). — Pierre l'Ermite. — Concile de Clermont. — Godefroy de Bouillon. — Conquête de Jérusalem (1099). — Fondation d'un royaume français en Palestine. — Part de la France dans ces grandes entreprises. — Résultats pour le commerce et l'industrie. — Création des ordres militaires (les Hospitaliers et les Templiers), des armoiries. — Développement de la chevalerie ; lois de cette institution ; tournois.

12. *Louis VI dit le Gros* (1108-1137) *et les communes.* — Activité de ce prince. — Bonne police dans ses domaines. — Il protége les églises. — Condition des serfs et des vilains. — Débris des anciennes institutions urbaines. — Insurrections sur plusieurs points pour obtenir des chartes de commune. — Intervention du roi dans cette révolution. — Histoire de la commune de Laon. — Pouvoir croissant du roi. — Lutte contre Henri Ier, roi d'Angleterre. — Influence de Louis VI dans le Midi.

13. *Louis VII dit le Jeune, Philippe-Auguste et Louis VIII* (1137-1226). — Mariage de Louis VII avec Eléonore de Guyenne. — Seconde croisade (1147). — Divorce de Louis VII. — Vastes possessions du roi d'Angleterre en France. — Diversions favorables à Louis VII. — Administration de ce prince. — Suger. — Philippe-Auguste (1180). — La troisième croisade. — Rivalité de Philippe-Auguste et de Richard Cœur de lion. — Condamnation de Jean Sans-Terre. — Acquisition de plusieurs provinces. — Victoire de Bouvines (1214). — Quatrième croisade : fondation d'un empire français à Constantinople. — Croisade contre les Albigeois. — Expédition d'Angleterre. — Administration de Philippe-

Auguste. — Louis VIII (1223) ; la France du Midi ramenée sous l'autorité du roi.
14. *Saint Louis* (1226-1270). — Régence de Blanche de Castille. Victoire de Taillebourg (1242). — Première croisade de saint Louis (1248). — Administration de ce prince. — Affaiblissement de la féodalité. — Extension de la juridiction royale. — Affaiblissement des communes. — Conquête du royaume de Naples par les Français. — Seconde croisade et mort de saint Louis. — La Sainte-Chapelle et la Sorbonne.
15. *De la civilisation au treizième siècle.* — Développement du commerce. — Industries nouvelles. — Corporations industrielles. — Sûreté des routes. — Monnaie du roi. — Premiers grands monuments de la langue française. — Villehardouin, Joinville et les trouvères. — Développement de l'architecture, de la peinture sur verre, de la sculpture. — Ordres mendiants. — Progrès du tiers état.
16. *Philippe III le Hardi, Philippe le Bel et ses fils* (1270-1328). — Agrandissement du domaine sous Philippe III. — Philippe IV (1285). — Guerre de Guyenne. — Guerre de Flandre; batailles de Courtray et de Mons en Puelle. — Embarras financiers du roi. — Altération des monnaies. — Démêlé avec Boniface VIII. — Condamnation des Templiers. — Acquisition de Lyon et de Lille. — Le Parlement. — Premiers Etats généraux. — Louis X le Hutin (1314). — La loi salique. — Philippe V le Long (1316) et Charles IV le Bel (1322). — Convocation fréquente des Etats généraux ; lettres de noblesse.
17. *Géographie politique de la France à l'avénement des Valois.* — Résumé des acquisitions faites par le domaine royal depuis la fin du onzième siècle. — Nouvelles maisons féodales formées par les princes du sang apanagistes. — Autres feudataires. — Princes étrangers possessionnés en France.
18. *Philippe VI* (1328-1350), *auteur de la branche des Capétiens-Valois.* — Puissance du roi de France avant la guerre avec l'Angleterre. — Prétentions d'Edouard III. — Affaires de Flandre. — Arteweld; combat naval de l'Ecluse. — Affaires de Bretagne. — Expédition d'E-

douard III en France. — Bataille de Crécy (1346). — Siége de Calais. — Eustache de Saint-Pierre. — Peste de Florence. La gabelle. — Acquisition de Montpellier et du Dauphiné.

19. *Jean* (1350-1364). — États généraux de 1355. — Bataille de Poitiers (1356). — Etats généraux de 1356. — Etienne Marcel. — La Jacquerie. — Charles le Mauvais. — Le dauphin Charles. — Traité de Brétigny (1360). — Seconde maison de Bourgogne.

20. *Charles V dit le Sage* (1364-1380). — Rétablissement de l'ordre dans le pays et dans les finances. — **Fin de la guerre de Bretagne (1365).** — Duguesclin. — Les grandes compagnies. — Intervention des Français en Castille. — Reprise des hostilités avec les Anglais. — Nouveau système de guerre. — Les Anglais ne conservent que Calais, Bordeaux et Bayonne. — Bonnes ordonnances de ce prince. — Froissart.

21. *Charles VI* (1380-1422). — Rapines des oncles du roi; soulèvement à Paris, à Rouen, dans le Languedoc. — Guerre de Flandre. — Victoire de Rosebecque. — Démence du roi (1392). — Croisade de Nicopolis (1396). — Isabeau de Bavière. — Meurtre du duc d'Orléans. — Factions des Armagnacs et des Bourguignons. — Massacres dans Paris. Bataille d'Azincourt (1415). — Traité de Troyes (1420). — Mort de Henri V d'Angleterre et de Charles VI.

22. *Charles VII* (1422-1461). — Henri VI, roi d'Angleterre est couronné roi de France. — Charles VII ne possède que les provinces au sud de la Loire. — Inertie du roi de Bourges; fêtes et intrigues continuelles à sa petite cour. — Réveil du sentiment national. — Jeanne d'Arc. — Siége d'Orléans. — Le roi sacré à Reims. — Captivité et mort de Jeanne d'Arc. — Expulsion définitive des Anglais (1453). — Administration de Charles VII : sévérité à l'égard des nobles. — Praguerie. — Création d'une armée permanente; taille perpétuelle. — Pragmatique sanction de Bourges.

23. *Louis XI* (1461-1483). — Ligue du bien public. — Entrevue de Péronne. — Mort du frère du roi. — Jeanne Hachette. — Batailles de Granson, de Morat et de

Nancy. — Louis recueille la moitié de l'héritage du duc de Bourgogne. — Abaissement des grands. — Relations avec l'Angleterre et l'Aragon. — Acquisitions faites sous ce règne. — Nouveaux parlements. — Postes. — Encouragements au commerce, à l'imprimerie, aux lettres. — Comines. — Caractère et derniers moments de Louis XI.

24. *Géographie comparée de la France à l'avénement et à la mort de Louis XI.* — Etendue du domaine royal. — Grandes maisons féodales.

25. *Charles VIII* (1483-1498). — Anne de Beaujeu. — Etats généraux de 1484. — Révolte du duc d'Orléans. — Acquisition de la Bretagne. — Imprudentes concessions de Charles VIII aux Etats voisins. — Conquête et perte du royaume de Naples. — Victoire de Fornoue.

26. *Louis XII* (1498-1515). — Partage de Naples avec les Espagnols et acquisition de Milan. — Traité de Blois. — Ligue de Cambrai. — Victoire d'Agnadel. — Sainte ligue; victoire et mort de Gaston de Foix à Ravenne. — Perte de l'Italie. — Traités de paix. — Administration bienfaisante du *père du peuple*. — Le cardinal d'Amboise. — Commencement de la renaissance des arts.

N° 3.

CLASSE DE QUATRIÈME.

Histoire de France, depuis l'avénement de François 1er jusqu'en 1815.

1. *François Ier* (1515-1547). — Victoire de Marignan. — Bayard. — Paix perpétuelle avec les Suisses. — Concordat avec Léon X. — François Ier brigue la couronne impériale; élection de Charles V. — Puissance de ce prince. Défaite de la Bicoque (1522). — Trahison de Bourbon. — Défaite de Pavie (1525). Captivité de François Ier. — Alliance avec les Turcs. — Paix de Cambrai (1529). — Victoire de Cérisoles; paix de Crépy. — Mort du roi (1547).

2. *Géographie politique de la France sous François Ier.* —

Limites; accroissement du domaine. — Maisons féodales. — Transformation de la féodalité. Divisions administratives : grands gouvernements. Fondation du Havre de Grâce.
3. *Henri II (1547-1559).* — Alliance avec les protestants d'Allemagne. — Conquête de Metz, Toul et Verdun. — Reprise de Calais par le duc de Guise. — Traité de Cateau-Cambresis. — Mort du roi par accident.
4. *Résultats des guerres d'Italie.* — La France perd l'Italie, mais empêche la maison d'Autriche d'asservir l'Allemagne. — Renaissance : Fontainebleau, Saint-Germain, Chambord, Chenonceaux. — Pierre Lescot commence le Louvre. — Jean Goujon, Philibert Delorme, Cousin et Germain Pilon. — Fondation du Collége de France et de l'imprimerie royale. — Commencements d'un grand âge littéraire. — Accroissement du pouvoir royal. — Armée; légions provinciales; marine; finances : premières rentes perpétuelles; la loterie; vente des charges de judicature et de finances.
5. *François II et Charles IX (1550-1574).* — Les enfants de Henri II. — Catherine de Médicis. — Marie Stuart. — Les Guises et les Bourbons. — Calvin, progrès de la Réforme. — Conspiration d'Amboise. — Le prince de Condé. — Mort de François II (1560). — Régence de Catherine de Médicis. — Massacre de Vassy. — Première guerre civile. Bataille de Dreux, paix d'Amboise (1563). — Seconde guerre civile, bataille de Saint-Denis, paix de Longjumeau (1568). — Troisième guerre civile : batailles de Jarnac et de Montcontour; Coligny; paix de Saint-Germain (1570). La Saint-Barthélemy (1572); le chancelier de L'Hôpital. — Paix de la Rochelle (1573). — Mort de Charles IX.
6. *Henri III (1574-1589).* — Prétentions des Guises. — La sainte Ligue (1576) sous la direction du duc de Guise. — Guerre mal faite, paix mal gardée avec les Huguenots. — Henri de Navarre. — Batailles de Coutras et d'Auneau (1587). — Journée des Barricades (1588). — États de Blois. — Assassinat du duc de Guise et de Henri III.
7. *Géographie politique de la France à la mort de Henri III.* — Provinces et villes royalistes. — Provinces et villes cal-

vinistes. — Provinces et villes attachées à la Ligue. — Déchirements du royaume.
8. *Henri IV (1589-1610).* — Victoires d'Arques et d'Ivry. — Siége de Paris. — Intervention du duc de Parme et des Espagnols. — Les Seize. — États de la Ligue. — Prétentions de Philippe II. — La satire Ménippée. — Conversion du roi (1593). — Soumission des ligueurs. — Combat de Fontaine-Française. — Reprise d'Amiens. — Paix de Vervins (1598). — Édit de Nantes. — Acquisition de la Bresse et du Bugey (1601). — Sully : finances, agriculture, travaux publics, canal de Briare, galerie du Louvre, hôtel de ville de Paris. — Manufactures et commerce. — Popularité du roi. — Conspirations. — Plan de réorganisation de l'Europe. — Assassinat de Henri IV.
9. *Géographie de la France à la mort de Henri IV.* — Limites. Réunion de domaines sous ce règne. — Maisons féodales encore subsistantes. — Les douze grands gouvernements.
10. *Louis XIII (1610-1643).* — Régence de Marie de Médicis. — Abandon de la politique de Henri IV contre la maison d'Autriche. — Révolte des princes. — Concini. — États généraux de 1614. — De Luynes ; désordre universel dans l'État. — Richelieu (1624). — Abaissement des protestants, prise de la Rochelle (1628). — Abaissement des grands : exécution du duc de Montmorency (1632) ; création des intendants. — Abaissement de la maison d'Autriche : traité de Chérasco (1631); Gustave-Adolphe en Allemagne ; période française de la guerre de Trente ans : victoires de Bernard de Weimar, de d'Harcourt, de Guébriant, de l'archevêque de Sourdis. — Cinq-Mars et de Thou. — Mort de Richelieu (1642) et de Louis XIII (1643). — L'Académie française. — La Sorbonne. — Le Palais-Royal. — Le Jardin des Plantes.
11. *Minorité de Louis XIV et administration de Mazarin.* — Victoires de Condé à Rocroy, à Fribourg, à Nordlingue et à Lens. — Traités de Westphalie : acquisition de l'Alsace. — La Fronde. — Le cardinal de Retz et le parlement. — Alliance avec Cromwell. — Victoires de Turenne à Arras et aux Dunes. — Traité des Pyrénées:

acquisition du Roussillon et de l'Artois. — Mariage de Louis XIV. — Mort de Mazarin.

12. *Louis XIV : époque la plus brillante de son règne (1661-1679).* — Ministère de Colbert : réorganisation des finances; travaux publics; canal du Languedoc. — Marine : création du système des classes, du port de Rochefort et d'une flotte de guerre. — Encouragements à l'agriculture, à l'industrie, au commerce. — Grands travaux législatifs. Éclat des lettres françaises. — Louvois. — Son influence devient prépondérante. — Organisation de l'armée. — Guerre de Flandre (1665); acquisitions en Flandre. — Guerre de Hollande (1672). — Première coalition. — Paix de Nimègue; acquisition de la Franche-Comté. — Condé, Turenne, Duquesne.

13. *Dernière partie du règne de Louis XIV (1679-1715).* — Révocation de l'édit de Nantes. — Politique de Louis XIV à l'égard de l'Angleterre. — Révolution de 1688. — Seconde coalition. — Paix de Ryswick. — Tourville, Luxembourg, Catinat. — Guerre de la succession d'Espagne (1701-1713). — Troisième coalition. — Bataille de Denain. — Traités d'Utrecht et de Rastadt. — Boufflers, Vendôme, Berwick, Villars, Dugay-Trouin. — Mort de Louis XIV.

14. *Gouvernement de Louis XIV.* — Soumission des nobles et des parlements. — Déclaration du clergé de 1682. — Création de la police. — Nombreuse armée permanente. — Fortifications des frontières. — Vauban.

Le siècle de Louis XIV. — Foule de grands hommes dans tous les genres : Bossuet, Fénelon, Bourdaloue et Massillon; — Descartes, Pascal et Malebranche; — Corneille, Racine, Molière, La Fontaine et Boileau; — Poussin, Lesueur, Lebrun, Claude Lorrain; — Puget, Girardon, Coustou, Coysevox; — Perrault, les deux Mansard, Le Nôtre. — La colonnade du Louvre, Versailles, l'hôtel des Invalides, Marly, le Val-de-Grâce, l'Observatoire. — Académies des sciences, des inscriptions, de peinture et de musique : Picard, Cassini, Papin. — Bibliothèque publique (la Mazarine).

15. *Géographie politique de la France à la mort de Louis XIV.* — Résumé des acquisitions faites par Louis XIV. —

Limites du royaume. — Domaines des maisons du sang royal, domaines des princes légitimés. — Maisons étrangères. — Maisons indigènes. — Divisions administratives : gouvernements et départements maritimes. — Ressort des parlements. — Division de l'administration financière. — Provinces ecclésiastiques. — Universités. — Colonies.

16. *Louis XV* (1715-1774). — Régence du duc d'Orléans. — Alliance avec l'Angleterre. — Désordres des finances. — Révolution financière de Law. — Le duc de Bourbon et le cardinal Fleury. — Guerre pour la succession de Pologne (1733-1735). — Guerre pour la succession d'Autriche (1740-1748). — Guerre de Sept ans (1756-1763). — Le duc de Choiseul : le pacte de famille. — Perte de nos colonies. — Acquisition de la Lorraine et de la Corse. — Destruction des parlements. — Partage de la Pologne. — Réformes demandées. — Agitation croissante des esprits.

17. *Louis XVI* (1774-1793). — Turgot et Malesherbes. — Necker. — Guerre d'Amérique. — Succès de notre marine. — Traité de Versailles (1783). — Déficit dans les finances. — De Calonne. — Assemblée des notables. — Brienne. — Convocation des états généraux (1789).

18. *Limites de la France en* 1789. — Gouvernements. — Archevêchés et évêchés. — Généralités. — Chambres des comptes. — Cours des aides. — Parlements. — Grand conseil. — Colonies.

19. *Assemblée constituante, Assemblée législative, Convention* (1789-1795). — Réunion des trois ordres. — Prise de la Bastille. — Journées des 5 et 6 octobre. — Fuite du roi. — Constitution de 1791. — Déclaration de guerre à l'Autriche. — Journée du 10 août. — Massacres de septembre. — Abolition de la royauté. — Procès et mort de Louis XVI. — La terreur. — Le 9 thermidor. — Campagne de 1794. — Le 13 vendémiaire.

20. *Directoire* (1795-1799). — Admirables campagnes de Bonaparte en Italie (1796-1797). — Retraite de Moreau. — Traité de Campo-Formio, dicté par Bonaparte. — Expédition de Bonaparte en Égypte. — Revers des armées françaises en Europe. — Victoires de

Masséna à Zurich et de Brune à Bergen. — Faiblesse du Directoire : tiraillements intérieurs. — Journée du 18 fructidor contre les royalistes, du 30 prairial contre le Directoire. — Retour de Bonaparte. — Journée du 18 brumaire.

21. *Consulat (1799-1804).* — Constitution de l'an VIII. — Conseil d'État, tribunat, corps législatif, sénat conservateur. — Réorganisation départementale, judiciaire et financière. — Efforts pour réconcilier et éteindre les partis. — Marengo. — Paix de Lunéville et d'Amiens. — Active et glorieuse administration du premier consul. — La machine infernale. — Le consulat à vie.

22. *Empire (1804-1812).* — Sénatus-consulte organique de l'an XII. — Couronnement. — Nouvelle noblesse. — Légion d'honneur. — Napoléon roi d'Italie, médiateur de la Suisse, protecteur de la confédération du Rhin. — Camp de Boulogne. — Campagne d'Austerlitz. — Trafalgar. — Campagne de Prusse : Iéna, Friedland, paix de Tilsit. — Blocus continental. — Royaumes feudataires de l'empire. — Invasion de l'Espagne. — Wagram (1809). — Apogée de la grandeur de Napoléon. — Naissance du roi de Rome. — Le Code civil. — L'Université. — Grands travaux publics.

23. *Géographie de l'empire français en* 1810. — Départements français primitifs. — Nouveaux départements jusqu'aux Alpes. — Nouveaux départements jusqu'au Rhin. — Départements au delà du Rhin. — Départements au delà des Alpes. — Provinces Illyriennes. — Royaume d'Italie.

24. *Suite de l'histoire de l'empire (1812-1815).* — Campagne de Russie. — Hiver précoce. — Retraite de Moscou. — Défection des alliés. — Bataille de Leipsick (1813). — Admirable campagne de France. — Abdication de Fontainebleau. — L'empereur à l'île d'Elbe. — Première restauration des Bourbons. — Les Cent-Jours. — Waterloo. — Sainte-Hélène. — Traités de 1815.

GÉOGRAPHIE DE LA FRANCE.

N° 4.

CLASSE DE CINQUIÈME.

Géographie physique de la France.

1. Des limites naturelles et des limites politiques de la France. — Position astronomique. — Superficie. — Dimensions. — Contour des côtes. — Iles. — Golfes et mers.
2. Montagnes. — Leur direction, leur altitude; bassins qu'elles dessinent; ligne générale de partage des eaux.
3. Plaines les plus remarquables. — Division de la France en grandes régions physiques.
4. Fleuves et rivières distribués par versants : cours d'eau tributaires de la mer du Nord, de la Manche et du golfe de Gascogne.
5. Cours d'eau tributaires de la Méditerranée. — Longueur comparée des principaux fleuves de France. — Leur débit. — Régimes différents de ces fleuves. — Caractère capricieux de la Loire. — Débordements du Rhône. — Barre de la Seine et du Rhône.
6. Lacs, étangs, marais. — Climat : température moyenne; températures extrêmes. — Différence dans la quantité de pluie qui tombe sur les diverses parties de la France.
7. Géologie : étendue respective des divers terrains formant la couche superficielle de la France. — Nature du sol des grandes régions physiques.
8. Géographie minérale. Gisement des mines de fer, d'argent et de plomb, de cuivre, de manganèse, d'antimoine. — Carrières de gypse, de chaux, de kaolin, d'ardoise, de granit, de marbre. — Marais salants. — Sel gemme. — Eaux thermales. — Gîtes houillers. — Tourbières.
9. Géographie botanique. — Étendue du sol arable. — Étendue du sol forestier; essences dominantes. —

Productions végétales les plus utiles. — Grandes zones de culture. — Grandes régions agricoles.
10. Faune de la France. — Anciens animaux qui n'existent plus sur notre sol. — Production de la France en chevaux, bêtes à laine et bêtes à cornes. — Régions favorables à l'élève des troupeaux ou de l'espèce chevaline. — Vers à soie. — Pêcheries sur nos côtes.

N° 5.
CLASSE DE QUATRIÈME.

Géographie administrative de la France.

1. Aperçu général des divisions et subdivisions politiques, judiciaires, religieuses, maritimes, militaires, de l'instruction publique et des finances.
2. Départements compris dans les bassins du Rhin, de la Moselle, de la Meuse, de l'Escaut et de la Somme. — Anciennes provinces correspondantes. — Villes principales.
3. Départements compris dans les bassins de la Seine, de la Marne, de l'Oise, de l'Yonne, de l'Eure, de l'Orne, de la Vire, de la Vilaine, et départements de l'ancienne Armorique. — Provinces correspondantes. — Villes principales.
4. Départements compris dans les bassins de la Loire, de l'Allier, du Cher, de l'Indre, de la Vienne, de la Mayenne, des Deux-Sèvres, de la Charente. — Anciennes provinces correspondantes. — Villes principales.
5. Départements compris dans les bassins de la Dordogne, de la Garonne, de l'Adour, de la Tet, de l'Aude, de l'Hérault. — Anciennes provinces correspondantes. — Villes principales.
6. Départements compris dans les bassins du Rhône, de la Saône et de la Durance. — Anciennes provinces correspondantes. — Villes principales.
7. Défenses de la frontière de terre et de la frontière de mer, de Dunkerque à Wissembourg; double et triple ligne de places fortes; trouée des Ardennes. — Défenses le long du Rhin; trouée de Béfort; le long du

Jura; le long des Alpes; sur la Méditerranée: Antibes, Toulon et Port-Vendres; le long des Pyrénées; sur le golfe de Gascogne : Bayonne, Rochefort, Lorient; sur l'Océan Atlantique : Brest ; sur la Manche : Cherbourg; sur la mer du Nord : Dunkerque.
8. Viabilité générale : routes, systèmes des canaux et des chemins de fer; géographie industrielle et commerciale ; rivières navigables ou flottables; grands centres industriels, grandes places de commerce.
9. Notions de statistique. Population. — Finances : budgets des divers ministères. — Armée et flotte. — Effectif de la marine marchande. — Valeur du commerce général, de la production agricole, de la production industrielle. — Production des arts et des lettres. — Nombre et nature des écoles publiques. — Caisses d'épargne. — Caisses de retraite pour la vieillesse.
10. Colonies en Afrique (Algérie, le Sénégal, île de la Réunion, Mayotte), en Asie (Pondichéry), en Amérique (la Guadeloupe, la Martinique, la Guyane), et en Océanie (Taïti et les îles Marquises). — Population coloniale. — Commerce.

NOTIONS DE GRAMMAIRE COMPARÉE.

N° 6.

CLASSE DE QUATRIÈME.

Notions élémentaires de grammaire comparée dans les trois langues.

1. Des lettres et de l'alphabet, des syllabes, des mots et de la phrase.
2. De l'accent, de la quantité, de l'aspiration.
3. Du rapport de la langue parlée avec l'écriture, ou de l'orthographe. De la ponctuation et des autres signes accessoires qui servent à l'orthographe.
4. Analyse des mots. Du radical et de la racine. Des syllabes et des lettres qui s'ajoutent à la racine, sous les noms divers de suffixes, préfixes, formatives, terminaisons,

désinences, etc., pour en déterminer la signification. Des modifications de la racine elle-même.
5. Des mots simples, des mots composés, des mots juxtaposés.
6. De la proposition considérée au point de vue grammatical : du sujet, du verbe et de l'attribut.
7. Des parties du discours. Leur nombre dans chacune des trois langues.
8. Du nom substantif et du nom adjectif. Des nombres, des genres et des cas. De la déclinaison. Y a-t-il, à proprement dire, une déclinaison en français?
9. Du pronom et de l'article. Remarquer l'absence de l'article en latin, et montrer que l'article est dérivé, en français, d'un pronom latin, comme l'article, dans le grec classique, est dérivé d'un ancien pronom.
10. De la préposition, et de ses rapports avec la déclinaison des noms.
11. Du verbe, de ses variétés et de ses modifications. De la conjugaison.
12. De la conjonction, et de ses rapports avec la conjugaison des verbes.
13. De l'adverbe et de l'interjection. Rapports de l'adverbe avec l'adjectif, d'une part, et, de l'autre, avec la préposition.
14. Des degrés de comparaison, en général, et dans les diverses parties du discours qui en sont susceptibles.
15. De la syntaxe, et de la construction oratoire. Définitions.
16. Les trois langues classiques sont-elles également riches en formes ou flexions grammaticales? En quoi leur différence à cet égard peut-elle avoir modifié les règles de syntaxe et de construction qui leur sont particulières?
17. De ce qu'on appelle inversion et ordre logique.
18. Principales règles de l'analyse logique.
19. Principales règles de l'analyse grammaticale. — Des principales figures dites de grammaire.
20. Des synonymes.
21. De l'étymologie. Montrer, par de nombreux exemples de mots français tirés du grec et du latin, quelle utilité peut offrir l'étymologie pour parler notre langue avec précision et pour en régler l'orthographe.

22. Résumer les principales ressemblances de la grammaire grecque et de la grammaire latine.
23. Résumer les principales différences de la grammaire des langues anciennes avec la grammaire de la langue française.

NOTIONS D'ARITHMÉTIQUE ET DE GÉOMÉTRIE.

N° 7.

CLASSE DE QUATRIÈME.

Éléments d'Arithmétique et notions préliminaires de Géométrie.

Les notions de mathématiques enseignées dans la classe de quatrième embrasseront :

1° L'arithmétique, comprenant :

Le calcul des nombres entiers, des fractions ordinaires et des fractions décimales ;

L'exposition du système des mesures légales ;

La résolution des problèmes les plus simples, par la méthode dite de réduction à l'unité.

2° La géométrie des figures planes, conformément au traité élémentaire de Clairaut (sauf les parties consacrées aux proportions).

DIVISION SUPÉRIEURE.

ENSEIGNEMENT COMMUN A LA SECTION DES LETTRES ET A LA SECTION DES SCIENCES.

HISTOIRE ET GÉOGRAPHIE HISTORIQUE.

Le professeur dictera le résumé de ses leçons qui auront pour objet l'histoire générale de la civilisation. Il donnera des développements oraux non-seulement sur les faits, mais encore sur les mœurs et le caractère des divers peuples. Ces développements ne serviront plus désormais de texte à des rédactions continues ; le professeur se bornera à interroger les élèves sur la matière de chaque leçon ; il devra néanmoins les exercer à écrire, suivant les règles de la composition littéraire et dans un cadre limité, les récits, les descriptions, les portraits, les considérations qui présenteront un intérêt particulier.

N° 8.

CLASSE DE TROISIÈME.

Histoire ancienne.

1. Limites du monde connu des anciens. — Configuration des trois continents. — Montagnes, fleuves, mers, grandes régions naturelles.
2. Traditions bibliques sur les premiers hommes. — Les races humaines. — Les patriarches. — Moïse. — Conquête de la Terre-Sainte. — Les juges (1138-1096).
3. Les premiers rois (1096-976). — Le schisme des dix tribus (976) ; Achab. — Josaphat. — Jéhu et Athalie. — Prise de Samarie (721). — La captivité (606).
4. Aspect de l'Égypte ; le Nil. — Les Pharaons. — Conquête

de l'Égypte par les Perses (525). Religion, gouvernement, arts et monuments de l'Égypte.
5. Assyriens et Babyloniens jusqu'à Cyrus. — Sémiramis.— Sardanapale (759).— Nabuchodonosor (561). — Religion, sciences et arts. — Ruines de Ninive et de Babylone.
6. Phéniciens. — Mèdes. — Perses sous Cyrus, Cambyse et Darius (559-485). — Étendue et divisions géographiques de l'empire perse. — Religion, gouvernement, monuments.
7. Géographie physique de la Grèce. — Les Pélasges. — Les Hellènes. — Religion des Grecs; demi-dieux; héros.— Oracles. — Amphictyonies. — Jeux publics. — Monuments primitifs.
8. Guerre de Troie (1193-1184). — Homère. — Conquêtes des Doriens (1104). — Colonies.
9. Institutions politiques de la Grèce. — Constitution de Sparte et d'Athènes : Lycurgue et Solon. — Pisistrate et ses fils. — Archontat de Clisthène.
10. Guerres médiques. — Miltiade (490) et Léonidas (480). — Salamine (480) et Platées (479). — Cimon. — Eschyle et Hérodote.
11. Administration de Périclès. — Éclat des lettres et des arts. — Sophocle et Euripide. — Phidias. — La guerre du Péloponnèse (431-404) : ruine d'Athènes; les trente tyrans. — Socrate, Platon, Hippocrate, Aristophane, Thucydide.
12. Expédition du jeune Cyrus. — Retraite des Dix mille (401). — Xénophon. — Agésilas et le traité d'Antalcidas (387). — Puissance de Thèbes. — Épaminondas. — Philippe de Macédoine et Démosthènes (359-336).
13. Alexandre (336-323). — Étendue de son empire. — Résultats de ses conquêtes. — Aristote. — Lysippe. — Apelles.
14. Démembrement de l'empire d'Alexandre. — Bataille d'Ipsus (301). — Royaume de Syrie (312-64). — Séleucus Nicator, Antiochus le Grand; soulèvement des Machabées. — Royaume d'Égypte (323-30). — Les trois premiers Ptolémées. — Alexandrie. — Le musée. — La bibliothèque. — Cléopâtre. — Les Gaulois en Asie (278).

15. La Grèce entre la domination des Macédoniens et celle de Rome (323-146). — Les Gaulois en Grèce (279). — Philippe III et Persée. — Aratus et Philopœmen.
16. Géographie physique de l'Italie. — Position de Rome. — Ses rois et ses premières institutions (754-510).
17. Fondation de la république. — Le sénat, les patriciens et les plébéiens. — Consuls. — Dictateurs. — Tribuns. — Les décemvirs. — Modifications successives des institutions romaines. — Fin des luttes intestines ; union des deux ordres (510-366).
18. Caractère des premières guerres de Rome. — Invasion des Gaulois (390). — Guerres du Samnium et de Pyrrhus. — Organisation de la légion romaine. — Précautions prises pour assurer l'obéissance des vaincus : colonies, municipes.
19. Carthage : son gouvernement, étendue de ses possessions. — Première guerre punique (264-241).
20. Seconde guerre punique. — Annibal et Scipion. — Constance de Rome (218-201).
21. Conquêtes hors d'Italie : chute de la Macédoine (148), de Corinthe (146), de Carthage (146), de Numance (133). — Viriathe. — Réduction en province de la Gaule cisalpine (191) et du royaume de Pergame (129).
22. État de la république romaine après toutes ces conquêtes, nécessité d'une réforme. — Tentative démocratique des Gracques (133-121).
23. Guerres de Jugurtha et des Cimbres ; Marius. — Guerre sociale. — Gouvernement aristocratique de Sylla (113-79).
24. Sertorius. — Spartacus. — Mithridate. — Grandeur de Pompée. — Cicéron et Catilina.
25. Le premier triumvirat. — César. — Conquête de la Gaule (58-50). — Géographie de cette contrée. — Mœurs, migrations et conquêtes des anciens Gaulois.
26. La guerre civile. — Pharsale. — Thapsus. — Munda. — Royauté de César sous le nom de dictature. — Lois et projets de César (49-44).
27. Le second triumvirat ; Octave et Antoine. — Batailles de Philippes et d'Actium. — Chute de la république (44-30).
28. Organisation du gouvernement impérial. — Bornes et

divisions géographiques de l'empire. — Siècle d'Auguste. — Cicéron. — Salluste. — Tite-Live. — Horace et Virgile (30 avant J. C., 14 après).
29. Les empereurs de la famille d'Auguste. — Guerres dans la Germanie et en Orient. — Naissance et progrès du christianisme. — Le Nouveau Testament. — Premières persécutions. — Sénèque. — Lucain. — Tacite. — — Pline l'Ancien (14-70 après J. C.).
30. Les empereurs Flaviens. — Prise de Jérusalem. — Civilis. — Conquête de la Bretagne. — Les Daces.
31. Les Antonins. — État de l'empire au second siècle de notre ère. — Monuments de la grandeur romaine.
32. Les empereurs syriens. — L'anarchie militaire. — Première apparition des Francs. — Restauration de l'empire par les princes illyriens (193-285).
33. Dioclétien. — L'ère des martyrs (285-305).
34. Constantin. — Triomphe du christianisme. — Concile de Nicée. — Hiérarchie de l'Église. — Fondation de Constantinople. — Réorganisation de l'empire (306-337.)
35. Constance et l'arianisme. — Julien et le dernier effort du paganisme. — Valens et le commencement de la grande invasion (337-378).
36. Théodose. — Partage définitif de l'empire. — Dernières années de l'empire d'Occident (378-476).
37. Condition de la Gaule pendant toute la durée de l'empire.

N° 9.

CLASSE DE SECONDE.

Histoire du moyen âge.

1. État du monde romain et du monde barbare à la fin du quatrième siècle de notre ère. — Géographie et situation politique.
2. Alaric, Radagaise, Genséric et Attila (403-453).
3. Second ban de barbares germains qui réussissent à fonder des États : Clovis et ses fils. — Théodoric. — Les Lombards. — Les rois anglo-saxons (455-569).
4. Réaction éphémère des empereurs de Constantinople contre les envahisseurs germains. — Justinien ; ses travaux

législatifs. — Victoires d'Héraclius sur les Perses (528-628).
5. Puissance des Francs Mérovingiens. — Clothaire Ier, Frédégonde, Brunehaut, Clothaire II, Dagobert. — Prépondérance des Francs dans l'Europe occidentale. — Mœurs et institutions apportées par les Germains au milieu des populations romaines. — Bénéfices et alleux (558-638).
6. Décadence de la race Mérovingienne. — Affaiblissement de la royauté. — Rois fainéants. — Maires du palais. — Opposition de la Neustrie et de l'Austrasie. — Ébroïn. — Bataille de Testry (638-687).
7. Puissance croissante des maires d'Austrasie : Pepin d'Héristal; Charles Martel; Pepin le Bref (687-752). — Ils reconstituent l'État et relèvent le pouvoir. — Pepin le Bref fonde la seconde race (752).
8. Réunion et tentative d'organisation de tout le monde germanique par Charlemagne. — Ses guerres, son gouvernement; étendue et divisions géographiques de son empire. — Premier réveil littéraire (768-814).
9. Histoire de l'Église et du Saint-Siège depuis le cinquième siècle. — Conversion des barbares germains. — Schisme de l'Église grecque. — Union du pape et de l'empereur (du cinquième au neuvième siècle).
10. Les Arabes. — Mahomet. — Le Coran. — Conquête de la Perse et de toutes les provinces méridionales de l'empire romain. — Constantinople échappe à cette invasion comme à celle des Germains (622-732).
11. Fragilité de l'empire des Arabes. — Démembrement du khalifat de Bagdad; érection des khalifats du Caire et de Cordoue. — Éclat de la civilisation arabe, pendant que l'Europe est dans les ténèbres. — Emprunt que lui fera l'Europe chrétienne (755-1058).
12. Fragilité de l'œuvre de Charlemagne. — Faiblesse de Louis le Débonnaire. — Bataille de Fontenay. — Division de l'empire en trois royaumes par le traité de Verdun. — La France proprement dite est limitée au Nord-Est par la Meuse (814-843).
13. Faiblesse de Charles le Chauve. — Invasions des Northmans par le Nord et l'Ouest, des Sarrasins par la Provence et par les Alpes, et bientôt des Hongrois par

l'Est. — Nouveau démembrement de l'État et du pouvoir. — Reconnaissance définitive de l'hérédité des bénéfices et des offices royaux. — Inutilité des tentatives faites pour reconstituer l'empire de Charlemagne. — Irrévocable division en plusieurs Etats (843-888).

14. Royauté d'Eudes et de Raoul. — Entreprises ayant pour but de substituer une nouvelle dynastie à celle des Carlovingiens. — Transformation du pouvoir royal. — Règnes de Hugues Capet et de ses trois premiers successeurs (888-1108); leur alliance intime avec l'Église. — Établissement des Northmans en France.

15. Exposition du système féodal. — Asservissement de la plus grande partie des anciens hommes libres; mais le servage est substitué à l'esclavage. — Description féodale de la France. Géographie sommaire de l'Europe féodale.

16. Nouveau déclin des lettres à la fin du neuvième siècle. — Barbarie du dixième. — Renaissance dès le onzième siècle. — Rôle que le clergé y joue. — Fondation de nombreux monastères. — Trêve de Dieu. — Premier âge de la chevalerie. — Premiers monuments de la littérature et des arts du moyen âge.

17. Premiers rois de Germanie. — Othon le Grand rattache à l'Allemagne l'Italie et la couronne impériale. — Toute-puissance de Henri III. — Efforts de Grégoire VII pour régénérer l'Église et faire prévaloir l'autorité du Saint-Siége (888-1075).

18. Rivalité et lutte des deux pouvoirs temporel et spirituel, ou querelle des investitures. — Grégoire VII et Henri IV. — Alexandre III et Frédéric Barberousse. — Innocent IV et Frédéric II (1073-1250).

19. Divisions de l'islamisme. — Les Arabes subissent l'invasion des Turcs. — Décadence du khalifat de Bagdad. — Démembrement de l'empire des Turcs Seldjoucides. — Faiblesse de l'empire grec. — Ferveur ardente et union de toute l'Europe chrétienne dans une même foi et une même pensée. — La première croisade et le royaume chrétien de Jérusalem (1058-1147).

20. Les dernières croisades (1147-1270). — Résultats de ces expéditions. — Part que la France y prit.

21. Progrès de la population urbaine en France, en Italie,

I. *Programmes*, lycées.

en Allemagne, en Espagne. — Cités municipales. — Communes. — Principaux foyers de l'industrie et du commerce au Nord et au Midi de l'Europe. — Corporations industrielles. — Légistes. — Commencements de l'histoire du tiers état.

22. France. — La royauté commence la guerre contre la féodalité avec l'appui des communes, des villes et des églises. — Progrès de l'autorité royale sous Louis VI, Louis VII, Philippe-Auguste et Louis VIII. — Extension du domaine de la couronne. — Conquêtes de plusieurs provinces de l'Ouest sur Jean Sans-Terre. — Bataille de Bouvines : affermissement de l'autorité royale au Nord. — Conquête de plusieurs provinces du Midi, par suite de la croisade contre les Albigeois (1108-1226).

23. Saint Louis; ses guerres contre les barons et contre les Anglais. — Ses deux croisades. — Ses travaux législatifs ; coups portés par saint Louis à la féodalité. — Progrès de la littérature et des arts. — Premiers grands monuments de la prose française : Villehardouin et Joinville. — Troubadours et trouvères. — Universités. — Architecture ogivale (1226-1270). — Les ordres mendiants.

24. Philippe III et Philippe IV. — Guerres avec l'Aragon, la Flandre et l'Angleterre. — Lutte avec Boniface VIII. — Commencements d'une administration régulière. — Pénurie du trésor : exactions pour le remplir. — Condamnation des Templiers. — Premiers états généraux. — Le parlement. — Fin de la descendance directe de Hugues Capet. — La loi salique (1210-1328).

25. Angleterre. — Invasion danoise en Angleterre. — Alfred le Grand, Kanut le Danois. — Edouard le Confesseur. — Harold. — Invasion du duc de Normandie, Guillaume le Bâtard. — Spoliation des vaincus au profit des vainqueurs. — Royauté anglo-normande fortement constituée dès son origine. — Guillaume II, Henri Ier, Etienne Ier (871-1154).

26. Henri II réunit à l'Angleterre la moitié occidentale de la France. — Thomas Becket. — Révolte des fils du roi soutenus par la France. — Richard Cœur-de-Lion. — Jean Sans-Terre. — Il perd la moitié de ses provinces

de France.—Les barons ligués lui imposent la Grande-Charte. — Henri III ; organisation du parlement. Edouard Ier.—Conquête du pays de Galles. — Guerres en Ecosse et en France. — Edouard II (1154-1327).

27. Première partie de la guerre de cent ans entre l'Angleterre et la France. — Edouard III et le prince Noir ; Philippe VI et Jean. — Guerres de Flandre et de Bretagne. — Batailles de Crécy et de Poitiers (1328-1356).

28. Etats généraux. — Jacquerie. — Charles V et Duguesclin. — La France une première fois recouvrée sur les Anglais (1356-1380).

29. Catastrophes en France et en Angleterre. — Mort violente de Richard II d'Angleterre. — Henri IV (Chaucer). — Folie de Charles VI. — Les Armagnacs et les Bourguignons (1380-1414).

30. Henri V d'Angleterre. — Bataille d'Azincourt. — Traité de Troyes. — Charles VII et Henri VI. — Jeanne d'Arc. — Expulsion des Anglais (1415-1453).

31. Durant cette guerre de cent ans, progrès en Angleterre des libertés publiques, en France, de l'autorité royale. — Résumé de l'administration des Valois jusqu'à Charles VII. — Formation d'une nouvelle féodalité princière par les apanages. — Progrès du tiers état. — Importance du parlement et de l'Université. — Réformes de Charles VII. — Pragmatique sanction de Bourges. — Taille perpétuelle. — Armée permanente.

32. Espagne. — Croisade perpétuelle contre les Maures. — Formation et agrandissement des diverses monarchies espagnoles jusqu'au milieu du quinzième siècle. — Fondation du royaume de Portugal par un Français et intervention de la France dans les affaires de la Castille sous Charles V. — Découvertes des Portugais (du huitième au quinzième siècle).

33. État de l'Italie après la querelle des investitures. — Ruine de tout pouvoir central. — Guelfes et Gibelins. — Républiques au Nord et au Centre. — Royaume français des Deux-Siciles. — Les républiques changées en principautés. — Faiblesse temporelle de la papauté. — État des lettres : Dante, Pétrarque. — Prospérité du commerce. — Décadence des mœurs et de l'esprit national (1250-1453).

34. La royauté élective conduit l'Allemagne à l'anarchie. — Le grand interrègne. — La maison de Habsbourg. — Impuissance des empereurs. — Bulle d'or de Charles IV. — Sigismond. — Frédéric III. — Indépendance des électeurs, des princes, de la noblesse immédiate et des villes impériales. — Anarchie universelle. — Hussites. — Révolte des cantons suisses. — La Hongrie sert de barrière contre les Turcs (Jean Huniade) (1250-1453).
35. Revue sommaire de l'histoire des États du Nord et de l'Est. — Formation et rupture de l'union de Calmar. — Puissance de la Pologne et faiblesse des princes moscovites. — Les Mongols. — Les Turcs ottomans. — Chute de Constantinople (IXe siècle-1453).
36. Histoire de l'Église depuis les croisades. — Boniface VIII. — La papauté à Avignon. — Le grand schisme d'Occident. — Wiclef et Jean Huss. — Les conciles de Constance (Gerson) et de Bâle (1270-1453).
37. Formation des langues et des littératures nationales répondant à la division politique de l'Europe en grandes nations. — Industrie, commerce (ligue hanséatique). — Mystères et moralités. — Découvertes scientifiques : l'imprimerie. — Relations avec l'Orient.

N° 10.

CLASSE DE RHÉTORIQUE.

Histoire des temps modernes.

1. État politique et divisions géographiques de l'Europe au milieu du quinzième siècle.
2. France. — Progrès de l'autorité royale en France dans les dernières années de Charles VII et sous Louis XI. — Puissance des maisons féodales. — Opposition et mort du duc de Bourgogne. — Résultats du règne de Louis XI. — Anne de Beaujeu et Charles VIII. — États généraux de 1484. — Acquisition de la Bretagne (1453-1494).
3. Angleterre. — Guerre des deux Roses. — La royauté anglaise sous Henri VII (1453-1509).
4. Espagne. — Faiblesse de Henri IV. — Puissance de Fer-

dinand et d'Isabelle. — Réunion de la Castille et de l'Aragon. — Chute de Grenade (1453-1516).
5. Allemagne et Italie à la fin du quinzième siècle. — Constitution anarchique de ces deux pays, qui, par suite de leurs divisions, deviendront successivement le champ de bataille de l'Europe. — Frédéric III et Maximilien; vains efforts pour mettre de l'ordre en Allemagne. — Ludovic le More; Venise et Gênes. — Les Médicis et Savonarole. — Politique du Saint-Siége. — Les Aragonais à Naples (1453-1494).
6. Les Turcs sous Mahomet II et Sélim. — Conquête d'une partie de la vallée du Danube et de l'Albanie, de la Syrie, de l'Égypte et d'Alger (1453-1520). — Étendue et puissance de l'empire ottoman en 1520.
7. Commencement des guerres d'Italie. — Expéditions de Charles VIII et de Louis XII. — Gouvernement de ce dernier prince (1494-1515).
8. Nouveaux éléments de civilisation générale. — Découverte ou usage chaque jour croissant de la poudre à canon, du papier, de l'imprimerie et de la boussole. — Christophe Colomb et Vasco de Gama. — Empire colonial des Espagnols et des Portugais. — Développement de la richesse mobilière.
9. Tableau de l'Italie au commencement du seizième siècle. — Milan, Gênes, Venise, Florence, Rome, Naples. — Renaissance des arts et des lettres. — Jules II. — Léon X. — L'Arioste, Machiavel, Bembo, Bramante, Léonard de Vinci, Raphaël, Michel-Ange. — Erasme. — Copernic.
10. Mouvement du protestantisme. — Luther (1517) : la réforme en Allemagne. — Christian II et Gustave Vasa : la réforme dans le Nord (1513-1560). — Zwingle et Calvin : la réforme en Suisse, aux Pays-Bas et en Ecosse (1516-1564). — Henri VII : la réforme en Angleterre. — Edouard VI. — La reine Marie (1509-1558).
11. Rivalité de François Ier et de Charles V : Marignan, Pavie, captivité de François Ier. — Prise de Rome par le connétable de Bourbon. — Traité de Cambrai (1515-1529). — Rôle de l'Angleterre dans la lutte de la France et de l'Empire.

12. Introduction des Ottomans dans la politique européenne. — Soliman II. — Siége de Vienne. — Expédition de Charles V contre Tunis et Alger. — Invasion de la Provence. — Trêve de Nice. — Bataille de Cérisoles (1527-1547).
13. Henri II et le traité du Câteau-Cambrésis. — Résultats des guerres d'Italie. — La Péninsule fermée aux Français et soumise aux Espagnols. — La France acquiert Metz, Toul et Verdun (1547-1559). — La renaissance en France.
14. Le concile de Trente. — Sages réformes à la cour pontificale. — Création de l'ordre des jésuites. — Paul III, Paul IV, Pie V, Sixte V (1534-1590).
15. La réforme en France. — Guerres de religion. — François II. — Charles IX. — Henri III. — Les Bourbons et les Guises (1559-1589).
16. Angleterre et Écosse. — Elisabeth et Marie Stuart. — L'Armada de Philippe II. — Victoire d'Elisabeth. — Apogée de l'autorité royale en Angleterre. — Shakspeare et Bacon (1558-1603).
17. Espagne. — Vastes projets de Philippe II. — Soulèvement des Pays-Bas. — Les Gueux. — Guillaume de Nassau. — Indépendance des Provinces-Unies. — Décadence anticipée de l'Espagne, malgré la conquête du Portugal (1556-1598).
18. France. — Henri IV achève de ruiner par ses succès la prépondérance de l'Espagne ; il termine en France les guerres de religion et rétablit le pouvoir royal. — Ses réformes, ses projets. Sully. — Écoles littéraires de la France. — Montaigne. — Amyot. — Ronsard, Malherbe.
19. Angleterre. — L'autorité royale entre en lutte contre d'antiques traditions de liberté soutenues par l'esprit nouveau de la réforme. — Jacques Ier. — Règne de Charles Ier jusqu'à la convocation du Long Parlement (1603-1640).
20. Angleterre. — Révolution de 1648. — Protectorat de Cromwell (1640-1660).
21. L'autorité royale conserve la prééminence en France. — Richelieu et Louis XIII. — Le protestantisme cesse d'être un parti politique. — Abaissement des grands.

— Création des intendants. — Abaissement de la maison d'Autriche (1610-1643).

22. **Allemagne.** — Guerre de Trente ans. — Traités de Westphalie. — L'Alsace reste à la France. — L'Allemagne, qui compte plus de 360 États, est de toutes parts ouverte à l'étranger, malgré l'autorité impériale qui n'est plus qu'un vain nom héréditaire dans la maison d'Autriche (1618-1648).

23. **Mazarin et la Fronde.** — Les traités de Westphalie et des Pyrénées préparent la grandeur de Louis XIV. — Situation de l'Europe et limites des États en 1661. — Décadence de l'Espagne, de l'Italie et de l'Empire. — Épuisement de la Suède. — Décadence de la Pologne. — Divisions de l'Angleterre. — Richesses et puissance de la Hollande (1643-1661).

24. **Louis XIV.** — Ministère de Colbert. — Administration intérieure : industrie. — Commerce. — Marine marchande et militaire ; les classes. — Législation. — Epoque la plus glorieuse des lettres françaises.

25. **Louis XIV.** — Influence prépondérante de Louvois. — Organisation militaire. — Guerre avec l'Espagne. — Traité d'Aix-la-Chapelle. — Invasion de la Hollande. — Coalition générale. — Traité de Nimègue. — Turenne, Condé, Vauban, Duquesne. — Conquête de la Flandre et de la Franche-Comté (1661-1679).

26. Révocation de l'édit de Nantes et politique de Louis XIV à l'égard de l'Angleterre. — Charles II. — Jacques II. — Opposition de l'aristocratie et du clergé anglais. — Révolution de 1688 avec l'aide de la Hollande. — Guillaume de Nassau. — Locke. — Nouveau droit politique (1679-1688).

27. Suites de la révolution de 1688 pour la politique générale de l'Europe. — Traité de Ryswick. — Guerre de la succession d'Espagne. — Traités d'Utrecht et de Rastadt (1688-1715). — Luxembourg, Villars, Catinat, Vendôme, Berwick, Tourville.

28. Coup d'œil sur le dix-septième siècle. — Progrès général des sciences, des lettres et des arts.

29. **La régence et Louis XV.** — Law. — Ministère de Fleury. — Guerre de la succession d'Autriche et guerre de

Sept ans. — Traité de Paris. — Perte des colonies françaises (1715-1763).
30. Création du royaume de Prusse. — Rivalité de la Prusse et de la maison d'Autriche. — Frédéric II et Marie-Thérèse (1701-1786).
31. Dernier effort de la Suède; Charles XII. — Grandeur de la Russie. — Pierre le Grand et Catherine II. — Fondation de Saint-Pétersbourg. — Victoires sur les Turcs. — Partage de la Pologne (1689-1789).
32. Grandeur maritime et coloniale de l'Angleterre. — Conquêtes aux Indes orientales. — Progrès et soulèvement des colonies d'Amérique. — Guerre d'Amérique (1688-(1789).
33. Esprit de réforme popularisé par les philosophes (Voltaire, Montesquieu, Rousseau...) et par les économistes (Vauban, Quesnay, Adam Smith, etc.) dans toute l'Europe. — Pombal et Joseph Ier en Portugal. — Ferdinand VI, Charles III et Aranda en Espagne. — Tanucci et Charles VII à Naples, Léopold en Toscane. — Joseph II en Autriche. — Frédéric II en Prusse. — Choiseul, Louis XVI, Turgot, Malesherbes et Necker en France.
34. Découvertes scientifiques et géographiques au dix-huitième siècle : Franklin, Lavoisier, Linné, Buffon, Laplace, Lagrange, Volta, Cook et Bougainville. — Géographie de l'Europe en 1789.
35. Assemblée constituante. — Assemblée législative. — Journée du 10 août. — Convention nationale. — Procès et mort de Louis XVI. — La terreur. — Journée du 9 thermidor. — Journée du 13 vendémiaire.
36. Directoire. — Premières campagnes de Bonaparte en Italie. — Traité de Campo-Formio. — Expédition d'Égypte. — Retour de Bonaparte. — Journée du 18 brumaire. — Constitution consulaire. — Concordat. — Code civil.
37. Napoléon empereur. — Géographie de l'Europe en 1810. — Guerre de Russie. — Campagne d'Allemagne. — Campagne de France. — Abdication de l'Empereur. — Retour de l'île d'Elbe. — Les Cent Jours. — Waterloo. — Sainte-Hélène. — Traités de 1815.

GÉOGRAPHIE PHYSIQUE ET POLITIQUE.

Pendant les études consacrées au cours de géographie, les élèves feront des croquis ayant pour objet de représenter les principales contrées décrites par le professeur. Ces croquis seront exécutés au trait à la plume, à main levée; les noms de pays, de villes, de fleuves, etc.... seront en écriture cursive.

Les élèves exécuteront de plus en deuxième et en troisième année quelques cartes, notamment sur les matières des 10°, 11° et 12° leçons du programme n° 12 et sur celles des 8°, 9° et 10° leçons du programme n° 13.

Le professeur ne perdra pas de vue que son enseignement doit être à la fois pratique et très-élémentaire; il en exclura donc tout ce qui n'est qu'érudition ou pure spécialité pour avoir le temps d'insister sur les connaissances fondamentales. Cette remarque s'applique principalement aux leçons du programme n° 12.

N° 11.

CLASSE DE TROISIÈME.

Objet du cours.— Grandes divisions du globe.

1, 2. Objet et utilité du cours. — Ce qu'on entend par géographie physique et par géographie politique. — Nomenclature géographique; définition des principaux termes en usage.

Utilité des cartes géographiques. — Mappemonde, cartes générales, cartes particulières. — Échelles. — Valeur des principales mesures itinéraires en myriamètres.

Division de la surface du globe en terres et en eaux; rapport de leur étendue superficielle; population du globe.

Continents. Forme générale de leur contour; orographie et hydrographie sommaires; grandes divisions relatives aux races et aux religions; parties du monde.

Océan. Ses grandes divisions; leur situation relative et leurs communications entre elles; mers principales; leur situation.

3, 4, 5, 6. *Asie, Afrique, Amérique du Nord et Amérique du Sud.*

Limites; forme générale du contour; mers et îles principales; division en grands versants; grandes chaînes de montagnes; lacs et fleuves principaux. — Grandes divisions relatives aux races et aux religions. — Principaux États; leurs capitales. — Population. — Principales colonies européennes. — Mention particulière des possessions anglaises aux Indes et des États-Unis d'Amérique.

Océanie.

Situation; grandes divisions; mers, îles et archipels principaux; possessions des Européens; capitales.

7, 8. *Europe.* Limites; forme générale du contour; mers, îles et presqu'îles principales; leur situation.

Division en grands versants; ligne de partage des eaux, depuis les monts Ourals jusqu'au détroit de Gibraltar.

Principales chaînes de montagnes; situation et direction. — Principaux fleuves: sources, directions, embouchures; notion de leur étendue. — Grands lacs; leur situation.

Grandes divisions d'après les races et les religions; langues principales. — Principaux États de l'Europe; leur situation; capitales. — Population de l'Europe.

9, 10, 11. *Description sommaire des mers.* 1° Grand Océan; 2° Océan Atlantique; 3° Mer des Indes; 4° Mer Méditerranée et mer Noire; 5° Mer du Nord; 6° Mer Baltique.

Situation; forme générale du littoral. — Mers secondaires; îles et détroits principaux; leur situation. — Pays baignés par ces mers; embouchures des fleuves les plus remarquables; grands ports. — Principales colonies européennes. — Notions sommaires sur les lignes de navigation les plus suivies et sur la durée de la traversée.

N° 12.

CLASSE DE SECONDE.

États européens (la France exceptée). — Histoire sommaire de la géographie. — Géographie statistique des productions et du commerce des principales contrées.

1, 2, 3, 4, 5, 6 et 7. *États Européens.*

1° Iles britanniques.
2° Hollande et Belgique.
3° Suède et Norwége. — Danemark.
4° Russie et Pologne.
5° Prusse.
6° Allemagne et Suisse.
7° Empire d'Autriche.
8° Turquie d'Europe et Grèce. — Principautés slaves, Iles Ionniennes.
9° Italie.
10° Espagne et Portugal.

Situation et limites; mers et îles principales; versants et chaînes de montagnes principales; fleuves et lacs principaux;

Grandes divisions politiques; capitales, gouvernement, population; races et religions; colonies; ports principaux.

Armée, marine, revenu des puissances de premier ordre.

Mention des confédérations germanique et helvétique. — Éléments de puissance des empires russe et britannique.

8, 9. *Histoire sommaire de la géographie.*

Monde connu des anciens. — Progrès de la géographie au moyen âge. — État des connaissances géographiques au commencement du quinzième siècle; progrès de ces connaissances depuis cette époque. — Navigateurs les plus célèbres; résumé de leurs principales découvertes. — Notions sommaires sur les principaux voyages autour du monde.

10, 11, 12. *Géographie industrielle et commerciale.*

Notions élémentaires et sommaires :

1° Sur les localités d'où proviennent les productions les plus utiles : céréales, fers, houilles, bois de construction, cotons, vins, etc.;

2° Sur les centres d'industrie les plus importants; produits principaux de la France, de l'Angleterre, de l'Allemagne, etc.;

3° Sur les principaux centres et ports de commerce; matières premières ou fabriquées qui donnent lieu à l'importation ou à l'exportation; lignes de navigation qu'elles suivent; durée du trajet.

N° 13.

CLASSE DE RHÉTORIQUE.

Géographie physique et politique de la France.

1, 2, 3. Limites; latitudes et longitudes extrêmes; tracé du contour de la France. — Ligne de partage des eaux.

Chaînes de montagnes; situation et direction générale.— Ramifications principales. — Division de la France en versants et en bassins.

Côtes maritimes : 1° *de Dunkerque à Bayonne;* 2° *de Port-Vendres à Antibes.*

Tracé du littoral. — Iles, caps et golfes principaux. — Embouchures des grands fleuves. — Départements et villes principales du littoral.

Limites de terre : 1° *de Dunkerque à Wissembourg;* 2° *de Wissembourg à Bâle et à Antibes;* 3° *de Port-Vendres à Bayonne.*

Tracé de la limite; départements qu'elle confine. — Pays limitrophes.

Description sommaire des Alpes et des Pyrénées.

Situation; direction; grandes divisions; montagnes, cols et ramifications les plus remarquables; rivières principales qui descendent de ces chaînes.

4, 5, 6. *Bassins de la Seine, de la Loire, de la Garonne et du Rhône; bassins de l'Escaut, de la Meuse et du Rhin* (partie française).

Ceinture du bassin et cours du fleuve; tracé; principaux affluents. — Départements et villes principales qu'arrosent le fleuve et ses affluents principaux. — Points où commence la navigation.

7. *Canaux et chemins de fer.*

Principaux canaux; mers et rivières qu'ils mettent en

GÉOGRAPHIE.   61

communication. — Principaux chemins de fer ; grandes villes qu'ils unissent ; leur liaison avec les principaux chemins de fer de la Belgique et de l'Allemagne.

8, 9, 10. *Ancienne division de la France en provinces.*

Situation des provinces ; date et historique sommaire de leur réunion à la couronne de France ; capitales.

Division de la France en départements.

Origine et but de cette nouvelle division ; situation respective des départements ; chefs-lieux.

Concordance des deux divisions.

Départements formés des anciennes provinces de :
1° Bretagne, Normandie, Ile-de-France ;
2° Champagne, Picardie, Artois, Flandre, Lorraine ;
3° Poitou, Maine, Touraine, Anjou, Orléanais, Berry, Nivernais, Bourbonnais ;
4° Limousin, Auvergne, Marche, Saintonge, Aunis, Angoumois ;
5° Guyenne, Gascogne, Béarn ;
6° Comté de Foix, Roussillon, Languedoc ;
7° Provence, Dauphiné, Comtat-Venaissin, Lyonnais, Corse ;
8° Alsace, Franche-Comté, Bourgogne.

11. *Statistique de la France.*

Superficie. — Population. — Gouvernement. — Divisions administratives, militaires, ecclésiastiques, judiciaires. — Instruction publique. — Préfectures maritimes. — Agriculture, industrie et commerce. — Revenu, dette. — Armée, marine.

12. *Colonies.*

Algérie. — Situation, limites. — Chaînes de montagnes et rivières principales. — Provinces et villes principales. — Races principales. — Religions.

Colonies françaises dans les différentes parties du monde. — Situation. — Villes principales. — Productions, commerce.

LANGUES VIVANTES.

N° 14.

CLASSE DE TROISIÈME.

Langue allemande.

Enseignement grammatical. — Lecture et écriture. Verbes auxiliaires. Conjugaison régulière. Déclinaison du substantif et de l'adjectif. Règles de la construction. Les noms de nombre, pronoms, etc.

Explication. — On commencera par des morceaux très-faciles. Après le premier trimestre, les élèves doivent être exercés à l'explication improvisée.

Thèmes. — L'exercice du thème ne commence que lorsque les élèves savent décliner, conjuguer et faire la construction. — Les thèmes sont corrigés sur le tableau.

Langue parlée. — Phrases simples formées à l'occasion de la récitation des leçons, etc. — Les morceaux expliqués réduits en questions et en réponses. — Versions dictées.

N° 15.

CLASSE DE SECONDE.

Langue allemande.

Verbes irréguliers. — Formation des mots. — Les points les plus importants de la syntaxe.

Explication de deux auteurs, dont l'un, présentant quelques difficultés, est préparé; et l'autre, plus facile, doit être expliqué à livre ouvert; exercices sur les morceaux expliqués.

Questions grammaticales traitées en langue allemande.

Versions dictées.

Deux sortes de thèmes, dont les uns doivent être faits hors la classe, et les autres improvisés en classe et corrigés.

N° 16.

CLASSE DE RHÉTORIQUE.

Langue allemande.

Dans l'exercice du thème, le professeur rappelle aux élèves les règles fondamentales apprises dans les classes de troisième et de seconde, et expose les règles particulières les plus usuelles.
Explication de deux auteurs, l'un, difficile; l'autre, sans difficultés sérieuses; exercices sur les morceaux expliqués.
Exercices généraux : petites narrations, amplifications, etc., écrites en allemand.
Questions étymologiques, etc.
Versions dictées.

N° 17.

CLASSE DE TROISIÈME.

Langue anglaise.

Formation des mots (inflexions, dérivation, composition).
Syntaxe : accord, régime, ordre des mots.
Les règles doivent être étudiées sur des textes choisis à cet effet.
Exercices de mémoire, récitation de textes anglais.
Vocabulaire, racines saxonnes.
Prononciation et orthographe, notation des sons élémentaires de la langue anglaise.
Lecture d'un auteur anglais.

N° 18.

CLASSE DE SECONDE.

Langue anglaise.

Vocabulaire : continuer l'étude des mots saxons. Élément latin et français. Vocabulaires spéciaux.
Application des études précédentes à la traduction du français en anglais.

Traiter en anglais par écrit ou de vive voix quelque sujet donné. Lettres sur des sujets familiers.
Questions et réponses en anglais.
Lecture d'un auteur anglais.

N° 19.

CLASSE DE RHÉTORIQUE.

Langue anglaise.

Compléter l'étude du vocabulaire général et des vocabulaires spéciaux.
Compositions écrites en anglais.
Extraits d'ouvrages littéraires et scientifiques. Les élèves auront à en rendre compte en anglais, de vive voix.
Questions et réponses en anglais.
Lecture d'un auteur anglais.

NOTIONS LITTÉRAIRES.

N° 20.

CLASSE DE RHÉTORIQUE.

Notions élémentaires de rhétorique et de littérature.

Dans la suite des leçons le professeur de rhétorique exposera des notions élémentaires de littérature qu'il résumera à la fin du cours, par les questions suivantes :
1. En quoi la poésie diffère de la versification et quelles sont les principales formes de vers en latin et en français.
2. Des principaux genres de poésie et de leurs divers caractères.
3. Des genres de prose et de leurs caractères différents.
4. De l'art oratoire ou rhétorique. — Des diverses parties de la rhétorique.

5. Des diverses parties du discours.
6. Quelles sont, parmi les règles de l'art oratoire, celles qui s'appliquent à toute composition.
7. Quelles sont les qualités générales du style et, parmi ces qualités, celles qui caractérisent plus particulièrement les chefs-d'œuvre de la prose française.
8. Des principales figures de pensées et de mots.

LOGIQUE.

N° 21.

CLASSE DE LOGIQUE.

Le professeur s'attachera à initier ses élèves à la connaissance des opérations de l'entendement par des interrogations qui porteront sur les questions suivantes :

1er trimestre. — *Étude de l'esprit humain et du langage.*

1. Objet de la logique. Ses rapports avec les autres sciences.
2. Des facultés de l'âme. — Sensibilité. — Entendement. — Volonté.
3. De la sensibilité, des sensations et des sentiments.
4. Des opérations de l'entendement. — Attention. — Comparaison. — Jugement.
5. Du raisonnement.
6. Des idées en général. — De leur origine. — De leurs différents caractères, de leurs diverses espèces.
7. Des notions et vérités premières.
8. De la mémoire et de l'association des idées.
9. De l'imagination.
10. Des signes en général et du langage en particulier.
11. Influence des signes sur la formation des idées.
12. Notions de grammaire générale.

2e trimestre. — *De la méthode dans les divers ordres de connaissances.*

13. De la méthode en général. — De l'analyse et de la synthèse.

14. De la méthode dans les sciences physiques et naturelles. — Observation. — Expérimentation.
15. Des classifications (classifications naturelles, classifications artificielles).
16. De l'analogie et de l'induction.
17. Des hypothèses.
18. De la méthode dans les sciences exactes. Axiomes. — Définitions.
19. De la démonstration et de l'évidence.
20. Du syllogisme, — de ses figures, — de ses règles.
21. Usage et abus du syllogisme.
22. De la méthode dans les sciences morales.
23. Autorité du témoignage des hommes.
24. Règles de la critique historique.
25. De la certitude en général, et des différentes sortes de certitude.
26. Des causes et des remèdes de nos erreurs.

3ᵉ trimestre. — *Application des règles de la méthode à l'étude des principales vérités de l'ordre moral.*

27. De la volonté.
28. De la conscience et du sentiment moral.
29. Application des règles de la méthode à la démonstration de la spiritualité de l'âme et de la liberté.
30. Application des règles de la méthode à la démonstration de l'existence et de la providence de Dieu.
31. Application des règles de la méthode à la démonstration de la loi morale et de ses diverses sanctions.
32. De la destinée de l'homme et de l'immortalité de l'âme.

SECTION DES LETTRES.

ENSEIGNEMENT PARTICULIER A LA SECTION DES LETTRES.

NOTIONS GÉNÉRALES DE GÉOMÉTRIE ET DE PHYSIQUE POUR SERVIR D'INTRODUCTION A L'ÉTUDE DES SCIENCES.

N° 22.

CLASSE DE TROISIÈME.

Notions de Géométrie.

Le professeur s'aidera des *Éléments de géométrie* de Clairaut ; il pourra abréger les démonstrations et les supprimer au besoin en les remplaçant par de simples explications. Il fera exécuter par les élèves toutes les constructions indiquées, et mettra sous leurs yeux des modèles en relief, pour faciliter l'intelligence des figures dans l'espace.

1, 2. Ligne droite et cercle. — Règle et compas. — Mesure d'une longueur. — Perpendiculaire. — Définition du rectangle et du carré. — Manière d'élever une perpendiculaire. — Manière d'abaisser une perpendiculaire et de couper une droite en deux parties égales. — Construction du rectangle et du carré.

3. Mener par un point donné une parallèle à une ligne donnée. — Mesure du rectangle.

4. Figures rectilignes. — Triangles. — Triangles rectangles. — Mesure du triangle rectangle. — Mesure d'un triangle quelconque. — Parallélogramme. — Mesure du parallélogramme.

5. Polygones réguliers. — Manière de décrire un polygone régulier par la division de la circonférence en un certain nombre de parties égales. — Mesure des polygones réguliers. — Mesure du cercle.

6. Angles. — Division du cercle en degrés, minutes et secondes. — Mesure des angles. — Angles droit, aigu, obtus. — Manière de faire un angle égal à un angle donné.

SECTION DES LETTRES

7. Construction d'un triangle, connaissant : 1° un angle et les deux côtés qui le comprennent; 2° un côté et les deux angles adjacents; 3° les trois côtés.
8, 9. Figures semblables. — Manière de faire une figure semblable à une autre. — Echelles. — Rapport des aires des figures semblables.
10. Parallèles coupées par une sécante. — Egalité des quatre angles aigus et des quatre angles obtus. — Dénominations de ces angles. — Somme des angles d'un triangle.
11, 12. Propriétés du cercle. — Dépendance des cordes et des arcs. — Condition pour qu'une droite soit tangente à un cercle.
13, 14. Des plans et des lignes droites dans l'espace. — Ligne perpendiculaire à un plan. — Plan perpendiculaire à un autre. — Plans parallèles. — Angles dièdres, leur mesure. — Définition du cube, du prisme et de la pyramide.
15, 16. Sphère. — Sections planes. — Grands cercles. — Petits cercles. — Pôles d'un cercle. — Définition du cylindre et du cône.

N° 23.

CLASSE DE TROISIÈME.

Notions de Physique.

1, 2, 3. Propriétés générales des corps. — Etats des corps. — Pesanteur. — Poids. — Démonstration expérimentale de l'existence du centre de gravité. — Usage de la balance. — Double pesée.
4, 5. Démonstration expérimentale du principe d'Archimède. — Densité des liquides et des solides. — Méthode du flacon.
6. Preuve de la pesanteur des gaz. — Mesure de la pression atmosphérique par l'expérience de Toricelli.
7, 8. Loi de Mariotte. — Transvasement des gaz. — Machine pneumatique.
9. Dilatabilité des corps par la chaleur. — Thermomètre à mercure.

10. Changement d'état des corps. — Fusion, solidification, vaporisation, liquéfaction. — Définition de la chaleur latente.
11, 12. Preuve expérimentale de l'élasticité des vapeurs. — Ebullition, distillation, absorption. — Tubes de sûreté.
13. Développement de l'électricité par le frottement. — Distinction des deux électricités. — Machine électrique. — Electrophore.
14. Montrer quelques-unes des principales piles voltaïques, et faire connaître les principaux effets qu'elles peuvent produire.
15. Production du son. — Propagation du son dans l'air. — Notions sur les intervalles musicaux.
16. Notions succinctes sur la réflexion et la réfraction de la lumière.

NOTIONS DE CHIMIE ET DE COSMOGRAPHIE.

N° 24.

CLASSE DE SECONDE.

Chimie.

Le professeur ne perdra pas de vue que cet enseignement est destiné à fixer dans la mémoire des élèves, non le détail descriptif des corps, mais la connaissance de vues générales ou pratiques sur l'air, l'eau, l'oxydation, la combustion; sur les conditions et les effets généraux de l'action chimique et sur les forces qui en résultent.

Divers états de la matière. — Cohésion. — Formation des corps composés. — Synthèse. — Leur destruction. — Analyse.
Affinité. — Causes qui la modifient. — Phénomènes qui accompagnent la combinaison des corps.
2. Corps simples. — Métaux. — Métalloïdes.
Corps composés. — Principes de la nomenclature. — Acides. — Bases. — Corps neutres. — Sels.
Proportions multiples.

3. Oxygène. — Combustion. — Exemples de combustion vive et de combustion lente. — Chaleur dégagée par la combustion des principaux corps combustibles.
4. Azote. — Air atmosphérique. — Analyse qualitative de l'air. — Son analyse quantitative par l'eudiomètre à hydrogène.
5. Hydrogène. — Eau. — Analyse et synthèse de l'eau. Notions sur les équivalents.
6. Carbone. — Acide carbonique. — Oxyde de carbone. — Synthèse de l'acide carbonique. — Sa formation par les animaux. — Sa décomposition par les plantes.
7. Hydrogène bicarboné. — Gaz de l'éclairage. — Flamme. — Toiles métalliques. — Lampe de sûreté.
8. Oxydes d'azote. — Acide azotique. — Nitre. — Poudre.
9. Ammoniaque.
10. Soufre. — Acide sulfureux. — Acide sulfurique. — Hydrogène sulfuré.
11. Phosphore. — Acide phosphorique. — Hydrogène phosphoré.
12. Chlore. — Acide chlorhydrique. — Eau régale. — Classification des corps non métalliques en familles naturelles.
13. Métaux en général. — Classification des métaux.
14. Alliages en général. — Les principaux alliages utiles.
15. Sels en général. — Lois de leur composition. — Lois de Berthollet.
16. Notions sur la composition des matières organiques.

N° 25.

CLASSE DE SECONDE.

Cosmographie.

Dans les dix premières leçons, le professeur exposera les phénomènes généraux de l'astronomie, qui sont totalement indépendants de la situation de l'observateur. Les six dernières seront consacrées aux phénomènes qui sont plus particulièrement relatifs à la position que l'observateur occupe réellement à la surface de la terre.

1, 2. Coup d'œil sur l'ensemble de l'univers. — Constitution générale du système solaire. — Distance, grandeur et

masse du soleil. — Noms et ordre des planètes. — Leurs masses. — Loi de Bode. — Satellites. — Lune.
3, 4, 5, 6. Le soleil. — La terre. — La lune. — Leurs mouvements réels. — Éclipses de soleil et de lune.
(Le professeur emploiera un appareil uranographique.)
Constitution physique de la lune. — Suppositions sur la nature physique du soleil.
7. Planètes.
8. Comètes.
9. Étoiles.
10. Nébuleuses.
11, 12. Uranographie et principaux instruments d'astronomie.
13, 14. Figure de la terre. — Géographie. — Marées.
15, 16. Calendrier grégorien et sa correspondance avec le calendrier julien.

NOTIONS D'HISTOIRE NATURELLE.

N° 26.

CLASSE DE RHÉTORIQUE.

Notions générales d'Histoire naturelle.

Zoologie.

1. Comparaison sommaire de l'organisation et des fonctions des animaux et des végétaux. — Division des diverses fonctions des animaux. — Exposition des principaux organes qui concourent à ces fonctions et des tissus qui les constituent.
2. *Fonctions de nutrition.* — *Digestion.* — Description sommaire de l'appareil digestif et de ses annexes. — Structure et développement des dents. — Mastication et déglutition.
3. Nature diverse des aliments. — Phénomènes chimiques de la digestion. Sécrétions qui y concourent. — Absorption par les veines et les vaisseaux chylifères.
4. *Circulation.* — Sang ; composition et usages de ce liquide.

— Appareil circulatoire, cœur, artères et veines. — Mécanisme de la circulation. — Principales modifications de l'appareil circulatoire dans le règne animal.

5. *Respiration.* — Phénomènes chimiques essentiels. — Appareil respiratoire des mammifères. Mécanisme de l'inspiration et de l'expiration. — Théorie actuelle de la respiration. — Chaleur animale. — Asphyxie. — Respiration pulmonaire, branchiale et trachéenne. — Animaux à sang chaud et à sang froid.
6. *Sécrétions* et *exhalation.* — Glandes, peau, membranes muqueuses et séreuses. — *Assimilation.* — Résumé des phénomènes de nutrition.
7. *Fonctions de relation.* — *Organes du mouvement.* — Composition générale du squelette; structure et formation des os. Articulations. — Muscles, leur structure et leur mode d'action.
8. Principales modifications de l'appareil locomoteur dans les divers animaux pour la marche, le vol, la natation et la reptation. — Organe de la voix et de la production des sons en général.
9. *Système nerveux.* — Indication des parties qui le constituent essentiellement. — Fonctions du système nerveux. — Nerfs moteurs et sensitifs. — Différences essentielles du système nerveux dans les divers embranchements du règne animal.
10. *Organes des sens.* — Toucher, odorat, goût.
11. Organes de l'ouïe et de la vue. Phénomènes de la vision.
12. *Classification du règne animal.* — Organisation générale des mammifères, leur division en ordres et familles. Sécrétion et nature du lait.
13. Organisation générale des oiseaux, des reptiles et des poissons. — Structure des œufs.
14. Organisation générale des animaux annelés (insectes arachnides, crustacés, annélides), production de la soie et de la cire.
15. Organisation générale des mollusques et zoophytes. — Nacre, perles, corail, éponges.

Botanique.

16. Caractères généraux des végétaux, organes essentiels qui les constituent. — *Organes de la nutrition.* — De la

tige et de la racine, de leur structure et des tissus élémentaires qui les composent. — Racines adventives, boutures.

17. Des feuilles, de leur structure, de leurs mouvements. — Modifications principales des tiges, des racines et des feuilles. — Bourgeons, tubercules et bulbes.

18. Nutrition des végétaux. — Absorption par les racines; ascension de la sève. Respiration des feuilles et des autres parties vertes. Etiolement.

19. Sucs propres. Matières sécrétées ou élaborées dans les végétaux, sucre, fécule, résines, huiles, etc. — Accroissement des tiges des végétaux dicotylédonés. Greffes.

20. *Organes de la reproduction.* — De la fleur; parties qui la constituent et leurs principales modifications dans les divers végétaux.

21. De la fécondation et du développement du fruit. Mode de respiration, chaleur et mouvements de quelques organes des fleurs.

22. Structure de la graine. Nature amylacée ou huileuse du périsperme ou de l'embryon. — Téguments; coton. — Germination; phénomènes chimiques; développement de la jeune plante; cotylédons.

23. *Classification artificielle et naturelle des végétaux.* — Des dicotylédones et de quelques-unes de leurs familles, rosacées, crucifères, ombellifères, papillonacées, solanées, composées, amentacées, conifères.

24. Des monocotylédones et de quelques-unes de leurs familles, liliacées, palmiers, graminées.

25. Des acotylédones ou cryptogames, de leur structure particulière et de quelques-unes de leurs familles.

Nota. Ces exemples de familles naturelles devraient être complétés par quelques démonstrations pendant les herborisations.

Géologie.

26. Constitution générale des parties solides de la surface de la terre. — Nature et disposition des roches qu'on y observe; mode de dépôt et stratification. — Présence ou absence des corps organisés fossiles.

27. Phénomènes actuels propres à faire comprendre les phé-

1. Programmes, lycées.

nomènes géologiques. — Dépôts sédimenteux et concrétions. — Phénomènes de transport. Torrents, fleuves, glaciers.

28. Phénomènes volcaniques. — Nature et disposition des roches qu'ils produisent. — Leur action physique et mécanique. — Chaleur centrale. — Sources thermales et puits artésiens.

29. Succession des divers dépôts de sédiment ou terrains régulièrement stratifiés. — Terrains de sédiment inférieurs ou secondaires et spécialement terrains houillers; terrains salifères, grès bigarrés, calcaires jurassiques, craie. Leurs fossiles les plus remarquables.

30. Terrains de sédiment supérieurs ou tertiaires, leur division en bassin; formations marines et d'eau douce. Lignites et gypse. — Corps organisés fossiles, animaux et végétaux qui les caractérisent. — Terrains de transport; diluvium et blocs erratiques. — Cavernes à ossements.

31. Terrains en masse non stratifiés. — Roches cristallines ou compactes qui les composent; leur disposition relativement aux terrains de sédiment. — Terrains primitifs et terrains ignés anciens. — Granite, porphyres, etc. — Volcans éteints; leur analogie avec les volcans actuels. — Basaltes, laves.

32. Influence des terrains d'origine ignée sur les terrains stratifiés. — Filons. — Soulèvements. — Epoques relatives de soulèvement des principales chaînes de montagne.

33. Résumé. — Succession générale des êtres organisés et changements de la forme de la surface de la terre pendant les diverses périodes géologiques. — Position dans les couches de la terre des principales substances minérales utiles.

MATHÉMATIQUES ET PHYSIQUE.

N° 27.

CLASSE DE LOGIQUE.

Arithmétique.

1, 2. Système de numération pour les nombres entiers. — Notation des fractions ordinaires et décimales.

3, 4, 5. Système métrique.

6, 7, 8, 9. Addition, soustraction, multiplication et division des nombres entiers.

10, 11, 12. Extension des mêmes règles aux nombres entiers accompagnés de fractions décimales et aux fractions décimales pures.

13. Caractères de la divisibilité d'un nombre par 2, 3, 4, 5 et 9.

14. Définition d'un nombre premier. — Décomposition d'un nombre en facteurs premiers.

15, 16. Des fractions en général. — Une fraction ne change pas de valeur, quand on multiplie ou qu'on divise ses deux termes par un même nombre. — Simplification des fractions par la suppression des facteurs communs. — Réduction de plusieurs fractions au même dénominateur.

17, 18, 19, 20, 21. Addition et soustraction des fractions. — Multiplication et division d'un nombre entier par une fraction, d'une fraction par une fraction. — Sens que l'on attache à ces expressions.

22, 23. Transformation d'une fraction quelconque en fraction décimale et notions élémentaires sur les fractions décimales périodiques.

24, 25, 26, 27, 28, 29, 30. Règles de trois, d'intérêt, d'escompte, par la méthode dite *de réduction à l'unité.* — Partage d'une somme en parties proportionnelles à des nombres donnés. — Moyennes arithmétiques et règle d'alliage.

31, 32. Extraction de la racine carrée d'un nombre entier ou fractionnaire.

33, 34, 35, 36, 37, 38, 39, 40. Usage des lettres pour la généralisation des calculs. — Emploi des équations numériques du 1er degré dans la résolution des problèmes.

N° 28.

Géométrie plane.

1, 2, 3, 4, 5, 6, 7, 8, 9, 10. Premières notions sur la ligne droite et le cercle, les angles et la mesure des angles, au moyen des arcs de cercle. — Cas d'égalité des triangles. — Propriétés fondamentales des perpendiculaires et des obliques. — Propriétés fondamentales des parallèles et théorème sur la somme des angles du triangle. — Propriétés des parallélogrammes.

11, 12, 13, 14. Propriétés principales des cordes, des sécantes et des tangentes. — Mesure des angles que ces lignes font entre elles, au moyen des arcs de cercle qu'elles interceptent.

15, 16, 17, 18, 19. Lignes proportionnelles. — Conditions de similitude des triangles et des polygones quelconques. — Décomposition d'un triangle rectangle en deux triangles semblables au triangle donné, et relations numériques qui en résultent.

20, 21, 22, 23, 24, 25. Problèmes élémentaires sur la ligne droite et le cercle. — Diviser une droite et un arc en deux parties égales. — Décrire une circonférence qui passe par trois points donnés. — D'un point donné hors d'un cercle, mener une tangente à ce cercle. — Trouver une quatrième proportionnelle à trois lignes données, et une moyenne proportionnelle entre deux lignes données. — Construire un polygone semblable à un polygone donné. — Indiquer les applications les plus simples au levé des plans et à la détermination des longueurs ou des distances qu'on ne peut pas mesurer directement.

26, 27, 28, 29, 30, 31, 32, 33. Mesures des aires. — Définition de l'unité superficielle. — Mesure de l'aire du rectangle, — du parallélogramme, — du triangle, —

du trapèze, — d'un polygone quelconque. — Mesure approchée de l'aire d'une figure plane quelconque. — Rapport entre les aires des polygones semblables. — Relation entre les surfaces des carrés construits sur les trois côtés d'un triangle rectangle. — Indiquer les applications les plus simples de la mesure des aires à l'arpentage.

34, 35, 36, 37, 38. Polygones réguliers inscrits et circonscrits au cercle. — Inscrire un carré, un hexagone et les polygones réguliers dont l'inscription se ramène à celle de l'hexagone et du carré. — Montrer que le rapport de la circonférence au diamètre est le même pour tous les cercles et indiquer l'esprit de la méthode au moyen de laquelle on peut, par des procédés élémentaires, obtenir une valeur approchée de ce rapport. — Mesure de l'aire du cercle, envisagé comme un polygone régulier d'une infinité de côtés.

N° 29.

Géométrie à trois dimensions.

Pour cette partie, le professeur se bornera à des *explications*, sans entrer dans le détail de la démonstration proprement dite, en s'aidant, autant que possible, de modèles en relief, et en insistant soigneusement sur les analogies avec les théorèmes de la géométrie plane, précédemment démontrés.

1, 2, 3, 4, 5. Du plan et de la ligne droite. — Deux droites qui se coupent déterminent la position d'un plan. — Condition pour qu'une droite soit perpendiculaire à un plan. — Propriétés de la perpendiculaire et des obliques menées d'un même point à un plan. — Parallélisme des droites et des plans. — Angles dièdres, leur mesure. — Plans perpendiculaires entre eux.

6, 7, 8, 9, 10, 11. Des polyèdres. — Parallélipipède. — Mesure du volume du parallélipipède rectangle, — du parallélipipède quelconque, — du prisme triangulaire, — du prisme quelconque. — Pyramide. — Mesure du volume de la pyramide triangulaire, — de la pyramide quelconque, — d'un polyèdre quelconque. — Ce qu'on entend par polyèdres semblables. — Rapport des volumes des polyèdres semblables.

12, 13, 14, 15, 16. Cylindres et cônes. Leur analogie avec les prismes et les pyramides. — Mesures de leurs surfaces et de leurs volumes. — Sphère. — Ce qu'on entend par grands cercles, petits cercles et pôles. — Mesure de la surface et du volume de la sphère.

N° 30.

Physique.

1, 2, 3. De la pesanteur. — Expérience de la chute des corps dans le vide.— Masse.— Densité ; poids d'un corps.— Centre de gravité. — Isochronisme des petites oscillations du pendule. — Usage de la balance.

4, 5, 6. Conditions d'équilibre des liquides. — Démonstration expérimentale du principe d'Archimède. — Poids spécifiques des corps. — Idée des aréomètres.

7, 8, 9, 10. Baromètre. — Loi de Mariotte. — Machine pneumatique. — Pompes. — Siphon.

11. Le son. — Sa production. — Sa vitesse dans l'air.

12, 13. Dilatabilité des corps par la chaleur. — Thermomètre.

14, 15. Chaleur rayonnante. — Réflexion de la chaleur. — Émission et absorption.

16, 17, 18, 19, 20, 21, 22. Changement d'état des corps. — Fusion, solidification, vaporisation, liquéfaction. — Définition de la chaleur latente.—Démonstration expérimentale de la force élastique des vapeurs. — Donner une idée du principe des machines à vapeur. — Ebullition, distillation, évaporation, froid produit par l'évaporation. — Prouver que tous les corps n'ont pas la même capacité pour la chaleur. — Définition de la chaleur spécifique.

23, 24, 25, 26, 27. Développement de l'électricité par le frottement. — Faits sur lesquels repose l'hypothèse des deux fluides électriques. — Description des électroscopes et de la machine électrique. — Effets de la bouteille de Leyde et des batteries. — Analogie entre les effets de la foudre et de l'électricité. — Paratonnerres.

28, 29. Aimants naturels. — Pôles. — Déclinaison de l'aiguille aimantée. — Aimantation.

30, 31, 32, 33. Pile voltaïque. Ses principaux effets physiques, chimiques et physiologiques. — Courant électrique. — Aimantation du fer doux. — Télégraphes électriques.

34, 35, 36, 37, 38, 39, 40. Lumière. — Réflexion. — Lois de la réflexion. — Miroirs plans. — Effets des miroirs concaves. — Foyer. — Réfraction. — Effets de la réfraction. — Effets des lentilles. — Prisme. — Spectre solaire.

A ces quarante leçons on en joindra cinq pour la révision. — Si le temps le permet, le professeur pourra donner quelques notions de météorologie.

SECTION DES SCIENCES.

ENSEIGNEMENT PARTICULIER A LA SECTION DES SCIENCES.

ARITHMÉTIQUE ET ALGÈBRE.
N° 31.

CLASSE DE TROISIÈME.

Arithmétique et notions préliminaires d'Algèbre.

1. Numération *décimale*.
2. Addition et soustraction des nombres entiers.
3, 4. Multiplication des nombres entiers. — Le produit de plusieurs nombres entiers ne change pas, quand on intervertit l'ordre des facteurs. — Pour multiplier un nombre par un produit de plusieurs facteurs, il suffit de multiplier successivement par les facteurs de ce produit.
5, 6. Division des nombres entiers. — Pour diviser un nombre par un produit de plusieurs facteurs, il suffit de diviser successivement par les facteurs de ce produit.
7. Restes de la division d'un nombre entier par 2, 3, 5, 9. — Caractères de divisibilité par chacun de ces nombres.
8, 9, 10. *Définition* des nombres premiers et des nombres premiers entre eux. — Trouver le plus grand commun diviseur de *deux* nombres. — Tout nombre qui divise un produit de deux facteurs, et qui est premier avec l'un des facteurs, divise l'autre.

Décomposition d'un nombre en ses facteurs premiers. — En déduire le plus petit nombre divisible par des nombres donnés.

11, 12. Fractions ordinaires. — Une fraction ne change pas de valeur quand on multiplie ou quand on divise ses deux termes par un même nombre. — Réduction d'une fraction à sa plus simple expression. — Réduction de plusieurs fractions au même dénominateur. Plus petit dénominateur commun.
13, 14. Opérations sur les fractions ordinaires.

ARITHMÉTIQUE ET ALGÈBRE.   81

15, 16, 17. Nombres décimaux. — Opérations. — Comment on obtient un produit et un quotient à une unité près d'un ordre décimal donné. — Erreurs relatives correspondantes des données et du résultat.

18. Réduire une fraction ordinaire en fraction décimale. — Quand le dénominateur d'une fraction irréductible contient d'autres facteurs premiers que 2 et 5, la fraction ne peut être convertie exactement en décimales, et le quotient qui se prolonge indéfiniment est périodique.

19. Etant donnée une fraction décimale périodique simple ou mixte, trouver la fraction ordinaire génératrice.

20. Système des mesures légales. — Mesures de longueur. — Mètre; ses divisions; ses multiples. — Rapport de l'ancienne toise de six pieds au mètre. — Convertir en mètres un nombre donné de toises.

21. Mesures de superficie, de volume et de capacité.

22. Mesures de poids. — Monnaies. — Titre et poids des monnaies de France. — Tables de conversion des anciennes mesures en mesures légales.

23, 24. Formation du carré et du cube de la somme de deux nombres. — Extraction de la racine carrée d'un nombre entier. — Indication sommaire de la marche à suivre pour l'extraction de la racine cubique.

25. Carré et cube d'une fraction. — Racine carrée d'une fraction ordinaire et décimale à une unité près d'un ordre décimal donné.

26. Rapports des grandeurs concrètes. — Dans une suite de rapports égaux, la somme des numérateurs et celle des dénominateurs forment un rapport égal aux premiers.

27, 28, 29. Notions générales sur les grandeurs qui varient dans le même rapport ou dans un rapport inverse. — Solution par la méthode dite de *réduction à l'unité*, des questions les plus simples dans lesquelles on considère de telles quantités. — Mettre en évidence les rapports des quantités de même nature qui entrent dans le résultat final, et en conclure la règle générale à suivre pour écrire immédiatement la solution demandée.

30, 31. Intérêts simples. — Formule générale qui fournit la

4.

solution de toutes les questions relatives aux intérêts simples. — De l'escompte commercial.
32. Partager une somme en parties proportionnelles à des nombres donnés. — Exercices.
33, 34, 35. *Usage* des tables de logarithmes pour abréger les calculs de multiplication et de division, l'élévation aux puissances et l'extraction des racines [1].
36. Emploi de la *règle à calcul*, borné à la multiplication et à la division.

Huit leçons seront en outre consacrées à des notions élémentaires sur l'emploi des lettres pour la généralisation des méthodes de calcul, et sur l'application des équations numériques du premier degré à la résolution de quelques problèmes.

N° 32.

CLASSE DE SECONDE.

Algèbre.

1. Calcul algébrique. — Emploi des lettres et des signes comme moyen d'abréviation et de généralisation. — Termes semblables [2].
2. Addition et soustraction.
3, 4. Multiplication. — Règle des signes.
5. Division des monômes. — Exposant *zéro*. — Exposé sommaire de la division des polynômes.
6, 7, 8. Equations du premier degré. — Résolution des équations numériques du premier degré à une ou à plusieurs inconnues, par la méthode dite de *substitution*.
9, 10. Interprétation des valeurs négatives dans les problèmes. — Usage et calcul des quantités négatives.
11. Des cas d'impossibilité et d'indétermination.

1. La théorie des logarithmes sera reportée à la fin du cours d'algèbre. On se bornera ici à l'usage des tables, sans entrer dans aucun détail relatif à leur construction.
2. On ne traitera des quantités négatives qu'à l'occasion des problèmes du premier degré.

ARITHMÉTIQUE ET ALGÈBRE.   85

12, 13. Formules générales pour la résolution d'un système d'équations du premier degré à *deux* inconnues. — Discussion complète de ces formules.

14, 15. Equation du second degré à une inconnue. — Résolution. — Double solution. — Valeurs imaginaires.

16. Décomposition du trinôme $x^2 + px + q$ en facteurs du premier degré. — Relations entre les coefficients et les racines de l'équation $x^2 + px + q = 0$.

17. Des questions de *maximum* et de *minimum*, qui peuvent se résoudre par les équations du second degré.

18, 19. Principales propriétés des progressions arithmétiques et des progressions géométriques.

20. Des logarithmes. — Chaque terme d'une progression arithmétique commençant par zéro, $0, r, 2r, 3r, 4r\ldots$, est dit le logarithme du terme qui occupe le même rang dans une progression géométrique commençant par l'unité, $1, q, q^2, q^3, q^4\ldots$

Si l'on conçoit que l'excès de la raison q sur l'unité diminue de plus en plus, les termes de la progression géométrique croîtront par degrés aussi rapprochés qu'on voudra. Etant donné un nombre plus grand que un, il existera toujours un terme de la progression géométrique, dont la différence avec ce nombre sera moindre que toute quantité donnée.

21. Le logarithme d'un produit de plusieurs facteurs est égal à la somme des logarithmes de ces facteurs. — Corollaires relatifs à la division, à l'élévation aux puissances, à l'extraction des racines.

22, 23. Logarithmes dont la base est 10. — Tables. — Règle des parties proportionnelles. — De la caractéristique. — Changement qu'elle éprouve quand on multiplie ou quand on divise un nombre par une puissance de 10.

24. Usage des caractéristiques négatives[1].

25, 26, 27. Application des logarithmes aux questions d'intérêts composés et aux annuités.

Huit leçons seront employées, vers la fin de l'année, à revoir l'ensemble des théories d'arithmétique et d'algèbre, enseignées en troisième et en seconde.

1. Les logarithmes entièrement négatifs n'étant d'aucun usage,

N° 33.

CLASSE DE RHÉTORIQUE.

Révision de l'Arithmétique et de l'Algèbre.

Huit leçons seront consacrées, vers la fin de l'année de rhétorique, à des exercices sur l'arithmétique et l'algèbre.

GÉOMÉTRIE.

N° 34.

CLASSE DE TROISIÈME.

Figures planes.

1. Ligne droite et plan. — Ligne brisée. — Ligne courbe.
   Lorsque deux droites partent d'un même point, suivant des directions différentes, elles forment une figure qu'on appelle *angle*. — Génération des angles par la rotation d'une droite autour d'un de ses points.
   Angles droit, aigu, obtus. — Par un point pris sur une droite, on ne peut élever qu'une seule perpendiculaire à cette droite.
2. Angles adjacents. — Angles opposés par le sommet.
3, 4. Triangles. — Cas d'égalité les plus simples.
5. Propriétés du triangle isocèle.
6. Propriétés de la perpendiculaire et des obliques, menées d'un même point à une droite. — Cas d'égalité des triangles rectangles.

il n'en sera pas fait mention dans le cours. — Les définitions précédentes n'assignent pas de logarithmes aux nombres plus petits que un. Quand il s'agit de calculer de pareils nombres avec les tables, on conçoit qu'ils soient multipliés par une puissance de 10, telle que le produit devienne supérieur à l'unité; et il ne reste plus qu'à diviser, par cette puissance, le résultat fourni par les tables.

GÉOMÉTRIE. 85

7, 8. **Droites parallèles.** — Lorsque deux parallèles sont rencontrées par une sécante, les quatre angles aigus qui en résultent sont égaux entre eux, ainsi que les quatre angles obtus. — Dénominations attribuées à ces divers angles. — Réciproques[1].

9. Angles dont les côtés sont parallèles ou perpendiculaires. Somme des angles d'un triangle et d'un polygone quelconque.

10. **Parallélogrammes.** — Propriétés de leurs côtés, de leurs angles et de leurs diagonales.

11. **De la circonférence du cercle.** — Dépendance mutuelle des arcs et des cordes.

12. Le rayon perpendiculaire à une corde divise cette corde et l'arc sous-tendu, chacun en deux parties égales.

13. Dépendance mutuelle des longueurs des cordes et de leurs distances au centre. — Condition pour qu'une droite soit tangente à une circonférence. — Arcs interceptés par des cordes parallèles.

14. Conditions du contact et de l'intersection de deux cercles.

15. **Mesure des angles.** — Si des sommets de deux angles on décrit deux arcs de cercle d'un même rayon, le rapport des angles sera égal à celui des arcs compris entre leurs côtés[2].

Angles inscrits. — Evaluation des angles en degrés, minutes et secondes.

16. **Problèmes.** — Usage de la règle et du compas dans les constructions sur le papier. — Vérification de la règle.

Problèmes élémentaires sur la construction des angles et des triangles.

17. Tracé des perpendiculaires et des parallèles. — Abréviation des constructions au moyen de l'équerre et du rapporteur. — Vérification de l'équerre.

18, 19. Division d'une droite et d'un arc en deux parties égales. — Décrire une circonférence qui passe par trois points donnés. — D'un point donné hors d'un

---

1. On admettra qu'on ne peut mener, par un point donné qu'une seule parallèle à une droite.

2. La proposition étant démontrée pour le cas où il y a entre les arcs une commune mesure, quelque petite qu'elle soit, sera, par cela même, considérée comme générale.

cercle mener une tangente à ce cercle. — Mener une tangente commune à deux cercles. — Décrire sur une ligne donnée un segment de cercle capable d'un angle donné.

20. Lignes proportionnelles[1]. — Toute parallèle à l'un des côtés d'un triangle, divise les deux autres côtés en parties proportionnelles. Réciproque. — Propriétés de la bissectrice de l'angle d'un triangle.

21, 22. Polygones semblables. — En coupant un triangle par une parallèle à l'un de ses côtés, on détermine un triangle partiel semblable au premier. — Conditions de similitude des triangles.

Décomposition des polygones semblables en triangles semblables. — Rapport des périmètres.

23, 24. Relations entre la perpendiculaire abaissée du sommet de l'angle droit d'un triangle rectangle sur l'hypoténuse, les segments de l'hypoténuse, l'hypoténuse elle-même et les côtés de l'angle droit.

Relations entre le carré du nombre qui exprime la longueur du côté d'un triangle opposé à un angle droit, aigu ou obtus, et les carrés des nombres qui expriment les longueurs des deux autres côtés.

Si d'un point pris dans le plan d'un cercle, on mène des sécantes, le produit des distances de ce point aux deux points d'intersection de chaque sécante avec la circonférence est constant, quelle que soit la direction de la sécante. — Cas où elle devient tangente.

25, 26. Diviser une droite donnée en parties égales, ou en parties proportionnelles à des lignes données. — Trouver une quatrième proportionnelle à trois lignes; une moyenne proportionnelle entre deux lignes.

Construire, sur une droite donnée, un polygone semblable à un polygone donné.

27. Polygones réguliers. — Tout polygone régulier peut être inscrit et circonscrit au cercle.

Le rapport des périmètres de deux polygones réguliers,

---

1. En conservant les énoncés habituels, on devra remplacer, dans les démonstrations, l'algorithme des proportions par l'égalité des rapports.

GÉOMÉTRIE. 87

d'un même nombre de côtés, est le même que celui des rayons des cercles circonscrits [1].

Le rapport d'une circonférence à son diamètre est un nombre constant.

28, 29. Inscrire dans un cercle de rayon donné un carré, un hexagone régulier. — Manière d'évaluer le rapport approché de la circonférence au diamètre, en calculant les périmètres des polygones réguliers de 4, 8, 16, 32... côtés, inscrits dans un cercle de rayon donné.

30, 31. De l'aire des polygones et de celle du cercle. — Mesure de l'aire du rectangle; du parallélogramme; du triangle; du trapèze; d'un polygone quelconque. — Méthodes de la décomposition en triangles et en trapèzes rectangles.

32. Relations entre le carré construit sur le côté d'un triangle, opposé à un angle droit ou aigu ou obtus, et les carrés construits sur les deux autres côtés.

33. Le rapport des aires de deux polygones semblables est le même que celui des carrés des côtés homologues.

34. Aire d'un polygone régulier. Aire d'un cercle, d'un secteur et d'un segment de cercle. — Rapport des aires de deux cercles de rayons différents.

Cinq leçons seront en outre consacrées à donner les premières notions sur la ligne droite et le plan, dans l'espace.

N° 35.

CLASSE DE SECONDE.

Figures dans l'espace.

Pour faire mieux comprendre les questions de géométrie dans l'espace et leurs applications, on aura recours à des modèles en relief.

1, 2. Du plan et de la ligne droite. — Deux droites qui se coupent déterminent la position d'un plan. — Condition pour qu'une droite soit perpendiculaire à un plan.

1. La longueur de la circonférence de cercle sera considérée,

Propriétés de la perpendiculaire et des obliques, menées d'un même point à un plan.
3, 4. Parallélisme des droites et des plans.
5. Lorsque deux plans se rencontrent, la figure que forment ces plans, terminés à leur intersection commune, s'appelle *angle dièdre*. — Génération des angles dièdres par la rotation d'un plan autour d'une droite. — Dièdre droit.

Angle plan correspondant à l'angle dièdre. — Le rapport de deux angles dièdres est le même que celui de leurs angles plans.
6. Plans perpendiculaires entre eux. — Si deux plans sont perpendiculaires à un troisième, leur intersection commune est perpendiculaire à ce troisième.
7. Angles trièdres. — Chaque face d'un angle trièdre est plus petite que la somme des deux autres.

Si l'on prolonge les arêtes d'un angle trièdre au delà du sommet, on forme un nouvel angle trièdre qui ne peut lui être superposé, bien qu'il soit composé des mêmes éléments. (NOTA. *On se bornera à cette simple notion.*)
8, 9. Des polyèdres. — Parallélipipède. — Mesure du volume du parallélipipède rectangle, du parallélipipède quelconque, du prisme triangulaire, du prisme quelconque.
10, 11. Pyramide. — Mesure du volume de la pyramide triangulaire, de la pyramide quelconque. — Volume du tronc de pyramide à bases parallèles. — Exercices numériques.
12. Polyèdres semblables [1].

En coupant une pyramide par un plan parallèle à sa base, on détermine une pyramide partielle semblable à la première. — Deux pyramides triangulaires qui ont un angle dièdre égal, compris entre deux faces semblables et semblablement placées, sont semblables. (NOTA. *On se bornera à ce seul cas de similitude.*)

sans démonstration, comme la limite vers laquelle tend le périmètre d'un polygone inscrit dans cette courbe, à mesure que ses côtés diminuent indéfiniment.

1. On appelle ainsi ceux qui sont compris sous un même nombre de faces semblables chacune à chacune, et dont les angles polyèdres homologues sont égaux.

GÉOMÉTRIE.

13. Décomposition des polyèdres semblables en pyramides triangulaires semblables. — Rapport de leurs volumes. — Exercices numériques.
14, 15. Cône droit à base circulaire. — Sections parallèles à la base. — Surface latérale du cône, du tronc de cône à bases parallèles. — Volume du cône, du tronc de cône à bases parallèles [1].
16. Cylindre droit à base circulaire. — Mesure de la surface latérale et du volume. — Extension aux cylindres droits à base quelconque.
17, 18. Sphère. — Sections planes; grands cercles; petits cercles. — Pôles d'un cercle. — Étant donnée une sphère, trouver son rayon.
Plan tangent.
19. Mesure de la surface engendrée par une ligne brisée régulière, tournant autour d'un axe mené dans son plan et par son centre. — Aire de la zone; de la sphère entière.
20. Mesure du volume engendré par un triangle, tournant autour d'un axe mené dans son plan, par un de ses sommets. — Application au secteur polygonal régulier, tournant autour d'un axe mené dans son plan et par son centre. — Volume du secteur sphérique; de la sphère entière.

A la fin de l'année de seconde, douze leçons seront employées à la révision de l'enseignement géométrique donné dans les classes de troisième et de seconde.

N° 36.

CLASSE DE RHÉTORIQUE.

Notions sur quelques courbes usuelles.

1, 2, 3, 4. Définition de l'ellipse, par la propriété des foyers. — Tracé de la courbe par points et d'un mouvement continu.

1. L'aire du cône (ou du cylindre) sera considérée, sans démonstration, comme la limite vers laquelle tend l'aire de la pyramide inscrite (ou du prisme inscrit), à mesure que ses faces diminuent indéfiniment.

Axes. — Sommets. — Rayons vecteurs.

Définition générale de la tangente à une courbe.

Les rayons vecteurs menés des foyers à un point de l'ellipse font, avec la tangente en ce point et d'un même côté de cette ligne, des angles égaux.

Mener la tangente à l'ellipse, 1° par un point pris sur la courbe ; 2° par un point extérieur. — Normale à l'ellipse.

5, 6. Définition de la parabole par la propriété du foyer et de la directrice. — Tracé de la courbe par points et d'un mouvement continu. Axe. Sommet. Rayon vecteur.

La tangente fait des angles égaux avec la parallèle à l'axe et le rayon vecteur, menés par le point de contact.

Mener la tangente à la parabole, 1° par un point pris sur la courbe ; 2° par un point extérieur. — Normale. Sous-normale.

Le carré d'une corde perpendiculaire à l'axe est proportionnel à la distance de cette corde au sommet.

7, 8. Définition de l'hélice, considérée comme résultant de l'enroulement du plan d'un triangle rectangle sur un cylindre droit à base circulaire.

La tangente à l'hélice fait avec l'arête du cylindre un angle constant.

Construire la projection de l'hélice et de la tangente, sur un plan perpendiculaire à la base du cylindre.

A la fin de l'année de rhétorique, douze leçons seront consacrées à la révision de l'enseignement géométrique donné pendant les trois années.

APPLICATIONS DE LA GÉOMÉTRIE ÉLÉMENTAIRE.

N° 37.

CLASSE DE TROISIÈME.

Levé des plans.

1, 2. Tracé d'une droite sur le terrain. — Mesure d'une portion de droite au moyen de la chaîne. — Levé au mètre. — Tracé des perpendiculaires. — Usage de l'équerre d'arpenteur. — Mesure des angles au moyen du graphomètre. — Description et usage de cet instrument. — Rapporter le plan sur le papier. — Échelle de réduction.

3. Levé à la planchette.

4, 5. Déterminer la distance à un point inaccessible; la distance entre deux points inaccessibles. — Prolonger une ligne droite au delà d'un obstacle qui arrête la vue.
Par trois points donnés, mener une circonférence, lors même qu'on ne peut approcher du centre.
Trois points, A, B, C, étant situés sur un terrain uni et rapportés sur une carte, déterminer, sur cette carte, le point P d'où les distances AB et AC ont été vues sous des angles qu'on a mesurés.

6. Notions sur l'arpentage. — Cas où le terrain serait limité, dans une de ses parties, par une ligne courbe.

A la fin du cours d'applications de la géométrie fait dans la classe de troisième, trois leçons seront consacrées à donner les les premières notions sur la représentation géométrique des corps à l'aide des projections.

N° 38.

CLASSE DE SECONDE.

Notions sur la représentation géométrique des corps, à l'aide des projections.

1, 2. Insuffisance du dessin ordinaire. — Méthode géométrique exacte, expliquée au moyen d'un objet réel, tel qu'une pyramide, un cube, etc., etc.

Projection d'un point sur un plan. — Plans de projection.

La position d'un point dans l'espace est déterminée, quand on connaît ses projections sur deux plans perpendiculaires entre eux.

3. Projections d'une droite. — Une droite est déterminée par ses projections. — Traces d'une droite.

Angles formés par une droite avec les plans de projection.

4. Projections d'une courbe. — Exemple du cercle. — Projections d'un cube, d'une pyramide, d'un cylindre vertical ou incliné, exécutées sur des objets réels.

5, 6. Ce que, dans les arts du dessin, l'on nomme *plan*, *élévation* et *coupe*.

Manière de représenter par plan, élévation et coupe, un bâtiment ou une machine simple.

Trois leçons seront consacrées à donner les premières notions sur le nivellement et ses usages.

N° 39.

CLASSE DE RHÉTORIQUE.

Notions sur le nivellement et ses usages.

1, 2. Objet du nivellement. — Description et usage du niveau d'eau. — Manière d'inscrire et de calculer les résultats des observations. — Profils de nivellement.

3. Représentation des résultats du nivellement et du levé des plans, à l'aide d'une seule projection. — Ce que l'on nomme plan coté. — Plan de comparaison.

4. Représentation d'un point et d'une droite sur un plan coté.

Connaissant la cote d'un point situé sur une droite donnée, trouver la projection de ce point, et *vice versâ*.

Trouver l'inclinaison d'un chemin tracé sur un plan coté.

5. Manière de représenter les plans. — Ce qu'on nomme ligne de plus grande pente d'un plan. — Echelle de pente.

Comment on trouve l'échelle de pente d'un plan assujetti à passer par trois points donnés par leur projection et leur cote.

Tracer, sur un plan coté, un chemin, une rigole d'irrigation.

On exercera les élèves sur le terrain, de manière à leur rendre familières les opérations les plus élémentaires du levé des plans et du nivellement.

Dès l'année de troisième, les élèves exécuteront, sous la direction du professeur, un premier levé, en faisant usage du mètre, de l'équerre d'arpenteur et du graphomètre. Ils représenteront, sur une feuille de dessin, le résultat de leurs opérations sur le terrain.

Dans les années suivantes, le professeur fera exécuter le levé à la planchette et le nivellement. Ces opérations seront également représentées sur des feuilles de dessin.

TRIGONOMÉTRIE.

N° 40.

CLASSE DE SECONDE.

Trigonométrie rectiligne.

1, 2. Lignes trigonométriques. — On ne considère que les rapports des lignes trigonométriques au rayon.

Relations entre les lignes trigonométriques d'un même angle. — Expressions du sinus et du cosinus en fonction de la tangente.

3, 4. Connaissant les sinus et les cosinus de deux arcs, trouver le sinus et le cosinus de leur somme et de leur différence. — Trouver la tangente de la somme ou de la différence de deux arcs, quand on connaît les tangentes de ces deux arcs.

5. Expressions de sin. $2a$, cos. $2a$ et tang. $2a$. — Connaissant cos. a, calculer sin. $\frac{1}{2}a$ et cos. $\frac{1}{2}a$.

6. Rendre calculable par logarithmes, la somme de deux lignes trigonométriques, sinus ou cosinus.

7. Notions sur la construction des tables trigonométriques.

8, 9. Usage des tables.

10. Résolution des triangles. — Relations entre les angles et les côtés d'un triangle rectangle, ou d'un triangle quelconque.

11. Résolution des triangles rectangles.

12. Connaissant un côté et deux angles d'un triangle quelconque, trouver les autres parties, ainsi que la surface du triangle.

13. Connaissant deux côtés, avec l'angle compris, trouver les autres parties, ainsi que la surface du triangle.

14. Connaissant les trois côtés, trouver les angles et la surface du triangle.

15, 16. Application de la trigonométrie aux différentes questions que présente le levé des plans. (*Ces questions ont été énoncées dans le programme de géométrie.*)

N° 41.

CLASSE DE RHÉTORIQUE.

Révision de la Trigonométrie.

Quatre leçons seront consacrées, vers la fin de l'année de rhétorique, à la révision de l'enseignement de la trigonométrie.

COSMOGRAPHIE.

N° 42.

CLASSE DE RHÉTORIQUE.

Cosmographie.

(Ce cours sera purement descriptif.)

1, 2, 3. Étoiles. — Distances angulaires. — Sphère céleste.
Mouvement diurne apparent des étoiles. — Culmination. Plan méridien. — Axe du monde. Pôles. — Étoiles circumpolaires. Étoile polaire. — Hauteur du pôle à Paris. — Parallèles ; équateur. — Jour sidéral. — Mouvement de rotation de la terre autour de la ligne des pôles, et d'occident en orient.
Différence des étoiles en ascension droite. — Déclinaisons.

4, 5, 6, 7. Description du ciel. — Constellations et principales étoiles. — Étoiles de diverses grandeurs. — Combien on en voit à l'œil nu.
Etoiles périodiques ; temporaires ; colorées.
Etoiles doubles. Leurs révolutions.
Distance des étoiles à la terre.
Voie lactée. — Nébuleuses. Nébuleuses résolubles.

8, 9, 10, 11. De la terre. Phénomènes qui donnent une première idée de sa forme. — Pôles. Parallèles. Equateur. — Méridiens. — Longitude et latitude géographiques.
Valeurs numériques des degrés mesurés en France, en Laponie, au Pérou, et rapportés à l'ancienne toise. Leur allongement, à mesure qu'on s'approche des pôles. — Rayon et aplatissement de la terre. — Longueur du mètre.
Cartes géographiques. — Projections orthographique et stéréographique. — Mappemonde. — Système de développement en usage dans la construction de la carte de France.

12, 13, 14, 15, 16, 17. Du soleil. — Mouvement annuel

apparent. — Écliptique. — Points équinoxiaux. — Constellations zodiacales.

Diamètre apparent du soleil, variable avec le temps. — Le soleil paraît décrire une ellipse autour de la terre. — Principe des aires.

Origine des ascensions droites. — Ascension droite du soleil. — Temps solaires vrai et moyen. — Principes élémentaires des cadrans solaires.

Année tropique. Sa valeur en jours moyens. — Calendrier. Réforme julienne ; réforme grégorienne.

Distance du soleil à la terre. — Rapport du volume du soleil à celui de la terre. Rapport des masses. — Densité du soleil rapportée à la densité moyenne de la terre

Taches du soleil. — Rotation du soleil sur lui-même.

Du jour et de la nuit en un lieu déterminé de la terre ; et de leurs durées à différentes époques de l'année. Crépuscules.

Saisons. — Inégalité de la durée des différentes saisons.

Idée de la précession des équinoxes.

Mouvement réel de la terre autour du soleil.

18, 19, 20. — De la lune. — Diamètre apparent. — Phases. Syzygies. — Quadrature. — Lumière cendrée.

Révolution sidérale et synodique. — Orbite décrite par la lune autour de la terre.

Distance de la lune à la terre. — Diamètre réel et volume de la lune. — Sa masse.

Taches. — Rotation. — Libration en longitude. — Montagnes de la lune. Leur hauteur. — Constitution volcanique de la lune. — Absence d'eau et d'atmosphère.

Éclipses de lune. Elles ont lieu au moment de l'opposition. — Leur cause. — Pourquoi il n'y en a pas lors de toutes les oppositions. — L'éclipse peut être partielle ou totale. — Ombre et pénombre. — Influence de l'atmosphère terrestre.

Éclipses de soleil. — Elles ont lieu au moment de la conjonction de la lune. — Pourquoi il n'y en a pas lors de toutes les conjonctions. — Éclipses partielles, annulaires, totales.

21, 22, 23, 24. — Des planètes. — Noms des principales. — Leurs distances moyennes. — Leurs mouvements autour du soleil s'effectuent suivant les lois de Képler. — Enoncé du principe de la gravitation universelle.

Planètes inférieures. — Mercure. Vénus. — Leurs digressions orientale et occidentale. — Phases de Vénus.

Jupiter. — Rotation ; aplatissement de son disque. — Satellites ; leurs éclipses. Vitesse de la lumière.

Saturne. — Bandes. — Rotation. Aplatissement. — Anneau et satellites. — Dimension de différentes parties de ce système.

Grand nombre de très-petites planètes situées entre Mars et Jupiter.

Des comètes. — Noyau ; chevelure, queue. — Petitesse de la masse des comètes. Nature de leurs orbites. — Comètes périodiques. — Comète de Halley. — Comète de Biela. — Son dédoublement.

25. Phénomène des marées. — Flux et reflux. — Haute et basse mer. — Circonstances principales du phénomène. — Sa période.

Les marées sont dues aux actions combinées de la lune et du soleil. — Marées des syzygies et des quadratures.

PHYSIQUE ET MÉCANIQUE.

N° 43.

CLASSE DE TROISIÈME.

Notions préliminaires. — Équilibre des liquides et des gaz.

Les onze premières leçons ont pour objet de montrer aux élèves, par une suite d'expériences bien choisies, les phénomènes fondamentaux de la physique, et l'emploi des instruments les plus usuels.

1, 2. Notions générales sur la pesanteur. — Centre de gravité. — Poids. — Usages de la balance. Définition des liquides et des gaz.

3, 4, 5, 6. Dilatation des corps par la chaleur. — Thermomètre, ses usages.

I. *Programmes*, lycées.

Changement d'état des corps. — Fusion. Solidification. Vaporisation. Liquéfaction. — Chaleur latente. — Force élastique des vapeurs. — Ebullition. Distillation. — Chaleurs spécifiques.

7, 8. Electricité. — Notions générales. — Electroscope. — Electrophore. — Machine électrique. — Pile.

9. Aimants naturels. — Aiguille aimantée. — Aimantation.

10, 11. Lumière. — Notions générales. — Réflexion. — Réfraction. — Décomposition de la lumière.

12, 13, 14. Hydrostatique. — Equilibre des liquides. — Principe de la transmission des pressions. — Son application à la presse hydraulique. — Description succincte de cet appareil.

Liquides superposés. — Vases communiquants. Niveau d'eau.

15, 16, 17. Pressions exercées par les liquides sur les parois des vases qui les contiennent. — Principe d'Archimède. — Corps flottants — Mesure de la densité des solides et des liquides. — Aréomètres.

18, 19. Pression atmosphérique. — Expériences qui la mettent en évidence. — Baromètres de Fortin et de Gay-Lussac.

20, 21, 22, 23. Loi de Mariotte. — Manomètres. — Machine pneumatique. — Influence du poids de l'air sur le poids des corps qui y sont plongés. — Aérostats.

24. Equilibre des fluides dont les diverses parties ne sont pas à la même température. — Tirage des cheminées. — Appareils de chauffage par circulation d'eau chaude.

N° 44.

CLASSE DE SECONDE.

Fluides impondérables. — Acoustique.

1. Chaleur. — Dilatation des corps par la chaleur. — Construction et usage des thermomètres. (*On supposera les tubes bien calibrés.*)

2, 3. Indication des coefficients de dilatation des solides, des liquides et des gaz. — Leurs usages.

4. Densité des gaz.

5.

PHYSIQUE ET MÉCANIQUE.

5. Passage de l'état solide à l'état liquide, et passage inverse de l'état liquide à l'état solide. — Chaleur latente. — Mélanges réfrigérants.
6. Passage de l'état liquide à l'état de vapeur. — Formation des vapeurs dans le vide. — Maximum de leur force élastique. — Mesure de la force élastique maximum de la vapeur d'eau à diverses températures, par le procédé de Dalton. — Tables.
7. Ebullition. — Chaleur latente. — Condensation. — Distillation. Alambics.
8, 9. Conductibilité des corps pour la chaleur. — Procédé d'Ingenhouz, pour les corps solides.
   Détermination de la chaleur spécifique des corps *solides* et *liquides* par la méthode des mélanges.
10. Mélanges des gaz et des vapeurs. — Hygromètre à cheveu. — Pluie. — Neige.
11. Distribution de la température à la surface du globe. — Influence de la latitude, de l'altitude, du voisinage des mers. — Lignes isothermes. — Vents réguliers et irréguliers.
12, 13. Chaleur rayonnante. — Rosée.
14, 15. Electricité. — Développement de l'électricité par le frottement. — Corps conducteurs; corps non conducteurs. — L'électricité se porte à la surface des corps et s'accumule vers les pointes.
   Electricité par influence. — Electroscope. — Machine électrique.
16, 17, 18. Electricité dissimulée. — Bouteille de Leyde. — Batteries électriques. — Electromètre condensateur.
   Electricité atmosphérique. — Tonnerre. — Paratonnerres.
19, 20. Magnétisme. — Attraction qui s'exerce entre l'aimant et le fer. — Pôles des aimants. — Procédés d'aimantation.
   Aiguille aimantée. — Définir la déclinaison et l'inclinaison. — Boussole.
21, 22, 23. Galvanisme. — Expériences de Galvani, de Volta. — Disposition de la pile voltaïque. — Diverses modifications de cet appareil. (*On ne donnera pas de théorie de la pile.*)
   Effets physiologiques, mécaniques, calorifiques et lumi-

neux. — Effets chimiques. — Galvanoplastie. — Dorure, argenture.

24, 25, 26. Electro-magnétisme.— Expérience d'OErstedt. — Construction et usages du multiplicateur.

Expériences qui constatent l'action des courants sur les aimants et l'action des courants sur les courants. — Solénoïdes. — Assimilation des aimants aux solénoïdes.

27. Aimantation par les courants. — Télégraphes.

28. Induction. — Expériences fondamentales. — Appareil de Pixii ou de Clarke.

29, 30, 31. Acoustique. — Production du son. — Le son ne se propage pas dans le vide. — Vitesse de transmission dans l'air.

Intensité du son. — Hauteur du son. — Sirène. Vibrations des cordes. — Gamme et intervalles musicaux. — Accord parfait.

Tuyaux sonores.

32. Optique. — Propagation de la lumière dans un milieu homogène. — Ombre. — Pénombre. — Mesure des intensités relatives de deux lumières.

33, 34. Réflexion. — Lois de la réflexion. — Effets des miroirs plans et des miroirs sphériques concaves et convexes.

35, 36. Réfraction. — Lois de la réfraction. — Explication des phénomènes principaux produits par la réfraction. Effets des lentilles concaves et convexes[1].

37. Action des prismes. — Décomposition et recomposition de la lumière.

38, 39. Description des instruments d'optique les plus simples. Chambre noire, loupe, microscope. — Lunette de Galilée. — Lunette astronomique. — Télescope de Newton.

---

1. Pour expliquer l'effet des miroirs et celui des lentilles, on fera connaître la marche des rayons par de simples constructions géométriques et par l'expérience, sans recourir à l'emploi des formules.

N° 45.

CLASSE DE RHÉTORIQUE.

Mécanique.

1. Du temps et de sa mesure. Unités adoptées. — Du pendule. Résultats des observations de Galilée.
   Du mouvement. — Il est absolu ou relatif.
   Du mouvement uniforme. — Vitesse.
   Du mouvement varié en général. — Mouvement accéléré ; retardé, périodique. — Vitesse.
2, 3. Mouvement uniformément accéléré. — Lois de ce mouvement.
   La chute des graves dans le vide offre un exemple du mouvement uniformément accéléré. — Machine d'Atwood. — Appareil à indications continues.
   Mouvement uniformément retardé.
   Mouvement circulaire ou de rotation. — Vitesse angulaire.
4. Composition des mouvements. — Indépendance des mouvements simultanés, constatée par l'observation.
   Composition des chemins parcourus et des vitesses.
5, 6, 7. Transformations de mouvement.
   Du plan incliné. — Rapport des espaces parcourus dans le sens du plan, aux espaces parcourus dans le sens de sa base et de sa hauteur.
   Des poulies. — Poulie fixe. — Poulie mobile dans le cas où les deux brins de la corde sont parallèles. — Poulies mofluées. — Rapport des chemins parcourus par la main de l'homme et par le fardeau.
   Du treuil. — Treuil des carriers. — Treuil des puits. — Rapports des chemins parcourus par les chevilles ou par la manivelle, au chemin parcouru par le fardeau.
   Des engrenages. — Description sommaire. — Tracé pratique. — Rapport des nombres de tours des roues et des pignons.
   Des courroies et cordes sans fin.
   De la vis et de son écrou. — Rapport des chemins parcourus par l'extrémité du levier et par l'écrou ou la vis, dans le sens de l'axe.

8. Des forces et de leurs effets. — Loi de l'inertie. — Forces. — Effets des forces. — Condition de l'égalité de deux forces. — Égalité de l'action et de la réaction.

Comparaison des forces aux poids, à l'aide de dynamomètres. — Le kilogramme peut être pris pour unité de force.

9. Principe de la proportionnalité des forces aux vitesses. — Deux forces constantes appliquées successivement à un même point matériel, partant du repos ou animé d'une vitesse initiale de même direction que les forces, sont entre elles comme les accélérations qu'elles produisent.

Conséquence relative au cas où l'une des forces est le poids même du mobile. — Définition de la masse.

Relation entre les forces constantes, les masses et les accélérations.

10. Travail d'une force constante, agissant sur un point matériel qui se meut en ligne droite dans la direction de la force.

Cas d'une force constante, appliquée tangentiellement à la circonférence d'une roue.

Unités de travail. — Kilogrammètre. — Force de cheval-vapeur.

11, 12. Composition de deux forces appliquées à un même point matériel, déduite de la composition des vitesses.

Les distances d'un point de la résultante à deux composantes sont en raison inverse des intensités de ces composantes. — Conséquence pour la composition de deux forces parallèles.

Extension des propositions qui précèdent aux cas de plusieurs forces concourantes ou parallèles.

Conditions de l'équilibre d'un point matériel. Ces conditions sont indépendantes de l'état de mouvement ou de repos du point considéré.

13. Centre des forces parallèles. — Centre de gravité. — Cas où le corps a un plan, un axe de symétrie, un centre de figure. — Sphère. — Parallélipipède. — Méthode pratique pour déterminer le centre de gravité des corps solides.

14, 15. Du mouvement uniforme des machines. — Énoncé du principe de la transmission du travail dans ce cas.

Le travail moteur est toujours plus grand que l'effet utile. — Impossibilité du mouvement perpétuel, et de la multiplication du travail moteur.

Rendement d'une machine. — C'est le rapport du travail ou effet utile transmis, au travail moteur dépensé. — Il constitue la valeur industrielle de l'appareil. — Il est toujours inférieur à l'unité.

Énoncé des lois expérimentales du frottement : 1° à l'instant du départ; 2° pendant le mouvement.

16, 17. Application des principes et des notions précédentes au plan incliné, au levier, au treuil, à la poulie simple ou mouflée, à la vis. — Usages de ces machines.

18. Écoulement des liquides. — Expérience et règle de Toricelli. — Contraction des veines. — Formules pratiques pour les cas les plus usuels du jaugeage des cours d'eau.

19, 20, 21. Notions sur les moteurs ou récepteurs hydrauliques. Forces ou travail absolu d'un cours d'eau. — Il y a pour tous les récepteurs une vitesse relative au maimum d'effet.

Anciennes roues à palettes planes, recevant l'eau en dessous. — Roues à aubes courbes. — Roues à aubes planes emboîtées dans des coursiers circulaires. — Roues à augets recevant l'eau à la partie supérieure. — Rendement de ces diverses roues.

22, 23. Des pompes. — Soupapes. — Pistons. — Pompes élévatoires. — Pompes aspirantes et élévatoires. — Pompes aspirantes et foulantes. — Causes de pertes de travail moteur, inhérentes aux pompes.

24. Vis d'Archimède. — Roue à tympan. — Résultats d'expériences sur leur rendement.

25. Moulins à vent. — Notions succinctes sur la mouture du blé.

26. Résultats d'expériences sur la force motrice et le travail utile développés par les moteurs animés.

27, 28, 29, 30, 31, 32. Machines à vapeur. — Description sommaire des principaux systèmes en usage. — Action de la vapeur. Effets de la détente; de la condensation. Description et effets utiles : 1° de la machine à basse pression de Watt; 2° de la machine à détente et à condensation à un ou deux cylindres; 3° des machines à haute pression, à détente et sans condensation; 4° des machines à haute pression sans détente ni condensation. — Quantités de charbon brûlées par force de cheval, dans ces diverses machines.

Des machines locomotives.

Pour faciliter l'intelligence de cet enseignement, le professeur mettra le plus souvent possible des dessins et des modèles sous les yeux des élèves.

Les élèves devront copier une partie des dessins et exécuter quelques levés de machines, soit d'après des modèles, soit sur les machines elles-mêmes.

CHIMIE.

N° 46.

CLASSE DE TROISIÈME.

Généralités. — Corps simples non métalliques.

Ces premières leçons ayant pour objet les principes mêmes de la chimie, le professeur mettra un grand soin dans la disposition et l'exécution des expériences; elles doivent servir de base à tous ses raisonnements. Il fera toujours connaître la composition des corps essentiels, sous le rapport de la nature de leurs éléments par des démonstrations nettes. Quant à leur composition centésimale, il la donnera en nombres ronds, mais sans parler de leur analyse cantitative.

1, 2. Divers états de la matière. Cohésion.
Prouver par l'expérience qu'il existe des corps simples et des corps composés. — Affinité.
Corps simples. — Métaux. — Métalloïdes.
Corps composés. — Notions élémentaires de nomenclature. — Acides. — Bases. — Corps neutres. — Sels — Proportions multiples.
3. Oxygène. — Combustion.
4. Azote. — Air atmosphérique. — On s'attachera à mettre en évidence la composition qualitative de l'air.

5, 6. Hydrogène. — Eau. — On constatera la décomposition de l'eau par le fer et par la pile, sans s'arrêter à son analyse quantitative.

Equivalents; notions très-sommaires; leur emploi.

7, 8, 9, 10. Carbone. — Acide carbonique. — Production de l'acide carbonique dans la respiration des animaux. — Sa décomposition par les plantes.

Oxyde de carbone. — Ses effets vénéneux. — Hydrogène carboné. — Gaz de l'éclairage. — Flamme. Effet des toiles métalliques. — Lampe de sûreté.

11, 12, 13. Oxydes d'azote. — Acide azotique. — Ammoniaque.

14, 15, 16. Soufre. — Acide sulfureux. — Acide sulfurique. — Hydrogène sulfuré.

17. Phosphore. — Acide phosphorique. — Hydrogène phosphoré.

18. Chlore. — Acide chlorhydrique. — Eau régale.

19. Classification des corps non métalliques en quatre familles. — Tableau des composés qu'ils forment entre eux, en se bornant aux principaux.

20. Cyanogène. — Iodure d'azote. — Sulfure de carbone.

21, 22. Résumé des leçons précédentes. — Au besoin, le professeur reprendra quelques-uns des points du cours.

N° 47.

CLASSE DE SECONDE.

Révision et complément des généralités. — Métaux et leurs composés.

1. Définition de la chimie. — Cohésion et ses effets. — Cristallisation des corps. — Isomorphisme. — Dimorphisme. — Polymorphisme.
2. Affinité et ses modifications. — Equivalents.
3. Oxygène. — Hydrogène. — Eau. — Synthèse de l'eau. — Sa composition exacte.
4. Azote. — Air atmosphérique. — Son analyse.
5, 6. Révision et comparaison des composés oxygénés des corps non métalliques.

Révision et comparaison des composés hydrogénés des corps non métalliques.

7. Métaux. — Leurs propriétés et leur classification.

8. Alliages. — Leurs propriétés. — Notions sommaires sur les plus usuels d'entre eux.

9, 10, 11. Action de l'oxygène sur les métaux. — Action de l'air sec ou humide. — Oxydes en général.

(Toutes les démonstrations seront effectuées sur des oxydes appartenant aux métaux les plus communs. Cette remarque s'applique aux leçons suivantes.)

Action du soufre sur les métaux. — Caractères des sulfures. — Action de l'air à froid et à chaud sur les sulfures. — Action de l'eau sur ces corps.

Action du chlore sur les métaux. — Chlorures métalliques. — Action de l'eau et des métaux sur les chlorures.

12, 13. Sels en général. — Lois de Berthollet. — On montrera, pour les sels les plus usuels, comment on en reconnaît le genre.

14, 15. Carbonates. — Sulfates. — Azotates. — On fera connaître les lois de composition de ces trois genres. On étudiera l'action de la chaleur, celle du charbon, du soufre, de l'eau, des bases et des acides usuels sur les corps qu'ils renferment. Les exemples seront toujours pris sur les sels les plus usuels.

16. Potassium. — Sodium. — Leurs composés les plus usuels. — Potasses. — Soudes. — Sulfate de soude. — Sel marin. — Nitre. — Poudre.

17. Barium. — Calcium. — Magnésium. — Aluminium et leurs composés les plus usuels. — Bioxyde de barium. — Chlorure de chaux. — Sulfate de magnésie. — Aluns.

18. Calcaires. — Chaux grasses et hydrauliques. — Mortiers. — Plâtre.

Sels ammoniacaux.

19, 20, 21. Fer. — Zinc. — Étain. — Faire connaître leurs oxydes et les caractères de leurs sels. — Vitriol vert. — Vitriol blanc. — Liqueur de Libavius.

Cuivre. — Plomb. — Mercure. — Faire connaître leurs oxydes et les caractères de leurs sels. — Vitriol bleu. — Céruse. — Calomel. — Sublimé corrosif.

Argent. — Or. — Platine. — Faire connaître les carac-

tères de leurs chlorures ou sels solubles. — Étudier leurs alliages usuels. — Essais d'argent et d'or. — Daguerréotype. — Photographie.
22. Un sel des métaux précédents étant donné, en déterminer la base.
22, 24. Silice et silicates. — Argiles. — Kaolins. — Poteries. Verres.

N° 48.

CLASSE DE RHÉTORIQUE.

Métallurgie. — Notions générales de chimie organique.

1, 2, 3. Le professeur consacrera trois séances à résumer et à préciser les notions fondamentales de la chimie minérale.

4, 5, 6. Notions de métallurgie. — Extraction et manipulation mécanique des minerais. — Or. — Argent. — Mercure. — Plomb. — Cuivre. — Étain. — Zinc. — Fer. — Fontes. — Aciers.

7, 8, 9. Notions sur les matières organiques. — Leur analyse. — Caractères des acides organiques les plus usuels, savoir : oxalique, acétique, lactique, tartrique, tannique.

Alcalis organiques. — Quinine.

10, 11, 12, 13. Cellulose. — Bois ; leur altération et leur conservation ; leur coloration.

Fécules. — Extraction de la fécule de pommes de terre. — Amidon du blé. — Dextrine. — Glucose.

Caractères du sucre de cannes. — Extraction du sucre de betteraves.

Fermentation alcoolique. — Vin. — Bière. — Cidre.

Farines. — Gluten. — Panification.

14, 15. Alcool. — Ether sulfurique. — Ether chlorhydrique. — Ether acétique.

Huiles et graisses. — Saponification. — Acides gras. — Bougie stéarique. — Huiles volatiles. — Résines. — Vernis.

16. Matières tinctoriales. — Notions sur la teinture et l'impression.

17, 18. Matières animales neutres. — Albumine; fibrine; caséum; gélatine; urée.

Acide urique.

Fermentation putride. — Principes de l'art du tanneur. — Conservation des matières animales.

Pendant la durée de son enseignement, le professeur mettra à profit, s'il le peut, les usines en activité dans la contrée, pour donner aux élèves une idée exacte des phénomènes qu'il est chargé de décrire et pour leur en faire apprécier les applications en grand.

Quoique toutes les parties du programme doivent être enseignées, cependant le professeur insistera plus particulièrement sur celles qui intéressent le pays où il se trouve placé. Ainsi, dans les localités où il existe des exploitations de fer, on développera un peu plus cette portion du cours; dans les villes où on s'occupe de la fabrication des étoffes, on donnera quelques détails spéciaux sur la teinture; on traitera plus à fond la fabrication du sucre de betteraves dans les départements qui en produiront. A l'occasion de la fermentation, on insistera dans les pays vignobles sur la vinification; dans le Nord sur la fabrication de la bière, etc.

HISTOIRE NATURELLE.

N° 49.

CLASSE DE TROISIÈME.

Notions générales et principes de classifications.

1. Notions générales sur les caractères distinctifs des minéraux, des végétaux et des animaux. — Du règne animal; principaux organes qui entrent dans la composition du corps d'un animal. — Organes de la digestion, de la circulation et de la respiration.
2. Organes du mouvement et de la sensibilité. Squelette interne ou externe. — Muscles et tendons. — Nerfs. — Organes des sens et de la voix. — Peau et ses dépendances. Poils, écailles, plumes.
3. Classification générale du règne animal. Sa division en

quatre principaux groupes ou embranchements. Division des animaux vertébrés en classes.
4. Division des mammifères en ordres ; exemples de quelques familles ou genres d'animaux indigènes remarquables.
5. Principaux groupes des oiseaux, reptiles et poissons. Exemples pris parmi les espèces les plus vulgaires.
6. Division des animaux articulés en classes. Crustacées, annélides, arachnides. Exemples choisis parmi les espèces utiles ou nuisibles.
7. De la classe des insectes ; de ses principaux ordres et de leurs métamorphoses. Exemples pris parmi les insectes utiles ou nuisibles à l'agriculture les plus importants.
8. Des mollusques et des zoophytes. Exemples pris parmi les espèces nuisibles ou utiles.
9. Notions générales sur les organes qui constituent les végétaux. — De la racine, de la tige et des feuilles et de leurs principales modifications ; bourgeons, bulbes, tubercules, bractées et inflorescence.
10. De la fleur, du fruit et de la graine. Diverses parties qui les constituent ; leurs modifications essentielles. — Principaux caractères qu'ils fournissent pour la classification.
11. De la classification du règne végétal. Espèce, genre et variétés. — Des classifications artificielles. Système de Linné ; son application à la détermination des plantes.
12. De la méthode naturelle appliquée au règne végétal. Familles naturelles.—Division générale en dicotylédones, monocotylédones et acotylédones ou cryptogames. — Division des dicotylédones en polypétales, monopétales et apétales.
13. Exemples de familles de plantes dicotylédones polypétales prises parmi les plus nombreuses et les plus importantes de celles de notre pays (crucifères, malvacées, rosacées, papillonacées, ombellifères).
14. Exemples de familles de plantes dicotylédones monopétales et apétales, choisies comme les précédentes (bruyères, solanées, labiées, composées, chénopodées, amentacées, conifères).
15. Exemples de familles de plantes monocotylédones, choi-

sies comme les précédentes (liliacées, iridées, joncées, palmiers, graminées).
16. Exemples de familles de plantes acotylédones ou cryptogames, choisies comme les précédentes (fougères, prêles, mousses, algues, lichens, champignons).

Nota. Pour toutes ces familles, indiquer leurs rapports avec la classification linnéenne qui peut faciliter aux élèves la détermination des plantes de la campagne, et signaler les espèces importantes par leurs produits agricoles ou industriels.

17. Indication des roches les plus vulgaires qui entrent dans la composition des couches du globe; leur dénomination et leurs caractères extérieurs les plus frappants; leur disposition habituelle en couche ou en masse. — Montrer quelques exemples des fossiles qu'elles peuvent renfermer.

Nota. Faire connaître surtout les roches qui entrent dans la constitution de la contrée où l'enseignement a lieu.

N° 50.

CLASSE DE RHÉTORIQUE.

Zoologie et physiologie animale.

1. Comparaison sommaire de l'organisation et des fonctions des animaux et des végétaux. — Exposition générale des divers organes qui constituent un animal; relation de leurs diverses fonctions; description des principaux tissus qui les composent.
2. Fonctions de nutrition. Description de l'appareil digestif et de ses annexes. — Structure et développement des dents. — Mastication et déglutition.
3. Nature des aliments. — Phénomènes chimiques de la digestion. — Sécrétions qui y concourent. — Absorption par les veines et les vaisseaux chylifères.
4. Sang. Composition et usages de ce liquide; phénomènes généraux de la circulation. — Appareil circulatoire : cœur, artères, veines.

5. Mécanisme de la circulation ; explication des phénomènes du pouls. — Indication sommaire des principales modifications de l'appareil circulatoire dans l'ensemble du règne animal.
6. Respiration. Phénomènes chimiques. — Appareil respiratoire des mammifères. Mécanisme de l'inspiration et de l'expiration. — Asphyxie.
7. Indication du mode de respiration chez les autres animaux terrestres et aquatiques. Respiration trachéenne, branchiale, cutanée. — Chaleur animale. — Animaux à sang chaud et à sang froid.

Sécrétions et exhalation. Glandes, peau, membranes muqueuses et séreuses. — Assimilation. — Résumé des phénomènes de nutrition.
9. Fonctions de relation. Organes du mouvement. — Composition générale du squelette. Structure et formation des os. Articulations. — Muscles ; leur structure et leur mode d'insertion.
10. Mécanisme des mouvements. Modifications de l'appareil locomoteur pour servir à la marche, au vol, à la natation et à la reptation dans les divers animaux. — Organes producteurs des sons. Voix.
11. Système nerveux. Indication des parties qui le constituent essentiellement. — Fonctions du système nerveux. — Nerfs moteurs et sensitifs.
12. Organes des sens. — Organes du toucher, du goût et de l'odorat.
13. Organe de la vue et de l'ouïe. Fonctions de leurs parties essentielles.
14, 15. Organisation générale des mammifères, des oiseaux, des reptiles et des poissons. — Sécrétion du lait ; structure des œufs.
16, 17. Organisation générale des animaux annelés (insectes, arachnides, crustacés, annélides), des mollusques et des zoophytes. — Production de la soie et de la cire. — Nacre et production des perles. — Corail ; éponges.

Botanique et physiologie végétale.

18. Exposition générale des organes qui constituent un végétal ; leurs diverses fonctions. Parties élémentaires ou

tissus qui les composent. — Tissu cellulaire. — Tissu ligneux et fibres textiles. — Vaisseaux de la sève et du suc propre. — Composition chimique de ces tissus.

19. Organes de la nutrition ou de la végétation; leur développement lors de la germination. — Racines; leur structure et leurs fonctions. Absorption. — Racines adventives. Boutures. — Racines charnues alimentaires.

20. Feuilles. — Leur origine sur la tige; leur disposition relative. — Bourgeons, écailles, stipules. — Leur structure essentielle et ses principales modifications. — Fonctions des feuilles : exhalation aqueuse et respiration; leur résultat et influence de la respiration diurne et nocturne sur l'air ambiant. — Étiolement.

21. Tiges. — Structure de la tige dans les dicotylédones et les monocotylédones. — Tiges souterraines; bulbes et tubercules. Circulation de la sève. Accroissement des tiges ligneuses des dicotylédones. — Greffes et incision annulaire.

22. De la nutrition des végétaux en général. — Sécrétion ou élaboration de substances diverses dans leurs tissus et leurs organes sécréteurs. — Sucre, fécule, gomme, huiles, résines, cires, sucs propres, caoutchouc, lait végétal, opium, matières colorantes, etc.

23. Organes de la reproduction. — Divers modes de reproduction; reproduction par gemmes ou bulbilles. — De la fleur en général. — Principales formes de l'inflorescence. — Bractées et enveloppes florales. — Calice et corolle; leurs modifications essentielles.

24. Étamines et pistils. — Leur structure essentielle et leurs rapports de position dans la fleur.

25. Fonctions de ces organes. — Circonstances qui influent sur la floraison et sur la fécondation. — Coulure des fruits. — Chaleur développée dans certaines fleurs. — Sécrétions des nectaires. — Mouvement des feuilles et de certains organes des fleurs.

26. Développement et structure des diverses sortes de fruits secs ou charnus. — Développement et structure de la graine et des parties qui la composent. — Téguments et leurs appendices (coton, etc.) — Périspermes farineux et huileux. — Embryon.

27. Germination. — Changements chimiques dans la graine. — Formation du sucre dans les céréales. Alcools de grain et de bière. — Développement de l'embryon et structure de la jeune plante.
28. Structure comparée des dicotylédones, des monocotylédones et des acotylédones ou cryptogames.

Géologie.

29. Constitution générale des parties solides de la surface de la terre. — Disposition des roches qu'on y observe. — Leur nature cristalline ou sédimentaire. — Présence ou absence des corps organisés fossiles. — Mode de dépôt de ces roches; stratification.
30. Phénomènes géologiques actuels propres à faire comprendre les phénomènes anciens. — Dépôts sédimenteux et concrétions. — Phénomènes de transports. Torrents, fleuves, glaciers.
31. Phénomènes volcaniques. — Nature et disposition des roches et autres produits auxquels ils donnent naissance. — Leur action physique et mécanique. — Chaleur centrale. — Sources thermales et puits artésiens.
32. Succession des divers dépôts de sédiment ou terrains régulièrement stratifiés. — Différences de stratification.
   Terrains anciens antérieurs au terrain carbonifère. Ardoises. Fossiles caractéristiques. — Terrain houiller; sa disposition, son origine, ses principaux fossiles.
33. Terrains de sédiment moyen. — Grès bigarrés et terrains salifères. Sel gemme et gypse. — Calcaires du Jura. Pierre lithographique, minerai de fer, etc. — Craie. — Corps organisés caractéristiques et remarquables de ces terrains.
34. Terrains de sédiment supérieurs ou tertiaires; leur division en bassins. — Succession des terrains marins et d'eau douce qui les composent. — Lignites et gypse. — Corps organisés fossiles animaux et végétaux.
35. Terrains de transport; diluvium et blocs erratiques. — Cavernes à ossements et brèches osseuses. — Formation de la couche superficielle du sol ou terre arable.
36. Terrains en masse non stratifiés; leur disposition relati-

vement aux terrains de sédiment. — Terrains primitifs et terrains ignés anciens. Granit et porphyres. — Volcans éteints ; leur analogie avec les volcans actuels. Basaltes, laves.
37. Influence des terrains ignés sur les terrains stratifiés. — Filons. — Soulèvements. — Époques relatives de soulèvement des principales chaînes de montagnes.
38. Résumé. — Succession générale des êtres organisés et changements de la forme de la surface de la terre pendant les diverses périodes géologiques. — Position dans les couches de la terre des principales substances minérales utiles.

A ces leçons seront ajoutées, tant pour les élèves de la classe de rhétorique que pour ceux de la classe de troisième, des promenades destinées à leur faire connaître la constitution géologique de la contrée environnante, les végétaux les plus vulgaires, soit spontanés, soit cultivés, et les animaux les plus communs des diverses classes, en leur signalant les caractères qui les distinguent.

DESSIN LINÉAIRE ET D'IMITATION.

N° 51.

Dessin linéaire.

Cet enseignement aura lieu pendant la durée des trois années. Les élèves y consacreront une séance de deux heures par semaine et exécuteront les travaux suivants :

CLASSE DE TROISIÈME.

	Nombre de feuilles.	
Ornement.	3	
Géométrie.	6	13
Levé des plans.	2	
Lavis.	2	

DESSIN LINÉAIRE. 115

CLASSE DE SECONDE.

Report. . .		13
Géométrie élémentaire et projections.	4	
Plan, coupe et élévation de bâtiment. . . .	1	10
Nivellement.	2	
Cartes géographiques.	3	

CLASSE DE RHÉTORIQUE.

Cartes.	3	8
Dessins lavés de machines simples. . . .	5	
Total . . .		31

Dessin d'imitation.

Cet enseignement aura lieu pendant la durée des trois années; les élèves y consacreront une séance de deux heures par semaine.

On exercera les élèves aux divers genres de dessins d'imitation en graduant les difficultés. Tout en exigeant l'exactitude et le bon goût dans l'exécution, on évitera l'emploi des modèles compliqués, ainsi que les méthodes d'ombre dont l'usage exige un temps considérable et ralentit par cela même les progrès des élèves[1].

Nota. Les élèves externes devront produire à la fin de chaque trimestre, les dessins demandés. Une composition sera faite tous les trois mois pour s'assurer que les élèves sont réellement capables d'exécuter les dessins qu'ils ont présentés.

Les dessins lavés devront être faits à teintes plates avec l'emploi de couleurs conventionnelles. — Pour faire sentir la forme des corps ronds, on n'emploiera au plus que quatre teintes plates de nuances plus ou moins foncées.

---

1. Voyez page 163, le programme de l'enseignement du dessin d'imitation.

NOTIONS ÉLÉMENTAIRES DE LOGIQUE.

N° 52.

CLASSE DE RHÉTORIQUE.

Notions élémentaires de logique.

(A l'usage de la section des sciences.)

1. Des facultés de l'âme. — Sensibilité. — Entendement. — Volonté.
2. Des opérations de l'entendement. — Comparaison. — Jugement. — Raisonnement.
3. Des idées en général, de leur origine, de leurs différents caractères, de leurs diverses espèces.
4. Des notions et vérités premières.
5. De la mémoire, de l'association des idées, de l'imagination.
6. Des signes en général et du langage en particulier.
7. Influence des signes sur la formation des idées.
8. Notions de grammaire générale.
9. De la méthode en général. — De l'analyse et de la synthèse.
10. De la méthode dans les sciences physiques et naturelles. — Observation. — Expérimentation.
11. De l'analogie. — De l'induction. — Des hypothèses.
12. De la méthode dans les sciences exactes. — Axiomes. — Définition. — Démonstration.
13. Du syllogisme. — De ses figures. — De ses règles.
14. De la méthode dans les sciences morales. — Autorité du témoignage des hommes. — Règles de la critique historique.
15. De la certitude en général; des différentes sortes de certitude.
16. Des causes et des remèdes de nos erreurs.

CLASSE DE LOGIQUE.

N° 53.

Révision de l'Enseignement scientifique [1].

L'enseignement de la quatrième année aura pour objet spécial de fortifier l'instruction des élèves sur les matières professées pendant les trois années précédentes et de les préparer aux examens.

Il se composera *exclusivement* de la révision méthodique des cours des trois années, resserrés ou développés selon que le comportera l'état des connaissances effectivement acquises par les élèves.

Le nombre des cours de sciences sera établi en raison des besoins. Les élèves des diverses catégories seront autorisés à se spécialiser, et pourront être dispensés de suivre les cours institués en faveur des catégories dont ils ne feront point partie.

Indépendamment de quatre leçons consacrées à la logique et aux lettres, les élèves se destinant aux écoles spéciales du gouvernement recevront au moins quatre leçons de mathématiques et deux leçons de sciences physiques, chimiques et naturelles, par semaine.

Les élèves seront soumis à des interrogations fréquentes, en dehors des classes, pendant la durée des quatre années d'études, et plus particulièrement pendant la quatrième année.

Ils continueront, pendant l'année de logique, à être exercés au dessin linéaire et au dessin d'imitation.

---

1. Pour l'enseignement littéraire de la Classe de logique, voyez pages 9 et 16.

CLASSE DE MATHÉMATIQUES SPÉCIALES.

N° 54.

Enseignement des Mathématiques spéciales [1].

Il n'y aura plus désormais qu'un même programme de connaissances exigées pour l'admission à l'Ecole normale (division des sciences), et pour l'admission à l'Ecole polytechnique.

L'enseignement des mathématiques spéciales durera une année, et aura pour objet celles des matières exigées par le programme commun d'admission à l'Ecole polytechnique et à l'Ecole normale, qui ne sont point comprises dans le programme des trois années de la section des sciences [2].

Ces matières seront déterminées d'après le programme d'admission à l'Ecole polytechnique en 1853, dont les bases ont été communiquées à l'administration de l'instruction publique.

Les élèves recevront, par semaine, au moins cinq leçons de mathématiques spéciales.

Ils suivront d'ailleurs, en commun avec les élèves de la quatrième année, se destinant aux écoles du gouvernement, les cours de lettres et de sciences physiques, chimiques et naturelles qui leur seraient utiles pour la préparation aux examens et aux concours.

Les élèves seront soumis à de fréquentes interrogations, en dehors des classes, et exercés à de nombreuses applications numériques et graphiques.

Ils continueront à être exercés au dessin géométrique et au dessin d'imitation.

---

1. Voyez aussi page 17.
2. Voyez page 131, le programme détaillé du cours de mathématiques spéciales.

PROGRAMMES TRANSITOIRES.

N° 55.

ENSEIGNEMENT PARTICULIER DE LA SECTION SCIENTIFIQUE.

CLASSES DE TROISIÈME, DE SECONDE ET DE RHÉTORIQUE.

L'enseignement particulier de la section scientifique sera mmédiatement introduit dans les classes de troisième, de seconde et de rhétorique, et développé, d'année en année, jusqu'à la complète organisation du régime normal, comme l'indiquent les dispositions qui suivent :

Cours de l'Enseignement particulier de la section scientifique, qui devront être professés dans les différentes classes jusqu'à la complète organisation du régime normal[1].

Année scolaire 1852-1853.

CLASSE DE TROISIÈME.

Tous les cours de l'enseignement normal de la classe de troisième, conformément aux programmes définitifs (p. 14).

CLASSE DE SECONDE.

Tous les cours de l'enseignement normal de la classe de troisième, conformément aux programmes définitifs ((p. 14).

---

1. Dès le commencement de l'année scolaire 1852-1852, les élèves recevront, dans la classe de quatrième, des notions très-élémentaires d'arithmétique et de géométrie, conformément aux indications des programmes définitifs (voy. p. 5).

CLASSE DE RHÉTORIQUE.

Tous les cours de l'enseignement normal de la classe de roisième, conformément aux programmes définitifs (p. 14).

Année scolaire 1853-1854.

CLASSE DE TROISIÈME.

Tous les cours de l'enseignement normal de la classe de troisième, conformément aux programmes définitifs (p. 14).

CLASSE DE SECONDE.

Tous les cours de l'enseignement normal de la classe de seconde, conformément aux programmes définitifs (p. 15).

CLASSE DE RHÉTORIQUE.

Tous les cours de l'enseignement normal de la classe de seconde, conformément aux programmes définitifs (p. 15).

Année scolaire 1854-1855.

Etablissement du régime normal (p. 14 et 15).

ENSEIGNEMENT DE L'ANNÉE DE LOGIQUE.

(Pour les candidats aux Écoles du Gouvernement[1].)

Année scolaire 1852-1853.

L'enseignement complémentaire sera ainsi réglé :

1° **Cours d'arithmétique, d'algèbre, de géométrie** (théorie et applications), **de trigonométrie rectiligne,** de l'enseignement normal des classes de troisième et de seconde, conformément aux programmes définitifs (p. 80 *et suiv.*).

2° **Cours de cosmographie** de l'enseignement normal de la classe de rhétorique (p. 95).

3° **Cours de physique,** comprenant le cours de physique de l'enseignement normal de la classe de troisième (p. 97), moins les leçons 3, 4, 5, 6, 7, 8 et 9, et les vingt-sept premières leçons du cours de physique de l'enseignement normal de la classe de seconde (p. 98).

4° **Cours de chimie** de l'enseignement normal de la classe de troisième (p. 104).

5° **Cours spécial de français et de latin,** comprenant les objets suivants :

Récitation d'auteurs français.
Exercices français : récits et lettres d'un genre simple.
Version latine.

1. Pour les élèves de l'année de logique se destinant à la médecine, à la pharmacie ou aux professions industrielles, les cours de révision des sciences mathématiques, physiques, chimiques et naturelles, seront distincts et établis d'après des bases différentes, savoir : deux ou trois leçons par semaine pour les sciences mathématiques, quatre leçons par semaine pour les sciences physiques, chimiques et naturelles.

Les autres cours, c'est-à-dire les cours de français, de latin, d'histoire, de géographie, de langues vivantes et de dessin, seront les mêmes et suivis en commun par les élèves des deux catégories de la section des sciences.

Explication des auteurs latins et français ci-après indiqués :

Cicéron : *Discours contre Catilina ; le Traité de l'Amitié.*
César : *de Bello gallico.*
Virgile : *Épisodes des Géorgiques.*
Ovide : *Choix de métamorphoses.*
Fénelon : *Télémaque.*
Voltaire : *Vie de Charles XII.*
Racine : *Athalie.*
Boileau : *Satires.*

6° Cours d'histoire et de géographie de l'enseignement normal de la classe de rhétorique (p. 52).

7° Cours de langue vivante (allemand ou anglais) de la classe de rhétorique (p. 63 et 64).

8° Cours de dessin linéaire de l'enseignement normal de la classe de troisième (p. 114).

9° Cours de dessin d'imitation (p. 114).

Les élèves recevront par semaine :

5		leçons de mathématiques (arithmétique, algèbre, géométrie, trigonométrie, cosmographie) ;
2		de physique ou de chimie ;
1	1/2	de français et de latin (3 par quinzaine) ;
1	1/2	d'histoire et de géographie (3 par quinzaine) ;
1		de langue vivante (2 demi-leçons d'une heure chacune par semaine).

Les élèves pensionnaires recevront, en outre, par semaine, en dehors des heures ordinaires des classes, une leçon de dessin linéaire et une leçon de dessin d'imitation.

Année scolaire 1853-1854.

L'enseignement complémentaire sera ainsi réglé :

1° Révision des cours d'arithmétique et de géométrie (théorie et applications) de la classe de troisième et cours de géométrie (théorie et applications), d'algèbre et de trigonométrie de l'enseignement normal de la classe de seconde (p. 82 *et suiv.*) ;

2° Cours de cosmographie (comme en 1852-1853).

3° Révision du cours de physique de la classe de troisième et cours de physique de l'enseignement normal de la classe de seconde (p. 97 et 98).

6.

4° Révision du cours de chimie de la classe de troisième (p. 104).

5° Révision du cours élémentaire d'histoire naturelle de la classe de troisième (p. 108).

6° Cours spécial de français et de latin comprenant les objets suivants :

Récitation d'auteurs français.
Exercices français : récits, lettres, descriptions de divers genres.
Version latine.

Explication des auteurs latins et français ci-après indiqués :

Cicéron : *Discours contre Verrès; le Traité de la Vieillesse.*
César : *Commentaires.*
Virgile : *Les trois premiers livres de l'Énéide.*
Horace : *Odes.*
Bossuet : *Discours sur l'histoire universelle.*
Fénelon : *Lettres à l'Académie.*
Théâtre classique.
Boileau : *Épîtres.*

7° Cours élémentaire de logique de l'enseignement normal de la classe de rhétorique (p. 116).
8° Cours d'histoire et de géographie (comme en 1852-1853).
9° Cours de langue vivante (comme en 1852-1853).
10° Cours de dessin linéaire de l'enseignement normal de la classe de seconde (p. 115).
11° Cours de dessin d'imitation (p. 115).

Les élèves recevront par semaine :

4 leçons de mathématiques (arithmétique, algèbre, géométrie, trigonométrie, cosmographie);
2 de physique, chimie et histoire naturelle;
1 1|2 de français et latin (3 par quinzaine);
1 de logique (le jeudi matin pendant le premier semestre seulement);
1 1|2 d'histoire et de géographie (3 par quinzaine);
1 de langue vivante (2 demi-leçons d'une heure chacune par semaine).

Les élèves pensionnaires recevront, en outre, par semaine, en dehors des heures ordinaires des classes, une leçon de dessin linéaire et une leçon de dessin d'imitation.

Année scolaire 1854-1855.

L'enseignement complémentaire sera ainsi réglé :

1° Révision et achèvement des cours d'arithmétique, de géométrie (théorie et applications), d'algèbre et de trigonométrie, des enseignements nouveaux des classes de troisième, de seconde et de rhétorique (p. 82 *et suiv.*).

2° Cours de cosmographie (comme les deux années précédentes).

3° Révision des cours de physique des classes de troisième et de seconde (p. 97).

4° Révision des cours de chimie des classes de troisième et de seconde (p. 104).

5° Révision du cours élémentaire d'histoire naturelle de la classe de troisième (p. 108).

6° Cours spécial de français et de latin comprenant les objets suivants :

Récitation d'auteurs français et latins.
Notions élémentaires de rhétorique et de littérature de l'enseignement normal de la classe de rhétorique.
Exercices français : discours, analyses littéraires.
Version latine.

L'explication portera sur les mêmes auteurs que dans l'année scolaire 1853-1854.

7° Cours élémentaire de logique (comme en 1853-1854).

8° Cours d'histoire et de géographie (comme les deux années précédentes).

9° Cours de langue vivante (comme les deux années précédentes).

10° Cours de dessin linéaire de l'enseignement normal de la classe de rhétorique (p. 115).

11° Cours de dessin d'imitation (p. 115).

Les élèves recevront, par semaine, pendant le premier semestre, onze leçons, et pendant le deuxième semestre, dix leçons qui seront réparties entre les divers genres d'enseignement (comme durant l'année scolaire 1853-1854).

Les élèves pensionnaires recevront, en outre, par semaine, en dehors des heures ordinaires des classes, une leçon de dessin linéaire et une leçon de dessin d'imitation.

Année scolaire 1855-1856.

Établissement du régime normal (p. 14 et 15).

Les élèves recevront, par semaine, pendant le premier semestre, onze leçons, et pendant le deuxième semestre dix leçons qui seront réparties entre les divers genres d'enseignement comme durant les deux années précédentes.

Les élèves pensionnaires recevront, en outre, par semaine, en dehors des heures ordinaires des classes, une leçon de dessin linéaire et une leçon de dessin d'imitation.

CLASSE DE MATHÉMATIQUES SPÉCIALES.

Année scolaire 1852-1853.

Révision rapide des mathématiques élémentaires et cours complémentaire de mathématiques exigées par le programme d'admission à l'Ecole polytechnique et à l'Ecole normale (division des sciences) (p. 124 et 129).

Le cours de mécanique de l'enseignement normal de la classe de rhétorique (p. 101) et le complément de ce cours exigé par le programme d'admission aux deux écoles (p. 145).

Les cours de cosmographie, de physique, de chimie, d'histoire et de géographie, de langue vivante, de dessin linéaire et de dessin d'imitation, spécifiés au programme transitoire, pour 1852-1853, de l'année de logique (p. 121).

Ces cours pourront être suivis en commun par les élèves de mathématiques spéciales et par les élèves de l'année de logique se destinant aux écoles du Gouvernement.

Les élèves recevront par semaine :

5 leçons de mathématiques (y compris les leçons de cosmographie suivies en commun avec les élèves de l'année de logique) ;
2   de physique ou de chimie ;
1   de mécanique ;
1 1|2   d'histoire et de géographie (3 par quinzaine) ;
1   de langue vivante.

Les élèves pensionnaires recevront, en outre, par semaine, en dehors des heures ordinaires des classes, une leçon de dessin linéaire et une leçon de dessin d'imitation.

Année scolaire 1853-1854.

Cours de mathématiques, comme en 1852-1853.
Cours de mécanique, comme en 1852-1853.
Les cours de cosmographie, de physique, de chimie, d'histoire et de géographie, de langues vivantes, de dessin linéaire, de dessin d'imitation, spécifiés au programme transitoire, pour 1853-1854, de l'année de logique (p. 122).
Ces cours pourront être suivis en commun par les élèves de mathématiques spéciales et par les élèves de l'année de logique se destinant aux écoles du Gouvernement.

Les leçons seront en même nombre et réparties de la même manière que durant l'année scolaire 1852-1853.

Année scolaire 1854-1855.

Les élèves de mathématiques spéciales qui se trouveront déjà en possession du diplôme de bachelier ès sciences ne suivront que ceux des cours ci-après spécifiés, qui leur seront nécessaires pour les examens et concours d'admission aux écoles.
Cours de mathématiques, comme les deux années précédentes.
Cours de mécanique, comme les deux années précédentes.
Les cours de cosmographie, de physique, de chimie, d'histoire et de géographie, de langues vivantes, de dessin linéaire, de dessin d'imitation, spécifiés au programme transitoire, pour 1854-1855, de l'année de logique (p. 124).
Ces cours pourront être suivis en commun par les élèves de mathématiques spéciales et par les élèves de l'année de logique se destinant aux écoles du Gouvernement.

Les leçons seront en même nombre et réparties de la même manière que pendant les deux années précédentes.

Année scolaire 1855-1856.

Les élèves de mathématiques spéciales qui se trouveront déjà en possession du diplôme de bachelier ès sciences ne suivront que ceux des cours ci-après spécifiés qui leur seront nécessaires pour les examens et concours d'admission.

Cours de mathématiques, comme les trois années précédentes.

Cours de mécanique, comme les trois années précédentes.

Les cours de cosmographie, de physique, de chimie, d'histoire et de géographie, de langues vivantes, de dessin linéaire, de dessin d'imitation, spécifiés au programme pour 1852-1853, de l'année de logique (p. 121).

Ces cours pourront être suivis en commun par les élèves de mathématiques spéciales et par les élèves de l'année de logique se destinant aux écoles du Gouvernement.

Année scolaire 1856-1857.

Etablissement du régime normal (p. 17, 118 et 129).

Les élèves de mathématiques spéciales qui se trouveront déjà en possession du diplôme de bachelier ès sciences ne suivront que ceux des cours ci-après spécifiés qui leur seront nécessaires pour les examens et concours d'admission aux écoles.

Révision rapide des mathématiques élémentaires et cours complémentaires de mathématiques et de mécanique exigés par le programme d'admission à l'Ecole polytechnique et à l'Ecole normale (p. 118 et 129).

Révision des cours de physique et de mécanique, de chimie, d'histoire naturelle, d'histoire et de géographie, de langue vivante, de dessin linéaire, de dessin d'imitation, spécifiés au programme de l'enseignement normal de l'année de logique (p. 117).

Ces cours pourront être suivis en commun par les élèves de mathématiques spéciales et par les élèves de l'année de logique se destinant aux écoles du Gouvernement.

Les élèves recevront par semaine :

5 leçons de mathématiques ;
3   de physique, de mécanique ou de chimie ;
1 1|2   d'histoire et de géographie ;
1   de langue vivante.

Les élèves pensionnaires recevront, en outre, par semaine, en dehors des heures ordinaires des classes, une leçon de dessin linéaire et une leçon de dessin d'imitation.

Fait à Paris, le 30 août 1852.

H. FORTOUL.

PROGRAMMES

DE LA CLASSE DE MATHÉMATIQUES SPÉCIALES.

Le ministre secrétaire d'État au département de l'instruction publique et des cultes,

Vu l'arrêté du 30 août 1852 relatif à l'enseignement des lycées et notamment les dispositions qui concernent la classe de mathématiques spéciales, dispositions ainsi conçues :

« Il n'y aura plus désormais qu'un même programme de « connaissances exigées pour l'admission à l'Ecole nor- « male (division des sciences) et pour l'admission à l'Ecole « polytechnique.

« L'enseignement des mathématiques spéciales durera « une année, et aura pour objet celles des matières exigées « par le programme d'admission à l'Ecole polytechnique et « à l'Ecole normale, qui ne sont pas comprises dans le pro- « gramme des trois années de la section des sciences.

« Ces matières seront déterminées d'après le programme « d'admission à l'Ecole polytechnique en 1853, dont les « bases ont été communiquées à l'administration de l'in- « struction publique. »

Vu l'arrêté des ministres de la guerre, de la marine, des finances et de l'instruction publique et des cultes, concernant les épreuves d'admission aux Ecoles spéciales du Gouvernement;

Vu la lettre du ministre de la guerre, en date du 21 janvier 1853, et les observations du général commandant l'Ecole impériale polytechnique sur le programme des connaissances à exiger des candidats à ladite Ecole : 1° en 1853 et en 1854; 2° en 1855;

ARRÊTE :

Art 1er. Le programme de la classe de mathématiques spéciales, pendant les années scolaires 1852-1853 et 1853-1854, est réglé de la manière suivante :

Années scolaires 1852-1853 et 1853-1854.

I. ARITHMÉTIQUE.

RÉVISION.

Révision des principales parties de l'arithmétique, dans les limites du programme n° 31 (p. 80), annexé au règlement d'études du 30 août 1852.

II. GÉOMÉTRIE.

RÉVISION.

Révision de la géométrie, dans les limites des programmes n°s 34 et 35 (p. 84 et 87).

COMPLÉMENT.

Angles polyèdres.

Chacun des angles plans qui composent un angle trièdre est moindre que la somme des deux autres.

La somme des angles plans qui forment un angle polyèdre convexe est toujours moindre que quatre angles droits.

Si deux angles trièdres sont formés des mêmes angles plans, les angles dièdres compris entre les angles plans égaux sont égaux.

Figures symétriques.

Plan de symétrie. — Centre de symétrie. — Dans deux polyèdres symétriques les faces homologues sont égales chacune à chacune, et l'inclinaison de deux faces adjacentes, dans un de ces solides, est égale à l'inclinaison des faces homologues dans l'autre.

Deux polyèdres symétriques sont équivalents.

Des figures tracées sur la sphère.

Dans tout triangle sphérique un côté quelconque est plus petit que la somme des deux autres.

Le plus court chemin d'un point à un autre sur la surface de la sphère est un arc de grand cercle.

Mesure de l'angle de deux arcs de grand cercle.

Propriété du triangle polaire ou supplémentaire.

Deux triangles sphériques, situés sur la même sphère ou sur des sphères égales, sont égaux dans toutes leurs parties : 1° lorsqu'ils ont un angle égal compris entre deux côtés égaux chacun à chacun; 2° lorsqu'ils ont un côté égal adjacent à deux angles égaux chacun à chacun; 3° lorsqu'ils sont équilatéraux entre eux; 4° lorsqu'ils sont équiangles entre eux. — Dans ces différents cas, les triangles sont égaux ou symétriques.

La somme des angles de tout triangle sphérique est plus grande que deux droits et moindre que six droits.

Un fuseau est à la surface de la sphère comme l'angle de ce fuseau est à quatre angles droits.

Deux triangles sphériques symétriques sont équivalents.

L'aire d'un triangle sphérique est à celle de la sphère entière comme l'excès de la somme de ses angles sur deux angles droits est à huit angles droits. — Ce qu'on appelle excès sphérique.

A chaque propriété des triangles ou polygones sphériques correspond une propriété analogue des angles trièdres ou polyèdres.

III. ALGÈBRE.

RÉVISION.

Révision des éléments d'algèbre compris dans les dix-sept premières leçons du programme n° 32 (p. 82).

COMPLÉMENT.

COMPLÉMENT DES ÉLÉMENTS D'ALGÈBRE.

Notions sur les nombres incommensurables.

Division des polynômes.

Résolution des équations générales du 1er degré à plusieurs inconnues. (On développera les calculs relatifs au cas de deux équations et à celui de trois équations. On fera connaître la règle générale pour former le dénominateur commun et pour en déduire les numérateurs.) — Discussion complète des formules générales propres au cas de deux équations.

Lorsque dans l'équation $ax^2 + bx + c = 0$, a tend vers zéro, l'une des racines croît indéfiniment. — Calcul numérique des deux racines quand a est très-petit.

Équations réductibles au 2e degré.

Calcul des valeurs *arithmétiques* des radicaux.

Exposants fractionnaires. — Exposants incommensurables. — Exposants négatifs.

Des progressions et des séries en général.

Progressions arithmétiques et géométriques. — Sommation des termes.

Ce qu'on appelle *série*. — Convergence et divergence. — Les termes d'une série peuvent décroître indéfiniment sans que la série soit convergente.

Une progression géométrique est convergente si la raison est plus petite que l'unité; divergente, si la raison est plus grande que l'unité.

Une série est convergente lorsque, à partir d'un certain terme, la valeur absolue du rapport d'un terme au précédent est constamment inférieure à un nombre déterminé plus petit que l'unité.

Lorsque les termes d'une série décroissent indéfiniment, et sont alternativement positifs et négatifs, la série est convergente.

Formule du binôme et ses applications.

Arrangements, permutations et combinaisons.

Développement des puissances entières et positives d'un binôme. — Terme général.

Développement de $(a + b\sqrt{-1})^m$.

Limite vers laquelle tend $\left(1+\dfrac{1}{m}\right)^m$ quand m croît au delà de toute limite.

Sommation des piles de boulets.

Des logarithmes et de leurs usages.

En formant toutes les puissances d'un nombre quelconque positif, plus grand ou plus petit que 1, on peut reproduire tous les nombres.

Propriétés générales des logarithmes.

Lorsque des nombres sont en progression géométrique, leurs logarithmes sont en progression arithmétique.

Comment on passe d'un système de logarithmes à un autre système. — Logarithmes népériens. — Logarithmes vulgaires. — Ce qu'on appelle module d'un système de logarithmes.

Usage des logarithmes vulgaires. — Caractéristiques. — Caractéristiques négatives.

Un nombre étant donné, trouver son logarithme par le moyen des tables de Callet. Un logarithme étant donné, trouver le nombre auquel il appartient. — Usage des parties proportionnelles.

Usage de la règle à calcul.

Résolution des équations exponentielles au moyen des logarithmes.

n térêts composés. — Annuités.

Des fonctions dérivées.

MATHÉMATIQUES SPÉCIALES.   135

Développement d'une fonction entière $f(x)$ suivant les puissances croissantes de h, quand on remplace x par $x + h$. — Dérivée d'une fonction entière.
La dérivée d'une fonction quelconque est la limite vers laquelle tend le rapport de l'accroissement de la fonction à l'accroissement de la variable lorsque celui-ci tend vers zéro.
Dérivée d'une fonction de fonction.
Règles pour trouver la dérivée d'une somme, d'un produit, d'une puissance, d'un quotient de fonctions dont les dérivées sont connues.
Dérivées des fonctions circulaires directes et inverses.
Dérivées de la fonction exponentielle et de la fonction logarithmique.
Une fonction est croissante ou décroissante, suivant que sa dérivée est positive ou négative.
Deux fonctions qui ont des dérivées égales ne peuvent différer que par une constante. — Revenir de la dérivée à la fonction primitive, dans les cas où cette opération peut se faire *immédiatement*.
Application de la théorie des dérivées au développement des fonctions $l(1+x)$ et arc tang x en séries convergentes ordonnées suivant les puissances croissantes de x, lorsque cette variable reste comprise entre -1 et $+1$.
Calcul des logarithmes au moyen de la série qui donne le logarithme de $n+1$, quand on connaît celui de n. — Calcul des logarithmes népériens. Valeur du module des logarithmes vulgaires. — Calcul des logarithmes vulgaires.
Calcul du rapport de la circonférence au diamètre d'après la série arc tang x[1].

Théorie des équations.

Comment varie une fonction entière $f(x)$ quand x varie d'une manière continue entre $-\infty$ et $+\infty$.

---

1. Partir, par exemple, de l'une des formules $\frac{\pi}{4} =$ arc tang $\frac{1}{2} +$ arc tang $\frac{1}{3}$; $\frac{\pi}{4} = 2$ arc tang $\frac{1}{3} +$ arc tang $\frac{1}{7}$; $\frac{\pi}{4} = 4$ arc tang $\frac{1}{5} -$ arc tang $\frac{1}{239}$; auxquelles conduit aisément le procédé de Machin rapporté par M. Lacroix dans l'introduction du Traité des calculs différentiel et intégral.

Pour exercer les élèves aux calculs des séries, on leur fera déterminer les logarithmes vulgaires des nombres, depuis 1 jusqu'à 10, depuis 101 jusqu'à 110, et depuis 10001 jusqu'à 10010. On devra aussi leur faire exécuter le calcul du nombre π.

Lorsque deux nombres a et b substitués dans une fonction entière $f(x)$ donnent des résultats de signes contraires, l'équation $f(x) = 0$ a au moins une racine réelle comprise entre a et b. Toute fonction $f(x)$ qui reste continue pour toutes les valeurs de x comprises entre a et b jouit de cette propriété.

Une équation algébrique de degré impair a au moins une racine réelle. — Une équation algébrique de degré pair, dont le dernier terme est négatif, a au moins deux racines réelles.

Toute équation algébrique $f(x) = 0$, à coefficients réels ou imaginaires de la forme $a + b\sqrt{-1}$, a une racine réelle ou imaginaire de la même forme. (On admettra ce théorème sans démonstration.)

Si a est racine d'une équation algébrique, le premier membre est divisible par $x - a$. Une équation algébrique du degré m a toujours m racines réelles ou imaginaires, et elle ne peut en avoir davantage. — Décomposition du premier membre en facteurs du premier degré. — Relations entre les coefficients d'une équation algébrique et les racines.

Lorsqu'une équation algébrique, dont les coefficients sont réels, a une racine imaginaire $a + b\sqrt{-1}$, elle a aussi pour racine l'expression conjuguée $a - b\sqrt{-1}$.

Dans une équation algébrique, complète ou incomplète, le nombre des racines positives ne peut pas surpasser le nombre des variations; conséquence relative au nombre des racines négatives.

Recherche du produit des facteurs du premier degré communs à deux fonctions entières de x. — Recherche des racines communes à deux équations dont les premiers membres sont des fonctions entières de l'inconnue.

Comment on reconnaît qu'une équation algébrique a des racines égales, et comment alors on ramène sa résolution à celle d'autres équations de degré moindre dont les racines sont inégales.

Recherche des racines commensurables d'une équation algébrique à coefficients commensurables.

Des différences.

Différences des divers ordres.

Etant donnés $m + 1$ nombres $u_0, u_1, u_2, \ldots u_m$, trouver : 1° l'expression du terme général u^n en fonction du premier terme u^0 et de ses différences successives; 2° l'expression de $\Delta^n u_0$ en fonction des nombres proposés.

La différence de l'ordre m d'une fonction entière du degré

m est constante si la différence de la variable est elle-même constante.

Connaissant les résultats de la substitution de m nombres entiers consécutifs dans une fonction entière du degré m, on obtient facilement, au moyen des différences, les résultats de la substitution de tous les autres nombres entiers positifs ou négatifs. — Application au cas d'une fonction entière du troisième degré dont on connaît les valeurs correspondantes aux valeurs $-1, 0, +1$, de la variable.

Formules d'interpolation. — Application de la méthode d'interpolation de Newton à la représentation exacte d'une fonction entière $f(x)$ du degré m dont on connaît les valeurs $u_0, u_1, u_2, \ldots u_m$ correspondantes aux valeurs de x, x_0, $x_0 + h$, $x_0 + 2h, \ldots x_0 + mh$. Si la différence h et les quantités u_0, Δu_0, $\Delta^2 u_0, \ldots \Delta^m u_0$ sont positives, $x_0 + (m-1)h$ est une limite supérieure des racines positives de l'équation $f(x) = 0$.

Application de la théorie des différences à la résolution numérique des équations.

Séparation des racines d'une équation algébrique par la substitution de différents nombres à l'inconnue. — Étude spéciale du cas d'une équation du troisième degré. — Substitution de nombres entiers par le moyen des différences. — Substitution de nombres équidistants d'*un dixième* entre deux nombres entiers consécutifs ; de nombres équidistants d'*un centième* entre deux nombres consécutifs de dixièmes, etc., soit pour séparer les racines, soit pour en approcher. Ces dernières substitutions s'effectuent au moyen de nouvelles différences, déduites des premières. — Usage des constructions graphiques dans l'application de la méthode précédente.

Recherche des racines d'une équation transcendante. Lorsqu'on a substitué des nombres équidistants et assez voisins pour que les différences des résultats puissent être considérées comme égales entre elles à partir d'un certain ordre, on continue l'opération comme s'il s'agissait d'une équation algébrique.

Ayant obtenu, avec un certain degré d'approximation, une racine d'une équation algébrique ou transcendante, en approcher davantage par la méthode de Newton[1]. — Usage des constructions graphiques pour l'application de cette méthode.

---

[1]. Les élèves exécuteront le calcul d'une racine incommensurable d'une équation numérique du troisième degré ou d'une équation transcendante.

Décomposition des fractions rationnelles en fractions simples.

Toute fraction rationnelle $\dfrac{F(x)}{f(x)}$ est décomposable en une partie entière et en diverses fractions simples. — La décomposition ne peut se faire que d'une seule manière. — Moyens de l'effectuer quand on connaît les facteurs binômes qui divisent le dénominateur $f(x)$.

IV. TRIGONOMÉTRIE.

RÉVISION.

Révision des matières comprises dans le programme n° 40 (p. 93).

COMPLÉMENT.

COMPLÉMENT DE TRIGONOMÉTRIE RECTILIGNE.

Valeurs des sinus et cosinus des arcs $\dfrac{\pi}{3}$, $\dfrac{\pi}{6}$, ...; $\dfrac{\pi}{5}$, $\dfrac{\pi}{10}$, ... Le côté du décagone régulier inscrit dans la circonférence est égal à la plus grande partie du rayon *divisé en moyenne et extrême raison*. — Construction géométrique. — Inscription du polygone régulier de 15 côtés.

Calculer tang $\tfrac{1}{2} a$ quand tang a est donnée.

Équation du troisième degré que l'on obtient en cherchant sin $\tfrac{1}{3} a$ quand sin a est donné, ou cos $\tfrac{1}{3} a$ quand cos a est donné, ou tang $\tfrac{1}{3} a$ quand tang a est donnée. Examen des racines de cette équation.

Résolution des équations numériques du deuxième et du troisième degré, par le moyen des tables trigonométriques.

TRIGONOMÉTRIE SPHÉRIQUE.

Formules générales.
Relations fondamentales entre les côtés et les angles d'un triangle sphérique.

$$\cos a = \cos b \cos c + \sin b \sin c \cos A; \; etc.$$

On en déduit, par la voie de l'élimination,

$$\sin A : \sin B = \sin a : \sin b; \; \cot a \sin b - \cot A \sin C = \cos b \cos C,$$

et, par la considération du triangle supplémentaire,
$$\cos A = -\cos B \cos C + \sin B \sin C \cos a.$$

Formules relatives aux triangles rectangles.

$$\cos a = \cos b \cos c\,;\ \sin b = \sin a \sin B\,;\ \tang c = \tang a \cos B\,;\ \tang b = \sin c \tang B.$$

Dans un triangle rectangle, les trois côtés sont moindres que 90°, ou bien deux des côtés sont plus grands que 90° et le troisième est moindre. Un angle et le côté opposé sont tous deux moindres que 90°, ou tous deux plus grands.

Résolution des triangles.

Cas des triangles rectangles.

Cas des triangles obliquangles. — 1° On donne les trois côtés a, b, c, ou les trois angles A, B, C. Formules calculables par logarithmes, donnant les valeurs de $\tang \frac{1}{2} a$ et $\tang \frac{1}{2} A$. — 2° On donne deux côtés et l'angle compris, ou deux angles et le côté compris. Formules de Delambre et de Népert. — 3° On donne deux côtés et un angle opposé à l'un d'eux, ou deux angles et un côté opposé à l'un d'eux. Usage d'un angle auxiliaire pour rendre les formules calculables par logarithmes.

Application.

Connaissant les latitudes et les longitudes de deux points du globe, trouver la distance de ces points.

APPLICATION DE LA GÉOMÉTRIE ET DE LA TRIGONOMÉTRIE AU LEVÉ DES PLANS.

RÉVISION.

Enseignement ou révision des matières comprises au programme n° 37 (p. 91).

COMPLÉMENT.

Mesure des bases au moyen des règles [1].

Mesure des angles. — Description et emploi du cercle. — Usage de la lunette pour rendre la ligne de visée plus précise. — Division du cercle. — Verniers [2].

---

1. On enseignera aux élèves à mesurer une base avec précision, au moyen des règles.
2. Le *graphomètre* suffit quand on ne peut recourir, pour comparer les résultats, qu'à des procédés graphiques; mais, dès

Mesure et calcul d'un réseau de triangles. — Réduction des angles aux centres des stations[1].

Réduction à l'horizon d'une base mesurée avec la chaîne sur un terrain incliné. — Réduction des angles à l'horizon, dans le cas où cette réduction n'est pas faite par l'instrument lui-même.

Usages de la planchette et de la boussole pour le levé des détails[2].

V. GÉOMÉTRIE ANALYTIQUE.

GÉOMÉTRIE A DEUX DIMENSIONS.

Des équations et des formules de la géométrie.
Loi de l'homogénéité. — Construction des expressions algébriques.

Des coordonnées rectilignes.
Détermination d'un point sur un plan par le moyen de ses coordonnées rectilignes.
Représentation des lieux géométriques par des équations.
Transformation des coordonnées rectilignes.

Des équations du premier et du deuxième degré à deux variables.
Construction des équations du premier degré. — Problèmes sur la ligne droite. — Equation du cercle.
Construction des équations du second degré. — Division en trois genres des courbes qu'elles représentent.
Du centre, des diamètres et des axes dans les courbes du second degré.
Réduction de l'équation du second degré à la forme la plus simple, par le changement des coordonnées[3].

Des tangentes et des asymptotes.
Le coefficient d'inclinaison, sur l'axe des abscisses, de la

---

qu'on veut appliquer à cet objet les méthodes rigoureuses que fournit la trigonométrie, il est nécessaire de donner à la mesure des angles toute la précision possible.

1. On insistera sur la marche à suivre dans le calcul, et l'on en donnera un exemple aux élèves.

2. Tous les instruments mentionnés dans la partie du programme relative au levé des plans devront être mis entre les mains des élèves.

3. Les élèves appliqueront ces réductions à une équation numérique du second degré et détermineront la situation des nouveaux axes par rapport aux anciens, au moyen des tables trigonométriques.

tangente à une courbe, est égal à la dérivée de l'ordonnée par rapport à l'abscisse.

Recherche des asymptotes des courbes. — Application aux courbes du second degré.

De l'ellipse.

Equation de l'ellipse rapportée à son centre et à ses axes. — Les carrés des ordonnées perpendiculaires à l'un des axes sont entre eux comme les produits des segments correspondants formés sur cet axe.

Les ordonnées perpendiculaires au grand axe sont aux ordonnées correspondantes du cercle décrit sur cet axe, comme diamètre, dans le rapport constant du petit axe au grand. — Construction de la courbe par points, au moyen de cette propriété.

Foyers, excentricité de l'ellipse. — La somme des rayons vecteurs menés à un point quelconque de l'ellipse est constante et égale au grand axe. — Description de l'ellipse au moyen de cette propriété.

Directrices. — Les distances de chaque point de l'ellipse à l'un des foyers et à la directrice voisine de ce foyer sont entre elles comme la distance des foyers est au grand axe.

Equations de la tangente et de la normale en un point de l'ellipse. — Le point où la tangente rencontre un des axes prolongés est indépendant de la grandeur de l'autre axe. — Construction de la tangente en un point de l'ellipse, au moyen de cette propriété.

Les rayons vecteurs, menés des foyers à un point de l'ellipse, font avec la tangente en ce point, et d'un même côté de cette ligne, des angles égaux. — La normale divise en deux parties égales l'angle des rayons vecteurs. Cette propriété peut servir à mener une tangente à l'ellipse par un point pris sur la courbe ou par un point extérieur.

Diamètres. — Les cordes qu'un diamètre divise en parties égales sont parallèles à la tangente menée par l'extrémité de ce diamètre. — Cordes supplémentaires. On peut, au moyen des cordes supplémentaires, mener une tangente à l'ellipse par un point donné sur la courbe ou parallèlement à une droite donnée.

Diamètres conjugués. — Deux diamètres conjugués sont toujours parallèles à deux cordes supplémentaires, et réciproquement. — Limite de l'angle de deux diamètres conjugués. — Il y a toujours dans une ellipse deux diamètres conjugués égaux entre eux. — La somme des carrés de deux diamètres conjugués est constante. — L'aire du parallélogramme construit sur deux diamètres conjugués est constante. — Construire une ellipse, connaissant deux diamètres conjugués et l'angle qu'ils font entre eux.

Expression de l'aire de l'ellipse en fonction des longueurs de ses axes.

De l'hyperbole.

Equation de l'hyperbole rapportée à son centre et à ses axes. — Rapport des carrés des ordonnées perpendiculaires à l'axe transverse.

Foyers et directrices; tangente et normale; diamètres; diamètres conjugués et cordes supplémentaires. Ce qu'on nomme longueur d'un diamètre qui ne rencontre pas l'hyperbole. — Les propriétés de ces points et de ces lignes sont analogues dans l'hyperbole et dans l'ellipse.

Asymptotes de l'hyperbole. — Les asymptotes coïncident avec les diagonales du parallélogramme formé sur deux diamètres conjugués quelconque. — Les portions d'une sécante ou d'une tangente comprises entre l'hyperbole et ses asymptotes sont égales entre elles. — Application à la construction de la tangente.

Le rectangle des parties d'une sécante comprises entre un point de la courbe et les asymptotes est égal au carré de la moitié du diamètre auquel la sécante est parallèle.

Forme de l'équation de l'hyperbole rapportée à ses asymptotes.

De la parabole.

Equation de la parabole rapportée à son axe et à la tangente au sommet. — Rapport des carrés des ordonnées perpendiculaires à l'axe.

Foyer et directrice de la parabole. — Chacun des points de la courbe est également éloigné du foyer et de la directrice. — Construction de la parabole.

La parabole peut être considérée comme la limite d'une ellipse dans laquelle le grand axe augmente indéfiniment, tandis que la distance du foyer au sommet voisin reste constante.

Tangente et normale. — Sous-tangente et sous-normale. Elles fournissent des moyens de mener la tangente en un point de la courbe.

La tangente fait des angles égaux avec l'axe et avec le rayon vecteur mené au point de contact. — Mener, au moyen de cette propriété, une tangente à la parabole : 1° par un point situé sur la courbe; 2° par un point extérieur.

Diamètres. — Les cordes qu'un diamètre divise en deux

MATHÉMATIQUES SPÉCIALES. 141

parties égales sont parallèles à la tangente menée à l'extrémité de ce diamètre.

Expression de l'aire d'un segment parabolique.

Des coordonnées polaires.

Passer d'un système de coordonnées rectangulaires à un système de coordonnées polaires, et réciproquement.

Équations des trois courbes du second degré, en coordonnées polaires, le pôle étant situé à un foyer et les angles étant comptés à partir de l'axe qui passe par ce foyer.

Des lignes courbes en général.

Discussion de quelques courbes algébriques et transcendantes. — Détermination de la tangente en un de leurs points. — Asymptotes des branches infinies [1].

Construction des racines réelles des équations de forme quelconque à une inconnue.

Intersection de deux courbes du second degré.

Du nombre de conditions nécessaires pour la détermination d'une courbe du second degré.

Calculer les coordonnées des points communs à deux courbes du second degré. — Étant données les équations de deux courbes du second degré, trouver l'équation générale des courbes du second degré qui passent par les quatre points d'intersection des deux premières. Disposer de l'indéterminée que renferme cette équation, de manière qu'elle puisse se décomposer en deux facteurs du premier degré.

Des sections coniques et cylindriques.

Étude des sections planes du cône et du cylindre droit à base circulaire. — Section anti-parallèle du cône et du cylindre oblique à base circulaire.

GÉOMÉTRIE A TROIS DIMENSIONS.

Théorie des projections.

La somme des projections de plusieurs droites consécutives sur un axe est égale à la projection de la ligne résultante. — La somme des carrés des projections d'une droite sur trois axes rectangulaires est égale au carré de cette droite. — La somme des carrés des cosinus des angles qu'une droite fait avec trois droites rectangulaires est égale à l'unité.

1. On consacrera trois ou quatre leçons à la recherche de quelques lieux géométriques.

La projection d'une aire plane sur un plan est égale au produit de cette aire par le cosinus de l'angle des deux plans.

Des coordonnées rectilignes.

Représentation d'un point par ses coordonnées. — Equations des lignes et des surfaces.

Transformation des coordonnées rectilignes.

De la ligne droite et du plan.

Equations de la ligne droite. — Equation du plan. — Toute équation du premier degré à trois variables représente un plan.

Trouver les équations d'une droite : 1° qui passe par deux points donnés ; 2° qui passe par un point donné et qui soit parallèle à une ligne donnée.

Déterminer le point d'intersection de deux droites dont on connaît les équations.

Faire passer un plan : 1° par trois points donnés; 2° par un point donné, parallèlement à un plan donné; 3° par un point et par une droite donnés.

Connaissant les équations de deux plans, trouver les projections de leur intersection.

Mener, par un point donné, une perpendiculaire à une droite donnée; déterminer le pied et la grandeur de cette perpendiculaire (coordonnées rectangulaires).

Connaissant les équations d'une droite, déterminer les angles de cette droite avec les axes des coordonnées (coordonnées rectangulaires).

Trouver l'intersection d'une droite et d'un plan dont on connaît les équations.

Connaissant les coordonnées de deux points, trouver leur distance.

D'un point donné abaisser une perpendiculaire sur un plan; trouver le pied et la grandeur de la perpendiculaire (coordonnées rectangulaires).

Mener, par un point donné, un plan perpendiculaire à une droite donnée (coordonnées rectangulaires).

Trouver l'angle de deux droites dont on connaît les équations (coordonnées rectangulaires).

Connaissant l'équation d'un plan, trouver les angles qu'il fait avec les plans coordonnés (coordonnées rectangulaires).

Déterminer l'angle de deux plans (coordonnées rectangulaires).

Trouver l'angle d'une droite et d'un plan (coordonnées rectangulaires).

Surfaces du second degré.

Elles se divisent en deux classes : les unes ont un centre, les autres n'en ont pas. Coordonnées du centre.

Des plans diamétraux.

Simplification de l'équation générale du second degré par la transformation des coordonnées.

Equations les plus simples de l'ellipsoïde, des hyperboloïdes à une et à deux nappes, des paraboloïdes elliptique et hyperbolique, des cônes et des cylindres du second degré.

Nature des sections planes des surfaces du second degré.

Cône asymptote d'un hyperboloïde.

Sections rectilignes de l'hyperboloïde à une nappe. — On peut, sur la surface de l'hyperboloïde à une nappe, tracer deux droites par chacun de ses points; d'où résultent deux systèmes de génératrices rectilignes de l'hyperboloïde. — Deux droites prises dans un même système ne se rencontrent pas, et deux droites de systèmes différents se rencontrent toujours. — Toutes les droites situées sur l'hyperboloïde étant transportées au centre, parallèlement à elles-mêmes, s'appliquent exactement sur le cône asymptote. — Trois droites d'un même système ne sont jamais parallèles à un même plan. — L'hyperboloïde à une nappe peut être engendré par une droite qui se meut en s'appuyant sur trois droites fixes, non parallèles à un même plan; et, réciproquement, lorsqu'une ligne droite glisse sur trois droites fixes, non parallèles à un même plan, elle engendre un hyperboloïde à une nappe.

Sections rectilignes du paraboloïde hyperbolique. — On peut, sur la surface du paraboloïde hyperbolique, tracer deux droites par chacun de ses points; d'où résulte la génération du paraboloïde par deux systèmes de droites. — Deux droites d'un même système ne se rencontrent pas, mais deux droites de systèmes différents se rencontrent toujours. — Toutes les droites d'un même système sont parallèles à un même plan. — Le paraboloïde hyperbolique peut être engendré par le mouvement d'une droite qui glisse sur deux droites fixes, parallèles à un même plan; ou bien par une droite qui glisse sur deux droites fixes, en restant toujours parallèle à un plan donné. Réciproquement, toute surface résultant de l'un de ces deux modes de génération est un paraboloïde hyperbolique.

Discussion d'une équation numérique du second degré à trois variables.

Des surfaces coniques et cylindriques.

Trouver l'équation générale des surfaces coniques et des surfaces cylindriques.

VI. GÉOMÉTRIE DESCRIPTIVE.

Problèmes relatifs au point, à la droite et au plan.

Par un point donné dans l'espace, mener une droite parallèle à une droite donnée et trouver la grandeur d'une partie de cette droite.

Par un point donné, mener un plan parallèle à un plan donné.

Construire le plan qui passe par trois points donnés dans l'espace.

Deux plans étant donnés, trouver les projections de leur intersection.

Une droite et un plan étant donnés, trouver les projections du point où la droite rencontre le plan.

Par un point donné, mener une perpendiculaire à un plan donné, et construire les projections du point de rencontre de la droite et du plan.

Par un point donné, mener une droite perpendiculaire à une droite donnée, et construire les projections du point de rencontre des deux droites.

Changement des plans de projection.

Un plan étant donné, trouver les angles qu'il forme avec les plans de projection.

Deux plans étant donnés, construire l'angle qu'ils forment entre eux.

Deux droites qui se coupent étant données, construire l'angle qu'elles font entre elles.

Construire l'angle formé par une droite et par un plan donnés de position dans l'espace.

Problèmes relatifs aux plans tangents.

Mener un plan tangent à une surface cylindrique ou à une surface conique : 1° par un point pris sur la surface; 2° par un point pris hors de la surface; 3° parallèlement à une droite donnée.

Par un point pris sur une surface de révolution, dont on connaît le méridien, mener un plan tangent à cette surface.

Problèmes relatifs aux intersections de surfaces.

Construire la section faite, sur la surface d'un cylindre droit et vertical, par un plan perpendiculaire à l'un des plans de projection. — Mener la tangente à la courbe d'intersection. — Faire le développement de la surface cylindrique, et y rapporter la courbe d'intersection, ainsi que la tangente.

Construire l'intersection d'un cône droit par un plan perpendiculaire à l'un des plans de projection. — Développement et tangente.

Construire la section droite d'un cylindre oblique. (Pour simplifier les constructions on emploiera la méthode du changement des plans de projection.) — Mener la tangente à la courbe d'intersection. — Faire le développement de la surface cylindrique, et y rapporter la courbe qui servait de base, ainsi que ses tangentes.

Construire l'intersection d'une surface de révolution par un plan, et les tangentes à la courbe d'intersection. — Résoudre cette question, lorsque la ligne génératrice est une droite qui ne rencontre pas l'axe.

Construire l'intersection de deux surfaces cylindriques et les tangentes à cette courbe.

Construire l'intersection de deux cônes obliques et les tangentes à cette courbe.

Construire l'intersection de deux surfaces de révolution dont les axes se rencontrent.

VII. MÉCANIQUE.

Du mouvement d'un point considéré géométriquement.

Mouvement uniforme. Vitesse. — Mouvement varié. Vitesse à un instant donné. Comment elle se détermine par le calcul ou par le tracé d'une tangente à une courbe[1], quand l'espace est une fonction donnée du temps.

Mouvement uniformément varié. — La vitesse s'accroît de quantités proportionnelles aux temps écoulés. — L'expérience sur la chute des corps dans le vide en fournit un exemple. — Valeur de l'accélération g, dans ce cas. — De l'accélération dans le mouvement rectiligne varié en général, quand la vitesse est donnée, en fonction du temps, par une équation ou par une courbe.

Projection sur un axe d'un point mobile dans l'espace. La vitesse de la projection du point est égale à la projection de sa vitesse dans l'espace.

Composition et décomposition des vitesses déduites de la

---

1. Il arrive souvent que la relation entre les espaces et les temps n'est définie que par des données expérimentales, au moyen d'une table ou du tracé mécanique d'une courbe. On ramène le premier cas au second, en traçant une courbe qui représente la marche des nombres de la table, et on détermine la dérivée, qui fait connaître la vitesse, par le tracé de la tangente à la courbe.

I. *Programmes*, lycées *a* 7

considération des mouvements relatifs. Ce qu'on entend par accélération totale et par accélération tangentielle dans le mouvement curviligne d'un point. Composition et décomposition des accélérations.

De l'effet des forces appliquées à un point matériel libre.
Loi de l'inertie relative au point matériel. — Effets divers des forces. — Conditions de l'égalité de deux forces, d'après les effets qu'elles produisent sur un même corps ou système matériel. — Comparaison des forces aux poids, à l'aide du dynamomètre. — Le kilogramme peut être pris pour unité de force [1].

On admet comme principe expérimental que l'effet d'une force sur un point matériel est indépendant du mouvement antérieurement acquis par ce point; c'est-à-dire, que le mouvement du point s'obtient par la composition du mouvement rectiligne dû à sa vitesse acquise et du mouvement que la force lui communiquerait s'il partait du repos. — Démontrer qu'il résulte de ce principe qu'une force constante, agissant sur un point matériel partant du repos, lui imprime un mouvement uniformément accéléré. — Cas où le point matériel possède une vitesse initiale dans le sens de la force ou dans le sens contraire. — Réciproquement, si un point matériel est animé d'un mouvement rectiligne uniformément varié, il est soumis à une force constante. — Exemples relatifs à la pesanteur. — Le mouvement parabolique des projectiles est une autre conséquence du principe énoncé ci-dessus.

Indépendance mutuelle des effets simultanés de plusieurs forces agissant sur un point matériel isolé. — Deux forces constantes, appliquées successivement à un même point matériel partant du repos ou animé d'une vitesse initiale de même direction que la force, sont entre elles comme les accélérations qu'elles produisent. — Conséquence relative au cas où l'une des forces est le poids même du mobile.

Définition de la masse. — Relation entre les forces, les masses et les accélérations. — De la force d'inertie. Son expression et ses effets. Sa mesure en kilogrammes pour diverses accélérations. — Introduction de la masse dans les équations du mouvement rectiligne ou curviligne

---

[1]. Un même corps pesant ne produit pas, en tous les points du globe, le même effet sur un dynamomètre; mais la différence est très-faible, et peut être négligée dans les applications de la mécanique.

d'un point soumis à l'action de la pesanteur ou d'une force constante quelconque. — Notions qui en dérivent relativement au travail et à la force vive.

Composition et décomposition des forces appliquées à un même point matériel libre, déduites du principe de l'indépendance des effets simultanés des forces. — Condition de l'équilibre des forces appliquées à un même point. Elle est indépendante de l'état de repos ou de mouvement de ce point.

Du travail des forces appliquées à un point mobile.

Travail élémentaire d'une force appliquée à un point mobile. — Deux manières de l'évaluer, suivant qu'on projette la force sur la direction de l'élément du chemin décrit, ou l'élément de chemin sur la direction de la force. — Travail élémentaire moteur; travail élémentaire résistant. — Le travail élémentaire d'une force normale à l'élément du chemin décrit est nul.

Travail total d'une force constante dirigée dans le sens du chemin parcouru, ou qui reste parallèle à elle-même. — Travail de la pesanteur dans le mouvement d'un point matériel sur une courbe quelconque.

Travail total d'une force variable dirigée, ou non, dans le sens du chemin décrit par son point d'application : il s'obtient par une quadrature ou à l'aide d'un tracé approximatif. — Ce qu'on entend par effort moyen.

Unité de travail, kilogrammètre.

Le travail élémentaire de la résultante de deux ou d'un plus grand nombre de forces est égal à la somme algébrique des travaux élémentaires des composantes. — Extension de ce théorème au travail continu des forces.

Théorème des moments. Ce théorème a lieu pour les projections sur un plan quelconque de forces concourantes dans l'espace. Ce qu'on nomme moment d'une force par rapport à un axe.

Quand trois forces se font constamment équilibre, la somme algébrique de leurs travaux est nulle. — Extension de ce théorème à l'équilibre d'un nombre quelconque de forces appliquées à un point. — Théorème relatif aux moments de ces forces par rapport à un axe quelconque dans l'espace.

Des forces appliquées à un corps solide.

Notions relatives à la solidité des corps. — Hypothèse de l'invariabilité des distances mutuelles des éléments de ces corps. — Cas où cette hypothèse peut être admise.

On admet qu'on peut, sans changer l'état de repos ou de mouvement d'un corps, transporter le point d'application d'une force en un point quelconque de sa direction, pourvu que le second point soit supposé lié invariablement au premier. — Vérification de ce principe au moyen du dynamomètre appliqué aux extrémités d'une corde ou d'une verge soutenant verticalement un poids. — Le travail de la force ainsi transportée est aussi le même pour tout déplacement élémentaire de la droite d'application.

Composition et équilibre des forces concourantes appliquées à un corps solide. — Cas où les forces sont parallèles. — Cas d'un couple.

Le moment de la résultante d'un système de forces parallèles par rapport à un plan quelconque est égal à la somme des moments des composantes.

Centre des forces parallèles. — Centre de gravité : sa recherche se réduit à une question de géométrie quand le corps est homogène. — Cas où le corps a un plan de symétrie, un axe ou un centre de figure. — Notion du centre de gravité d'une ligne et d'une surface considérées comme composées d'éléments dont le poids est proportionnel à leur étendue.

Centre de gravité d'un triangle : il est le même que celui du système de trois sphères homogènes égales qui auraient leurs centres aux trois sommets. — Centre de gravité d'un polygone. — Cas particuliers du trapèze et du quadrilatère quelconque.

Centre de gravité du tétraèdre ; il est le même que celui du système de quatre sphères homogènes égales qui auraient leurs centres aux quatre sommets, et se trouve au point d'intersection des droites qui joignent les milieux des arêtes respectivement opposées. — Centre de gravité de la pyramide, du cône.

La notion du centre de gravité ne suppose pas nécessairement la solidité des corps; elle s'applique à un système quelconque de points matériels.

Le travail de la pesanteur sur un corps ou sur un système de corps est le même que si la masse de ces corps se trouvait concentrée en leur centre de gravité général. — Application relative à l'élévation des fardeaux.

Composition générale des forces appliquées à un corps solide invariable. — Leur réduction à deux forces équivalentes, dont l'une passe par un point donné. — Pour l'équilibre, ces forces doivent être égales et directement contraires, et la somme algébrique des travaux des forces proposées doit être nulle pour tout déplacement fictif ou virtuel du corps. — En déduire les six équations de l'équilibre

Des machines.

Les machines ont en général pour but de transmettre, sous certaines conditions, l'action et le travail des forces. — Influence des résistances dites *passives* : le travail moteur est toujours plus grand que le travail résistant utile. — Notions élémentaires relatives aux machines simples sollicitées uniquement par une puissance et une résistance. — Ce qu'on gagne en force, on le perd en temps ou en chemin.

Equilibre et travail des forces appliquées au levier. — Des balances. Conditions à remplir pour qu'elles ne soient ni folles ni paresseuses. — Mesure de leur sensibilité.

Equilibre et travail des forces appliquées au treuil, à la poulie fixe ou mobile. — Moufles.

Equilibre et stabilité d'un corps pesant posé sur un plan fixe horizontal ou incliné. — Réactions du plan. — Moments et degrés divers de stabilité.

Lois expérimentales du frottement : 1° à l'instant du départ ; 2° pendant le mouvement. — Expériences de Coulomb relatives au frottement des corps.

Mouvement uniforme et équilibre d'un corps sur un plan incliné, en supposant ce corps uniquement soumis à l'action de la pesanteur et au frottement du plan. — Cas du mouvement uniformément accéléré. — Equations du travail et des forces vives. — Portion du travail absorbée par le frottement.

Frottement dans la poulie fixe.

VIII. PHYSIQUE.

Enseignement ou révision des matières comprises dans le programme n° 43 (p. 97), à l'exception des leçons 3, 4, 5, 6, 7, 8 et 9, et dans les vingt-sept premières leçons du programme n° 44 (p. 98).

IX. CHIMIE.

Enseignement ou révision des matières comprises dans le programme n° 46 (p. 104).

X. COSMOGRAPHIE.

Enseignement ou révision des matières comprises dans le programme n° 42 (p. 95).

XI. LANGUE FRANÇAISE ET LANGUE LATINE.

Exercices de composition française, conformément au programme transitoire de la classe de logique pour l'année scolaire 1852-1853 (programme n° 55, p. 121).

Exercices de traduction en français des auteurs latins désignés au programme transitoire de la classe de logique pour l'année scolaire 1852-1853 (programme n° 55, p. 122).

XII. LANGUE ALLEMANDE.

Enseignement ou révision conformément au programme n° 16 (p. 63).

XIII. DESSIN GÉOMÉTRIQUE. — LAVIS. — DESSIN D'IMITATION.

DESSIN GÉOMÉTRIQUE.

Les élèves devront exécuter toutes les épures relatives aux questions spécifiées dans le programme de géométrie descriptive.

Cinq épures seront faites à main levée. Deux au moins de ces croquis auront rapport, l'un aux plans tangents et l'autre aux intersections de surfaces.

En outre, les élèves devront exécuter deux dessins de plans faits à l'échelle, d'après les données du levé, conformément à la première subdivision (relative à la classe de troisième) du programme n° 51 (p. 114).

LAVIS.

Les élèves feront au moins les deux exercices de lavis compris dans la première subdivision (relative à la classe de troisième) du programme n° 51 (p. 114).

DESSIN D'IMITATION.

Les élèves seront mis en état de reproduire avec fidélité et promptitude une académie ombrée au crayon, d'après leur dessin modèle.

Art. 2. A partir de l'année scolaire 1854-1855, le programme de la classe de mathématiques spéciales est réglé de la manière suivante :

Année scolaire 1854-1855.

I. GÉOMÉTRIE.

RÉVISION.

Révision de la géométrie dans les limites du programme n° 35 (p. 87).

COMPLÉMENT.

Comme les deux années précédentes (p. 130).

II. ALGÈBRE.

Comme les deux années précédentes (p. 131)

III. TRIGONOMÉTRIE.

Comme les deux années précédentes (p. 136).

IV. GÉOMÉTRIE ANALYTIQUE.

Comme les deux années précédentes (p. 138).

V. GÉOMÉTRIE DESCRIPTIVE.

Comme les deux années précédentes (p. 144).

VI. MÉCANIQUE.

Commes les deux années précédentes (p. 145).

VII. PHYSIQUE.

PROPRIÉTÉS GÉNÉRALES DES CORPS. — HYDROSTATIQUE. — HYDRODYNAMIQUE.

Préliminaires.
But de la physique. — Phénomènes. — Lois physiques. Les expériences sont destinées à les faire ressortir des phénomènes. — Théories physiques. — Caractère différent des méthodes expérimentales et des méthodes mathématiques.

Propriétés générales des corps.

Etendue. — Mesure des longueurs. — Mètre. — Vernier. — Cathétomètre. — Comparateur. — Vis micrométrique, sphéromètre. — Machine à diviser.

Divisibilité, porosité. — Idées généralement admises sur la constitution moléculaire des corps. — Ces conceptions purement hypothétiques ne doivent pas être confondues avec les lois physiques. — Élasticité.

Mobilité. — Inertie. — Forces. — Leur équilibre; leur action mécanique; leur évaluation numérique.

Pesanteur.

Direction de la pesanteur. — Fil à plomb. — Relation entre la direction de la pesanteur et la surface des eaux tranquilles.

Poids. — Centre de gravité.

Etude expérimentale du mouvement produit par la pesanteur. — Influence perturbatrice de l'air. — Plan incliné de Galilée. — Machine d'Atwood. Démontrer par l'expérience : 1º la loi des espaces parcourus; 2º la loi des vitesses. — Appareil de M. Morin. Démonstration de la loi des espaces et des vitesses.

Loi de l'indépendance de l'effet produit par une force sur un corps, et du mouvement antérieurement acquis de ce corps. — Loi de l'indépendance des effets des forces qui agissent simultanément sur un même corps. — Démonstration expérimentale et généralisation de ces lois. — Loi de l'égalité de l'action et de la réaction.

Masse. — Accélération. — A égalité de masse, les forces sont entre elles comme les accélérations qu'elles produisent. — Relation entre une force, la masse du corps sur lequel elle agit, et l'accélération qui résulte de cette action. — Choc des corps.

Lois générales du mouvement uniformément varié. — Formules.

Pendule. — Loi de l'isochronisme des petites oscillations et loi des longueurs, déduites de l'observation. — Méthode des coïncidences. — Emploi du pendule pour la mesure du temps. — Pendule simple. Formule. — Pendule composé. Les lois des oscillations d'un pendule composé sont identiques aux lois des oscillations d'un pendule simple dont le calcul détermine la longueur. — Détermination, au moyen du pendule, de l'accélération produite par la pesanteur. — Cette accélération est indépendante de la nature des corps.

Remarquer que les formules du mouvement oscillatoire s'appliquent à la comparaison des forces de toute nature

qu'on peut regarder comme constantes et parallèles à elles-mêmes dans toutes les positions du corps oscillant.
Identité de la pesanteur et de l'attraction universelle.
Balance. — Conditions de son établissement. — Sensibilité. — Si le point de suspension du fléau et les points d'attaque des plateaux étaient exactement en ligne droite, la sensibilité serait indépendante des poids qui chargeraient les plateaux. — Méthode des doubles pesées. — Détails des précautions nécessaires pour obtenir une pesée exacte.
Définition de la densité. — La densité est le rapport du poids d'un corps à son volume.

Hydrostatique et hydrodynamique.
Distinction des divers états des corps.
Principe de Pascal : dans l'intérieur d'un liquide la pression exercée sur un élément de surface est normale à l'élément et indépendante de sa direction. — La démonstration de ce principe résulte de la vérification expérimentale de ses conséquences. — Principe de l'égale transmission des pressions : si l'on exerce une pression sur une portion plane, égale à l'unité, de la surface d'un liquide, l'effort transmis sur une surface plane quelconque, prise à l'intérieur du liquide ou sur les parois, est égal à la pression exercée, multipliée par l'étendue de cette surface. — Vérification de ce principe au moyen de la presse hydraulique.
Application des principes précédents aux liquides pesants. — Direction de la surface libre. — Pressions intérieures; surfaces de niveau. — Pressions sur les parois, en particulier sur le fond des vases; paradoxe hydrostatique. — Appareil de Haldat; expériences diverses.
Principe d'Archimède. — Vérification expérimentale; démonstration théorique déduite des principes précédents. — Corps flottants. (On ne considérera pas les conditions de stabilité de l'équilibre.)
Liquides superposés.
Vases communiquants. — Niveau d'eau. — Niveau à bulle d'air; son usage dans les instruments.
Densité des solides et des liquides. — Balance hydrostatique. — Aréomètres.
Compressibilité des liquides. — Indiquer les appareils propres à la constater. — Faire comprendre la nécessité d'une correction due à la compressibilité de l'enveloppe solide.
Propriétés communes aux liquides et aux gaz. — Principe

de l'égalité de pression en tous sens. — Principe de l'égale transmission des pressions. — Pesanteur des gaz. — Pressions dues à la pesanteur. — Principe d'Archimède; poids des corps dans l'air et dans le vide; aérostats.

Liquides et gaz superposés. — Extension du principe des vases communiquants. — Application au baromètre.

Construction détaillée du baromètre. — Baromètres de Fortin, de Gay-Lussac, de Bunten. — Indiquer la nécessité des corrections usitées.

Loi de Mariotte. — Expériences de M. Regnault.

Manomètre à air libre. — Manomètre à air comprimé. — Manomètre de M. Bourdon.

Loi du mélange des gaz.

Machine pneumatique. — Degré de vide. — Machine de compression.

Principe de Torricelli. — Siphon. — Vase de Mariotte. — Fontaine de Héron. — Fontaine intermittente.

Capillarité.

Cohésion des liquides. — Adhérence des liquides aux solides. — Lois expérimentales des phénomènes capillaires.

ÉLECTRICITÉ STATIQUE.

Phénomènes généraux. — Distinction des corps conducteurs et des corps non conducteurs. — Distinction des deux espèces d'électricité. — Séparation des deux électricités par le frottement. — Hypothèse des fluides électriques.

Démonstration des lois de l'attraction et de la répulsion des fluides électriques. — Expériences de Coulomb.

Déperdition de l'électricité. — Influence de l'air. — Influence des supports isolants; de l'humidité condensée à la surface des supports.

Etude expérimentale de la distribution de l'électricité à la surface des corps. — Méthode du plan d'épreuve. — Propriété des pointes.

Electrisation par influence. — Cas où le corps soumis à l'influence est déjà électrisé. — Etincelles. — Pouvoir des pointes.

Electrisation par influence précédant le mouvement des corps légers. — Electroscopes.

Machines électriques de Van-Marum, de Nairn, d'Armstrong.

Condensateur à lame d'air. — Accumulation d'électricité sur la surface de cet appareil. — Bouteille de Leyde. — Batteries. — Décharges électriques. — Effets principaux.

Electroscope condensateur. — Electrophore.

Electricité atmosphérique. — Phénomènes observés par un ciel serein. — Electricité des nuages. — Orages. — Eclair. — Tonnerre. — Effets de la foudre. — Choc en retour. — Paratonnerre.
Indication des sources diverses d'électricité statique.

MAGNÉTISME.

Aimants naturels. — Action sur le fer et sur l'acier. — Aimants artificiels. — L'action attractive paraît concentrée vers les extrémités des barreaux. — Première idée des pôles.
Direction d'un barreau aimanté sous l'action de la terre. — Action réciproque des pôles de deux aimants. — Dénomination des pôles.
Phénomènes d'influence. — Action d'un aimant sur un barreau de fer doux. — Action sur un barreau d'acier. — Force coercitive. — Effets de la rupture d'un barreau aimanté. — Idées théoriques sur la constitution des aimants. — Définition précise des pôles.
Action de la terre. — Elle se réduit à un couple. — On peut la détruire sensiblement par l'action d'un aimant convenablement placé. — Définition de la déclinaison, de l'inclinaison, du méridien magnétique.
Lois des attractions et des répulsions magnétiques déterminées par la méthode des oscillations.
Procédés d'aimantation. — Armatures. — Points conséquents. — Influence de la trempe, de l'écrouissage, de la chaleur. — Aimantation par l'action de la terre.
Liste des métaux magnétiques.

VIII. CHIMIE.

Préliminaires.

Idée générale des phénomènes dont la chimie s'occupe. — Distinction des corps en corps simples et en corps composés. — Divisibilité de la matière. — Différents états des corps. Force d'agrégation et de cohésion. Affinité chimique. — Loi des proportions multiples. — Caractères physiques et organoleptiques qui servent à spécifier les corps. — Cristallisation des corps. — Circonstances dans lesquelles les corps prennent la forme cristalline.
Règles de la nomenclature chimique. Anomalies qu'elles présentent aujourd'hui : notations et formules chimiques. — Division des corps simples en métalloïdes et en métaux.

Oxygène.

Divers modes de préparation. — Appareil pour recueillir les gaz; gazomètres. — Définition de la densité d'un gaz. — Propriétés physiques et chimiques du gaz oxygène. — Chalumeau à air, à oxygène.

Hydrogène.

Divers modes de préparation. — Propriétés physiques et chimiques de ce gaz. — Chalumeau à gaz hydrogène et oxygène. — Dessiccation du gaz.

Combinaisons de l'hydrogène avec l'oxygène. — Protoxyde d'hydrogène ou eau. — Propriétés physiques de l'eau. — Congélation. — Définition de la densité des vapeurs. — Evaporation. — Vapeur d'eau dans l'atmosphère; substances déliquescentes et efflorescentes. — Distillation, alambic et appareils divers employés dans les laboratoires. Evaporation des dissolutions salines. — Lois de la solubilité des gaz dans les liquides. Procédé à l'aide duquel on détermine la quantité de gaz dissoute dans l'eau qui a séjourné au contact de l'atmosphère.

Analyse de l'eau. — Calibrage et vérification des cloches divisées. — Eudiomètres. — Synthèse de l'eau par la méthode eudiométrique. — Première remarque sur la simplicité des rapports entre les volumes des gaz simples qui se combinent. — Synthèse de l'eau par la combustion de l'hydrogène au moyen de l'oxygène de l'oxyde de cuivre. — Analyse de l'eau par la pile. — Manières diverses d'exprimer la composition de l'eau. — Première notion des équivalents chimiques et des poids atomiques.

Bioxyde d'hydrogène ou eau oxygénée. Mode de préparation. — Propriétés physiques et chimiques. Actions de présence ou catalytiques. — Analyse du bioxyde d'hydrogène.

Azote ou nitrogène.

Modes de préparation. — Propriétés physiques.

Air atmosphérique. — Généralités sur la constitution de l'atmosphère. — Détermination des quantités de vapeur d'eau et d'acide carbonique contenues dans l'atmosphère. Aspirateur à écoulement constant. — Détermination de l'oxygène par les réactifs absorbants et par la combustion dans l'eudiomètre. — L'air est un mélange et non une combinaison des gaz azote et oxygène; preuve fondée sur la loi de solubilité des gaz dans l'eau.

Combinaisons de l'azote avec l'oxygène. — Acide azotique ou nitrique. Acide azotique anhydre; acides hydratés à proportions définies. — Propriétés chimiques de l'acide azotique à divers états de concentration. — Combinaison directe de l'azote et de l'oxygène sous l'influence de l'étincelle électrique. — Préparation de l'acide azotique dans les arts. Purification de l'acide azotique du commerce. — Analyse de l'acide azotique.

Protoxyde d'azote. Préparation. — Propriétés physiques et chimiques de ce gaz. — Son analyse par le potassium et dans l'eudiomètre.

Bioxyde d'azote. Préparation. — Propriétés chimiques. — Dissolution du deutoxyde d'azote dans l'acide azotique plus ou moins concentré. Explication des colorations diverses que présentent ces dissolutions. — Analyse du deutoxyde d'azote.

Acide azoteux. Circonstances dans lesquelles il se produit.

Acide hypoazotique. Préparation. Son analyse.

Récapitulation des combinaisons de l'azote avec l'oxygène. Remarques sur les rapports en volume et en poids suivant lesquels l'azote et l'oxygène se combinent pour former ces composés. — Equivalent de l'azote.

Combinaison de l'azote avec l'hydrogène ou ammoniaque. Circonstances dans lesquelles l'azote et l'hydrogène paraissent se combiner directement. Origine des composés ammoniacaux. — Préparation du gaz ammoniac et de sa dissolution aqueuse. Préparation dans les arts. — Propriétés physiques et chimiques du gaz ammoniac. — Son analyse. — Combinaison directe du gaz ammoniac avec le gaz acide chlorhydrique ; remarque sur le rapport des volumes de ces deux gaz qui se combinent ; équivalent de l'ammoniaque.

Soufre.

Etat sous lequel on le trouve dans la nature. Extraction et purification du soufre naturel. — Propriétés physiques du soufre ; dimorphisme ; phénomènes curieux qu'il présente à diverses températures. — Propriétés chimiques du soufre.

Combinaisons du soufre avec l'oxygène. — Acide sulfureux. Divers modes de production de ce gaz. — Propriétés physiques et chimiques. — Analyse du gaz acide sulfureux. — Emploi de l'acide sulfureux pour le blanchiment de la laine et de la soie, et pour enlever les taches de fruits sur le linge.

Acide sulfurique. — Sa formation par l'action de l'acide azotique sur le soufre et sur l'acide sulfureux. — Acide sulfurique monolydraté. — Précautions à prendre dans sa distillation et son mélange avec l'eau. Analyse de l'acide sulfurique monohydraté. Divers hydrates définis de l'acide sulfurique. — Acide sulfurique fumant de Nordhausen ; sa préparation dans le Hartz. Acide sulfurique anhydre ; sa formation par la combinaison directe de l'acide sulfureux et de l'oxygène, sous l'influence de la mousse de platine. Son extraction de l'acide fumant de Nordhausen. — Préparation de l'acide sulfurique hydraté dans les arts, par la méthode anglaise ou des chambres de plomb. Cristaux des chambres de plomb.

Acide hyposulfurique. Circonstances dans lesquelles il se produit.

Acide hyposulfureux. Circonstances dans lesquelles il se produit.

Récapitulation des combinaisons du soufre avec l'oxygène. Détermination de l'équivalent du soufre.

Combinaisons du soufre avec l'hydrogène. — Acide sulfhydrique. Sa préparation. Propriétés physiques et chimiques de ce gaz. Eaux minérales sulfureuses. — Analyse du gaz acide sulfhydrique.

Bisulfure d'hydrogène. Circonstances dans lesquelles il se produit.

Sélénium, tellure.

Faire voir seulement leur analogie avec le soufre.

Chlore.

Préparation de ce gaz dans les laboratoires et dans les arts. Propriétés physiques. — Dissolution aqueuse. Hydrate défini du chlore. — Propriétés oxydantes de la dissolution aqueuse du chlore. Son emploi pour décolorer les tissus d'origine végétale.

Combinaisons du chlore avec l'oxygène. — Acide chlorique ; préparation. Composition déduite de l'analyse du chlorate de potasse. — Acide perchlorique. Circonstances dans lesquelles il se produit. — Acides hypochloreux, chloreux et hypochlorique. Circonstances dans lesquelles ces composés se produisent.

Récapitulation des combinaisons du chlore avec l'oxygène. — Équivalent du chlore.

Acide chlorhydrique. — Combinaison directe du chlore avec l'hydrogène, sous l'influence de la lumière solaire. — Préparation de l'acide chlorhydrique dans les laboratoires et dans les arts. — Purification de l'acide chlorhydrique du commerce. — Analyse du gaz acide chlorhydrique.

Combinaisons du chlore avec le soufre. — Quelques mots sur ces composés.

Chlorure d'azote. — Signaler simplement les circonstances dans lesquelles il se produit et les précautions qu'il faut prendre pour éviter la formation de ce composé dangereux dans plusieurs opérations de laboratoire.

Eau régale. — Constitution chimique de l'eau régale. — Son emploi dans les laboratoires comme agent oxydant et comme agent chlorurant.

Brôme.
Faire voir son analogie complète avec le chlore.

Iode.
Extraction des eaux mères des soudes de varech. — Propriétés physiques. — Son emploi en médecine. — Quelques mots sur les combinaisons de l'iode avec l'oxygène et avec l'hydrogène.

Iodure d'azote.

Fluor.
Son existence hypothétique. — Acide fluorhydrique. Préparation. Sa composition déduite de l'analyse du fluorure de calcium. — Emploi de l'acide fluorhydrique gazeux ou en dissolution pour graver sur le verre. Manière de l'employer pour graver les échelles sur verre des instruments de physique.

Phosphore.
Propriétés physiques et chimiques. Divers états isomériques. Précautions à prendre dans la distillation du phosphore. — Préparation du phosphore dans les arts. — Allumettes phosphoriques ou chimiques.

Combinaisons du phosphore avec l'oxygène. — Acide phosphorique. Préparation de l'acide anhydre par la combustion directe du phosphore dans l'oxygène ou dans l'air. Préparation de l'acide hydraté par l'action de l'acide azotique sur le phosphore. — Analyse de l'acide phosphorique.

Acide phosphoreux; circonstances dans lesquelles il se produit. Préparation par l'action du chlore, en présence de l'eau, sur le phosphore. — Acide hypophosphoreux et oxyde de phosphore; circonstances dans lesquelles ces corps se produisent.

Récapitulation des combinaisons du phosphore avec l'oxygène. — Équivalent du phosphore.

Combinaisons du phosphore avec l'hydrogène. — Méthode générale pour faire l'analyse de ces corps.

Chlorures de phosphore. Combinaison du phosphore dans le chlore.

Arsenic.
État sous lequel on le trouve dans la nature. Préparation.

Combinaisons de l'arsenic avec l'oxygène. — Acide arsénieux; sa formation dans les arts par le grillage des arséniures et des arséniosulfures. Etats isomériques de l'acide arsénieux. — Acide arsénique. — Equivalent de l'arsenic.

Combinaisons de l'arsenic avec l'hydrogène. — Hydrogène arsénié.

Chlorure d'arsenic; signaler seulement son existence et donner sa composition.

Empoisonnements par l'acide arsénieux; caractères qui les distinguent; contre-poisons. Recherche de l'arsenic dans les cas d'empoisonnements. — Appareil de Marsh.

Bore.

Sa préparation. Propriétés chimiques.

Acide borique. Etat sous lequel on le trouve dans la nature. Propriétés chimiques de l'acide borique. — Son extraction des lagoni de la Toscane. — Difficultés qui se présentent dans la fixation de l'équivalent du bore.

Fluorure de bore.

Silicium.

Préparation et propriétés physiques.

Acide silicique. Son existence dans la nature. **Préparation de l'acide silicique gélatineux. Composition de l'acide silicique déduite de l'analyse du chlorure de silicium.** — Difficultés qui se présentent dans la fixation de l'équivalent du silicium et de la formule de l'acide silicique.

Chlorure de silicium. Fluorure de silicium et acide hydrofluosilicique.

Carbone.

Etats divers sous lesquels le carbone se trouve dans la nature, ou qu'il prend lorsqu'il résulte de la décomposition des diverses matières organiques. Diamant; graphite naturel ou plombagine; graphite des hauts fourneaux; charbon de houille ou coke; charbon de bois; charbon des matières organiques fusibles; noir animal, noir de fumée. Pesanteurs spécifiques variables du carbone. — Absorption des gaz et de diverses matières solubles par le charbon poreux. Emploi du noir animal pour décolorer les liqueurs dont la coloration est due à des matières organiques. Carbonisation intérieure des tonneaux de bois destinés à conserver l'eau.

Combinaisons du carbone avec l'oxygène. — Acide carbonique. Divers modes de formation, préparation. — Propriétés physiques du gaz acide carbonique. Liquéfaction de l'acide carbonique. Appareil de Thilorier, pour préparer l'acide carbonique liquide. Emploi de l'acide carbonique liquide dans les expériences de physique qui exigent un froid considérable. — Circonstances dans lesquelles l'acide carbonique se produit dans la nature. — Solubilité de l'acide carbonique dans l'eau. Eaux gazeuses naturelles et artificielles. — Analyse de l'acide carbonique.

Oxyde de carbone; sa production dans les fourneaux à cuve. — Préparation par la réaction du charbon sur l'acide carbonique. Préparation dans les laboratoires par l'action de l'acide sulfurique concentré sur l'acide oxalique. — Propriétés physiques et chimiques du gaz oxyde de carbone. Analyse du gaz oxyde de carbone.

Acide oxalique; son existence dans les sucs acides de certains végétaux. — Préparation dans les laboratoires par l'action de l'acide azotique sur le sucre. — Analyse de l'acide oxalique. — Méthode générale d'analyse des combinaisons de carbone, d'hydrogène et d'oxygène.

Récapitulation des combinaisons du carbone avec l'oxygène. — Détermination de l'équivalent du carbone.

Quelques mots sur les combinaisons du carbone avec l'hydrogène. Application des méthodes eudiométriques à l'analyse des carbures d'hydrogène gazeux.

Sulfure de carbone ou acide sulfocarbonique; sa préparation dans les laboratoires et dans les arts. — Propriétés physiques et chimiques du sulfure de carbone; ses applications dans les laboratoires et dans les arts. — Analyse du sulfure de carbone. — Analogie chimique du sulfure de carbone avec l'acide carbonique.

Combinaison du carbone avec l'azote, cyanogène. Préparation. Propriétés physiques et chimiques. Analyse du cyanogène. — Acide cyanhydrique ou prussique. Préparation de l'acide anhydre et de l'acide en dissolution. Analyse de l'acide cyanhydrique.

IX. LANGUE FRANÇAISE.

Exercices de composition française, conformément au programme de la classe de logique pour l'année scolaire 1854-1855 (programme n° 55, p. 124).

X. LANGUE ALLEMANDE.

Comme les deux années précédentes (p. 150).

XI. DESSIN GÉOMÉTRIQUE. — LAVIS. — DESSIN D'IMITATION.

DESSIN GÉOMÉTRIQUE.

Comme les deux années précédentes (p. 150).

LAVIS.

Les élèves feront au moins deux lavis à l'encre de Chine et deux dessins lavés de machines simples d'après les indications des modèles-types qui seront adoptés.

DESSIN D'IMITATION.

Comme les deux années précédentes (p. 150).

Art. 3. Les programmes compris dans les articles 1 et 2 ci-dessus font partie intégrante du règlement d'études du 30 août 1852.

Fait à Paris, le 26 janvier 1853.

H. FORTOUL.

PROGRAMME

DE L'ENSEIGNEMENT DU DESSIN.

L'enseignement du dessin commence à la classe de sixième; il est continué d'année en année jusqu'à la classe de logique inclusivement.

Cet enseignement est donné à tous les élèves internes et aux élèves externes qui sont admis aux conférences.

Il a lieu, pour chaque classe, à des heures et à des jours différents. (*Art. 1er.*)

Dans les classes de sixième et de cinquième, une leçon d'une heure par semaine est consacrée à des exercices préparatoires. Ces exercices ont pour objet : en premier lieu, l'imitation de figures simples, telles que celles des solides réguliers, et les éléments que l'ornementation emprunte le plus ordinairement au règne végétal; en second lieu, l'imitation des parties de la tête. (*Art. 2.*)

En quatrième, les deux leçons hebdomadaires ont pour objet : 1° l'étude théorique et pratique des éléments de la perspective; 2° l'étude élémentaire de la structure de l'homme et des proportions du corps humain au point de vue du dessin; 3° le dessin des parties de la tête et de la tête entière, d'après des estampes ou photographies.

Trois leçons par quinzaine sont consacrées :

Dans les classes de troisième et de seconde, au dessin de la tête et des extrémités, d'après des estampes ou photographies et d'après la bosse;

Dans les classes de rhétorique et de logique, au dessin de torses et académies, d'après des estampes ou photographies et d'après la bosse.

La quatrième leçon de la quinzaine, à partir de la classe de troisième inclusivement, a pour objet le dessin des formes artificielles, parties d'édifices, meubles, vases, candélabres, etc., etc., ornements.

A la fin de la dernière année du cours, les élèves reproduiront quelques modèles d'ornements en couleur. (*Art.* 3.)

Les modèles sont tous empruntés aux grands maîtres de l'art.

Ils ne sont admis dans les classes de dessin qu'après avoir été approuvés par le ministre de l'instruction publique.

A la fin de chaque année, les élèves sont tenus de présenter un nombre déterminé de feuilles dont l'ensemble constituera un cours gradué de dessin. (*Art.* 4.)

Outre les inspections ordinaires qui embrassent toutes les parties des études, l'enseignement du dessin, dans les lycées, est soumis à des inspections spéciales. (*Art.* 7.)

Le cours de dessin, dans les classes de troisième, seconde, rhétorique et logique, sera immédiatement organisé d'après les dispositions du présent arrêté, en ce qui concerne le dessin de la figure.

Il sera organisé, pour les classes de sixième, cinquième et quatrième, et pour le dessin d'ornement, à dater de la prochaine rentrée des classes. (*Art.* 8.)

(*Arrêté du* 29 *décembre* 1853.)

PROGRAMME

DE L'ENSEIGNEMENT DE LA GYMNASTIQUE.

La **gymnastique** fait partie de l'éducation des lycées de l'empire; elle est l'objet d'un enseignement régulier qui est donné aux frais des établissements.

Les exercices gymnastiques sont empruntés au règlement des gymnases militaires, modifié conformément au programme ci-annexé.

Les leçons d'équitation sont facultatives et restent à la charge des familles. (*Art. 1er.*)

Les élèves sont partagés, pour les exercices gymnastiques, en trois divisions : celle du *petit collége*, celle du *moyen collége*, celle du *grand collége*.

Ces trois divisions seront, au besoin, subdivisées en sections.

L'enseignement de la division du petit collége sera emprunté aux quatre premières séries et à la sixième série du programme ci-annexé.

L'enseignement de la division du moyen collége comprend les exercices indiqués dans les séries 1, 2, 3, 4, 5, 6 et 8 dudit programme.

L'enseignement de la division du grand collége comprend, outre la répétition des exercices ci-dessus, tous les autres exercices mentionnés audit programme. (*Art.* 2.)

Chacune de ces divisions reçoit, pendant toute l'année, deux leçons par semaine, à des heures qui ne sont pas celles de la récréation.

Une de ces leçons a lieu nécessairement le jeudi.

Un gymnase couvert est spécialement affecté aux exercices de gymnastique. (*Art.* 3.)

Programme des exercices.

Les exercices de gymnastique appropriés aux élèves des lycées se divisent en neuf séries :

1re Série. Exercices préparatoires.

Formation des pelotons. — Alignements. — Demi-tour à droite. — Marche de front. — Marche de flanc. — Conversion de pied ferme en marche. — Changements de direction. — Ouvrir et resserrer les intervalles.

IIᵉ Série. Mouvements partiels et assouplissements.

§ 1ᵉʳ. *Mouvements partiels et assouplissements des membres supérieurs.*

Élever et abaisser les bras sans flexion. — Mouvements des bras avec flexion. — Circumduction latérale des bras. — Mouvement horizontal des avant-bras. — Étendre les bras latéralement. — Étendre les bras verticalement. — Lancer alternativement les poings en avant.

§ 2. *Mouvements partiels et assouplissements des membres inférieurs.*

Fléchir la jambe. — Fléchir simultanément la cuisse et la jambe. — Fléchir sur les membres inférieurs. — Cadence modérée. — Cadence accélérée. — Cadence de course. — Flexions simultanées des jambes. — Flexions simultanées des cuisses et des jambes.

§ 3. *Mouvements de la tête et du tronc.*

Fléchir la tête en avant. — Mouvement d'extension de la tête. — Mouvement de rotation de la tête. — Fléchir le corps en avant. — Opérer l'extension du corps.

IIIᵉ Série. Marches, courses, sauts, exercices pyrrhiques.

Marche au pas de gymnastique. — Marcher sur la pointe des pieds. — Marcher sur les talons. — Fléchir sur les extrémités inférieures et marcher dans cette position. — Courir dans les chaînes gymnastiques. — Sautillement sur une jambe ou sur les deux jambes. — Saut de pied ferme en largeur et en hauteur. — Saut avec élan. — Saut en profondeur. — Sauts à la perche. — Exercices pyrrhiques.

IVᵉ Série. Équilibres.

Se tenir sur une jambe, l'autre ployée en avant. — Se tenir sur une jambe, l'autre ployée en arrière. — Se pencher en avant sur un pied. — Se pencher en arrière sur un pied. — Se pencher à droite ou à gauche sur un pied. — Poser les genoux à terre et se relever.

Vᵉ Série. Exercices avec les haltères et les mils.

1° *Avec les haltères.*

Élever alternativement les haltères en avant, jusqu'à la hauteur des épaules. — Élever simultanément les haltères en avant, jusqu'à la hauteur des épaules. — Élever alternativement les haltères vers la droite et vers la gauche, jusqu'à la hauteur des épaules. — Élever simultanément les haltères vers la droite et vers la gauche, jusqu'à la hauteur des épaules. — Élever alternativement les haltères verticalement au-dessus des épaules. — Élever simultanément les haltères verticalement au-dessus des épaules. — Élever alternativement les haltères à hauteur des épaules, et tendre les bras devant soi en les dirigeant en haut. — Élever simultanément les haltères devant soi à hauteur des épaules, et tendre les bras devant soi en les dirigeant en haut. — Mouvement alternatif de circumduction autour de la tête, en commençant le mouvement par devant. — Mouvement alternatif de circumduction autour de la tête, en commençant le mouvement par derrière. — Tenir les haltères à bras tendu le plus horizontalement possible. — Élever alternativement les haltères avec les pieds, en pliant les jambes. — Élever alternativement les haltères avec les pieds, les jambes restant tendues en avant.

2° *Avec les mils.*

Porter le mil à l'épaule. — Porter le mil en arrière. — Renverser le mil en arrière. — Porter le mil en avant. — Porter le mil en dehors à droite. — Porter le mil en dedans à gauche. — Porter le mil horizontalement en avant, et le passer par-dessus la tête. — Élever le mil verticalement, et le passer derrière la tête. — Abaisser le mil, et le passer autour du corps. — Passer le mil en cercle par la gauche ou par la droite. — Poser le mil à terre. — Porter le mil à bras tendus.

VIe Série. Exercices avec les machines.

§ 1er. *Exercices par suspension.*

Suspension par les deux mains ou par une main, etc. — Élever la tête au-dessus de la barre. — Suspension par le pli des bras. — Suspension par les pieds et les mains. — Suspension par les plis du bras et de la jambe. — Passer de l'état de suspension à une position de repos ou d'équilibre au-dessus des barres. — Rétablissement sur la jambe. — Rétablissement par renversement. — Rétablissement sur les avant-bras. — Rétablissement sur les poignets. — Progression latérale vers la droite ou vers la gauche. — Progression par le flanc droit ou gauche. — Progression par brasses.

§ 2. *Exercices des poutres.*

Passage sur la poutre. — Passer à cheval en avant. — Passer à cheval en arrière. — S'asseoir sur la poutre et se mouvoir de côté. — S'enlever sur les poignets, face à la poutre, et se mouvoir de côté. — Étant à cheval, se mouvoir sur les mains en avant ou en arrière. — Suspension avec mouvement de progression au-dessous de la poutre. — Se mouvoir à l'aide des pieds et des mains, étant suspendu à la poutre. — Se suspendre, face à la poutre, et se mouvoir de côté. — Se suspendre à la poutre en la saisissant avec une main de chaque côté et se mouvoir en avant ou en arrière. — Etablissement et rétablissement sur la poutre. — Descendre de la poutre. — Étant à cheval, passer la jambe droite par-dessus la poutre et descendre.

§ 3. *Exercices du portique et de ses agrès.*

1° *Échelles de bois.*

Monter et descendre par devant. — Monter à l'aide des pieds et des mains, faisant face à l'échelle. — Monter à l'aide des pieds et des mains, en tournant le dos à l'échelle. — Monter à l'aide des pieds seulement. — Monter par les montants à l'aide des mains et des jambes. — Descendre à l'aide des pieds et des mains, faisant face à l'échelle. — Descendre à l'aide des pieds et des mains, en tournant le dos à l'échelle. — Descendre en se laissant glisser le long des montants. — Monter et descendre par derrière. — Monter à l'aide des pieds et des mains. — Monter aux échelons en plaçant les mains l'une après l'autre sur le même échelon. — Monter aux échelons, en plaçant les mains l'une après l'autre sur un échelon différent. — Monter aux échelons par saccades. — Monter en saisissant un échelon d'une main et un montant de l'autre. — Monter par les deux montants. — Monter par les deux montants par saccades. — Monter en saisissant tour à tour, par saccades, les montants et les échelons. — Descendre à l'aide des pieds et des mains. — Descendre les échelons en plaçant les mains l'une après l'autre sur le même échelon. — Descendre les échelons en plaçant les mains l'une après l'autre sur un échelon différent. — Descendre les échelons par saccades. — Descendre en saisissant un échelon d'une main et un montant de l'autre. — Descendre par les deux montants. — Descendre par les deux montants par saccades. — Descendre en saisissant tour à tour, par saccades, les montants et les échelons. — Passer du devant de l'échelle par derrière et réciproquement.

2° Cordages simples et mixtes.

Monter par une échelle de corde à l'aide des pieds et des mains, et descendre. — Monter à l'aide des pieds et des mains par devant une échelle de corde inclinée, et descendre. — Monter à l'aide des pieds et des mains par derrière une échelle de corde inclinée, et descendre. — Monter par une corde à consoles et descendre. — Monter par une corde à nœuds, et descendre. — Monter par une corde lisse, à l'aide des pieds et des mains, et descendre. — Monter par une corde lisse à l'aide des mains seulement, et descendre. — Monter à deux cordes à l'aide des mains seulement, et descendre. — Relever la corde pour s'y donner un point d'appui, soit sous la cuisse, soit sous le pied. — Monter à l'échelle de Bois-Rozé, et descendre.

3° Exercices des perches.

Monter à la perche à l'aide des pieds et des mains, et descendre. — Monter à la perche à l'aide des mains seulement, et descendre. — Monter par une perche et descendre par l'autre. — Monter par deux perches, et descendre. — Monter par deux perches par saccades, et descendre. — Monter par-dessous une perche inclinée, et descendre. — Monter par-dessus une perche inclinée, et descendre.

4° Escalade du portique par émulation.

§ 4. *Exercices des mâts verticaux.*

Se lancer en avant au moyen de la corde. — Se lancer en avant et revenir au point de départ.

§ 5. *Exercices de voltige sur les poutres, les barres et les trapèzes.*

1° Voltige sur la poutre.

Se mettre à cheval sur la poutre. — Faire face en arrière, étant à cheval sur la poutre. — Étant à cheval sur la poutre, sauter à terre. — Franchir la poutre.

2° Voltige sur les barres parallèles.

Suspension sur les mains. — Se porter en avant ou en arrière par un mouvement alternatif des mains. — Se porter en avant ou en arrière par saccades. — Descendre le corps et le remonter par la flexion et l'extension des bras. — Balancer les jambes en avant et en arrière. — Suspension par les mains et les pieds. — Porter les jambes en avant sur la barre droite, ensuite sur la barre gauche. — Porter les jambes en arrière sur la barre droite, ensuite sur la barre gauche. — Soutenir le corps sur les poignets dans une po-

1. *Programmes*, lycées.

sition horizontale, les jambes en arrière. — Se lancer à terre en avant vers la droite ou vers la gauche. — Se lancer à terre en arrière vers la droite ou vers la gauche. — Franchir les barres en trois temps, en s'élançant en avant à droite ou à gauche. — Franchir les barres en quatre temps, en s'élançant en arrière à droite ou à gauche. — Franchir les barres en deux temps. — Se suspendre par les mains et se porter en avant et en arrière. — S'établir sur les barres, le corps suspendu sur les mains. — Se suspendre par les mains et les pieds, le dos vers la terre. — S'établir debout sur les barres. — Étant debout sur les barres, s'y suspendre par les mains et les pieds, la face vers la terre.

3° *Voltige sur le trapèze.*

Saisir la base du trapèze et élever le corps en faisant effort des poignets. — Saisir la base du trapèze, se balancer et se lancer le plus loin possible. — S'établir sur la base du trapèze, en s'y appuyant par le ventre, et descendre. — S'établir sur la base du trapèze, s'y asseoir, et descendre. — Saisir la base du trapèze, s'y suspendre en accrochant les pieds aux montants, et descendre. — Monter par les montants du trapèze, et descendre. — S'établir sur la base du trapèze et se tenir dessus, puis au-dessous, dans une position horizontale.

§ 6. *Exercices de la course volante.*

§ 7. *Exercice des poignées brachiales.*

§ 8. *Exercices de la balançoire brachiale.*

VIIe Série. Escrime. Tir a l'arc. Lancer la barre.

VIIIe Série. Natation.

Exercices hors de l'eau. Exercices dans l'eau.

IXe Série. (Exercice facultatif.) Équitation.

(*Arrêtés du 13 mars 1854.*)

TABLE DES PROGRAMMES.

PLAN D'ÉTUDES DES LYCÉES.	1
DIVISION ÉLÉMENTAIRE.	1
Classe de Huitième.	1
Classe de Septième.	2
DIVISION DE GRAMMAIRE.	3
Examen d'admission.	3
Classe de Sixième.	3
Classe de Cinquième.	4
Classe de Quatrième.	4
Examen de grammaire.	5
DIVISION SUPÉRIEURE.	6
I. ENSEIGNEMENT COMMUN A LA SECTION DES LETTRES ET A LA SECTION DES SCIENCES.	6
Classe de Troisième.	6
Classe de Seconde.	7
Classe de Rhétorique.	9
Classe de Logique.	10
II. ENSEIGNEMENT PARTICULIER A LA SECTION DES LETTRES.	11
Classe de Troisième.	11
Classe de Seconde.	12
Classe de Rhétorique.	12
Classe de Logique.	13
III. ENSEIGNEMENT PARTICULIER A LA SECTION DES SCIENCES.	14
Classe de Troisième.	14
Classe de Seconde.	15
Classe de Rhétorique.	15
Classe de Logique.	16
IV. ENSEIGNEMENT COMPLÉMENTAIRE DE LA SECTION DES SCIENCES.	16
Classe de Mathématiques spéciales.	16
V. DISPOSITIONS TRANSITOIRES RELATIVES A LA SECTION DES SCIENCES.	17
ENSEIGNEMENT RELIGIEUX.	18

PROGRAMMES ANNEXÉS AU PLAN D'ÉTUDES. 19

   DIVISION DE GRAMMAIRE. 19

      HISTOIRE DE FRANCE. 19

1. *Classe de Sixième.* — Notions générales d'histoire et de géographie ancienne. — Histoire des Gaulois et des Francs, jusqu'à la 1re race. 19
2. *Classe de Cinquième.* — Histoire de France, depuis l'avènement de la seconde race jusqu'à François Ier. 28
3. *Classe de Quatrième.* — Histoire de France, depuis l'avènement de François Ier jusqu'en 1815. 33

      GÉOGRAPHIE DE LA FRANCE. 36

4. *Classe de Cinquième.*—Géographie physique de la France. 39
5. *Classe de Quatrième.* — Géographie administrative de la France. 40

      NOTIONS DE GRAMMAIRE COMPARÉE. 41

6. *Classe de Quatrième.* — Notions élémentaires de grammaire comparée dans les trois langues. 41

      NOTIONS D'ARITHMÉTIQUE ET DE GÉOMÉTRIE. 43

7. *Classe de Quatrième.* — Éléments d'Arithmétique; notions préliminaires de Géométrie. 43

   DIVISION SUPÉRIEURE. 44

      I. ENSEIGNEMENT COMMUN A LA SECTION DES LETTRES ET A LA SECTION DES SCIENCES. 44

      HISTOIRE ET GÉOGRAPHIE HISTORIQUE. 44

8. *Classe de Troisième.* — Histoire ancienne. 44
9. *Classe de Seconde.* — Histoire du moyen âge. 47
10. *Classe de Rhétorique.* — Histoire des temps modernes 52

      GÉOGRAPHIE PHYSIQUE ET POLITIQUE. 57

11. *Classe de Troisième.* — Objet du cours; grandes divisions du globe. 57
12. *Classe de Seconde.* — États européens (la France exceptée.) — Histoire sommaire de la géographie. — Géographie statistique des productions et du commerce des principales contrées. 59

(173)

13. *Classe de Rhétorique.* — Géographie physique et politique de la France. 60

LANGUES VIVANTES. 62
14. *Classe de Troisième.* — Langue allemande. 62
15. *Classe de Seconde.* — Langue allemande. 62
16. *Classe de Rhétorique.* — Langue allemande. 63
17. *Classe de Troisième.* — Langue anglaise. 63
18. *Classe de Seconde.* — Langue anglaise. 63
19. *Classe de Rhétorique.* — Langue anglaise. 64

NOTIONS LITTÉRAIRES. 64
20. *Classe de Rhétorique.* — Notions élémentaires de rhétorique et de littérature. 64

LOGIQUE. 65
21. *Classe de Logique.* — Étude de l'esprit humain et du langage. — De la méthode dans les divers ordres de connaissances. — Application des règles de la méthode à l'étude des principales vérités de l'ordre moral. 65

II. ENSEIGNEMENT PARTICULIER A LA SECTION DES LETTRES. 67

NOTIONS GÉNÉRALES DE GÉOMÉTRIE ET DE PHYSIQUE. 67
Classe de Troisième. 67
22. Notions de Géométrie. 67
23. Notions de Physique. 68

NOTIONS DE CHIMIE ET DE COSMOGRAPHIE. 69
Classe de Seconde. 69
24. Chimie. 69
25. Cosmographie. 70

NOTIONS D'HISTOIRE NATURELLE. 71
Classe de Rhétorique. 71
26. Notions générales d'Histoire Naturelle : zoologie, botanique, géologie. 71

MATHÉMATIQUES ET PHYSIQUE. 75
Classe de Logique. 75
27. Arithmétique. 75
28. Géométrie plane. 76
29. Géométrie à trois dimensions. 77
30. Physique. 78

(174)

III. Enseignement particulier a la section des sciences. 80

 Arithmétique et Algèbre. 80
31. *Classe de Troisième.* — Arithmétique, notions préliminaires d'Algèbre. 80
32. *Classe de Seconde.* — Algèbre. 82
33. *Classe de Rhétorique.* — Arithmétique et Algèbre, révision. 84

 Géométrie. 84
34. *Classe de Troisième.* — Figures planes. 84
35. *Classe de Seconde.* — Figures dans l'espace. 87
36. *Classe de Rhétorique.* — Notions sur quelques courbes usuelles. 89

 Applications de la Géométrie élémentaire. 91
37. *Classe de Troisième.* — Levé des plans. 91
38. *Classe de Seconde.* — Notions sur la représentation géométrique des corps, à l'aide des projections. 92
39. *Classe de Rhétorique.* — Notions sur le nivellement et ses usages. 92

 Trigonométrie. 93
40. *Classe de Seconde.* — Trigonométrie rectiligne. 93
41. *Classe de Rhétorique.* — Trigonométrie: révision. 94

 Cosmographie. 95
42. *Classe de Rhétorique.* — Cosmographie. 95

 Physique et Mécanique. 97
43. *Classe de Troisième.* — Notions préliminaires; équilibre des liquides et des gaz. 97
44. *Classe de Seconde.* — Fluides impondérables; acoustique. 98
45. *Classe de Rhétorique.* — Mécanique. 101

 Chimie. 104
46. *Classe de Troisième.* — Généralités; corps simples non métalliques. 104
47. *Classe de Seconde.* — Révision et complément des généralités; métaux et leurs composés. 105
48. *Classe de Rhétorique.* — Métallurgie; notions générales de chimie organique. 107

 Histoire Naturelle. 108
49. *Classe de Troisième.* — Notions générales et principes de classifications. 108

1. *Classe de Rhétorique.* — Zoologie et physiologie animale. — Botanique et Physiologie végétale. — Géologie.   110

DESSIN LINÉAIRE ET D'IMITATION.   114
. *Classes de Troisième, Seconde et Rhétorique.* — Dessin linéaire. — Dessin d'imitation.   114

NOTIONS ÉLÉMENTAIRES DE LOGIQUE.   116
2. *Classe de Rhétorique.* — Notions élémentaires de logique.   116

CLASSE DE LOGIQUE.   117
3. Révision de l'enseignement scientifique.   117

CLASSE DE MATHÉMATIQUES SPÉCIALES.   118
4. Enseignement des mathématiques spéciales.   118

PROGRAMMES TRANSITOIRES.   119
5. *Classes de Troisième, de Seconde et de Rhétorique.*   119
    Année de Logique.
    Classe de Mathématiques spéciales.   125

PROGRAMMES ANNEXÉS.   129
PROGRAMME DE LA CLASSE DE MATHÉMATIQUES SPÉCIALES.   129
ANNÉES SCOLAIRES 1852-1853 et 1853-1854.   130
Arithmétique.   130
Géométrie.   130
Algèbre.   131
Trigonométrie.   136
Application de la géométrie et de la trigonométrie au levé des plans.   137
Géométrie analytique.   138
Mécanique.   145
Physique.   149
Chimie.   149
Cosmographie.   149
Langue française et langue latine.   150
Langue allemande.   150
Dessin géométrique, lavis, dessin d'imitation.   150
ANNÉE SCOLAIRE 1854-1855 ET ANNÉES SUIVANTES.   151
Géométrie.   151
Algèbre.   151
Trigonométrie.   151
Géométrie analytique.   151

Géométrie descriptive. 151
Mécanique. 151
Physique. 151
Chimie. 155
Langue française. 161
Langue allemande. 161
Dessin géométrique, lavis, dessin d'imitation. 162

PROGRAMME DE L'ENSEIGNEMENT DU DESSIN. 163
PROGRAMME DE L'ENSEIGNEMENT DE LA GYMNASTIQUE. 165

FIN.

INSTRUCTION GÉNÉRALE

SUR

L'EXÉCUTION DU PLAN D'ÉTUDES

DES LYCÉES.

Monsieur le recteur, l'exacte observation des règlements d'études[1] qui, depuis deux ans, ont renouvelé les méthodes de l'enseignement secondaire, est désormais remise à vos soins. C'est une des parties les plus importantes de la mission que le gouvernement de l'Empereur vous a confiée. Pour faciliter l'accomplissement de cette tâche délicate, j'ai voulu tracer dans une Instruction générale toutes les prescriptions qui peuvent assurer le succès des nouveaux programmes. Le temps qui s'est écoulé depuis leur promulgation a permis de poser et de résoudre la plupart des objections qu'ils peuvent soulever. Le moment est venu de fixer le sens et d'éclairer la pratique des différentes parties de l'enseignement des lycées.

Je me propose de résumer, sous une forme méthodique et précise, d'une part, les avis particuliers que l'administration de l'instruction publique a déjà donnés sur les points essentiels de l'arrêté du 30 août 1852 ; de l'autre, les conseils si précieux que les professeurs de toutes les classes, depuis le maître élémentaire jusqu'au professeur de mathématiques spéciales, ont reçus de l'expérience consommée et de la haute raison de MM. les inspecteurs généraux.

Après avoir pris une large part à la préparation des programmes d'études, l'inspection générale a été chargée d'en surveiller l'exécution et d'en faire pour ainsi dire le commentaire verbal devant chacun des professeurs qui devaient les appliquer. Dépositaires fidèles de la pensée de l'administration supérieure, dont ils avaient pu se pénétrer dans nos fréquentes conférences, MM. les inspecteurs généraux, par leur intervention personnelle, ont, dès le début de l'avant-dernière année classique, rectifié les erreurs et empêché les déviations ; en assignant à chacune des parties

---

1. Voir, à la suite de cette Instruction, les décrets et arrêtés rendus pour l'exécution du plan d'études.

de l'enseignement sa place, ses limites et son caractère, ils n'ont pas peu contribué au succès du nouveau régime scolaire des lycées. C'est à l'aide de leurs notes et de leurs souvenirs que j'ai rédigé la présente instruction générale. Il faut, en conservant la trace de ces utiles leçons, montrer une fois de plus qu'au milieu de la société régénérée, l'Université impériale saura atteindre le but nouveau qui lui a été assigné, et que, si elle a promis aux familles de préparer leurs enfants pour les carrières diverses de la vie, elle est en mesure, par la fermeté de sa discipline et par la perfection de ses méthodes, de tenir toutes ses promesses.

L'Université a même des vues plus hautes; elle se propose de faire des hommes, et elle veut les former, non-seulement par un système d'enseignement approprié aux besoins de notre époque, mais encore par l'éducation, dont l'instruction proprement dite n'est qu'une des parties.

La nature de l'homme se composant d'un corps et d'un esprit, et l'esprit d'une volonté et d'une intelligence, l'éducation a trois parties distinctes, mais inséparables dans un plan d'études bien entendu : l'instruction, qui s'applique à l'intelligence; l'éducation, qui se dit proprement de la culture de la volonté; enfin le soin du corps, en vue des deux premiers objets, et parce que la santé du corps est nécessaire à celle de l'esprit.

Ces trois grands objets, l'administration de l'instruction publique les embrasse également dans sa sollicitude; elle y a pourvu, pour ce qui concerne l'enseignement secondaire, par un ensemble de mesures dont il importe de faire bien comprendre la portée et de diriger l'application.

Enseignement religieux. — N'oublions jamais que le fond de l'enseignement secondaire est la culture morale et intellectuelle de la jeunesse, et que la première place appartient à la culture morale; car le but par excellence de la vie est de faire le bien.

« Le soin de l'âme, dit l'illustre abbé Fleury, est le plus
» pressant, et il importe plus de bien conduire la volonté
» que d'étendre les connaissances. La première étude doit
» donc être celle de la vertu. Tous les hommes ne sont pas
» obligés d'avoir de l'esprit, d'être savants ou habiles dans
» les affaires, de réussir dans quelques professions; mais il
» n'y a personne, de quelque sexe et de quelque condition
» que ce soit, qui ne soit obligé à bien vivre. Tous les autres
» biens sont inutiles sans celui-ci, puisqu'il en montre l'u-
» sage; on n'en a jamais assez, et la plupart des gens en
» ont si peu, que l'on voit bien la difficulté de l'acquérir.

1.

» On ne peut donc y travailler de trop bonne heure, et il
» ne faut pas croire qu'il faille différer la morale jusqu'à la
» fin des études, et n'y donner qu'un peu de temps, pour
» passer ensuite à une autre étude. Il faut la commencer
» dès le berceau, du moins dès que l'on vous met un en-
» fant entre les mains, et la continuer tant qu'il est sous
» votre conduite ; encore n'avez-vous rien fait, s'il ne sort
» d'avec vous résolu de s'y appliquer toute sa vie[1]. »

Un soin d'un ordre si élevé appartient principalement à la religion ; c'est à elle qu'il est réservé d'établir dès l'enfance dans notre âme, en nous faisant connaître les dogmes du christianisme, les véritables fondements de la morale, de nous apprendre à distinguer le bien du mal, de nous enseigner à bien vivre.

Dans les lycées, l'instruction religieuse tient maintenant le rang et la place qui lui sont dus, et la société ne saurait trop attendre d'un tel enseignement, donné sous la direction et la surveillance des évêques, par des ecclésiastiques instruits, pleins de zèle et animés d'une affection paternelle pour la jeunesse.

Jusqu'à ces derniers temps, cet enseignement ne faisait point partie intégrante du plan d'études, et les élèves internes y étaient seuls admis ; aucun encouragement régulier, aucune récompense solennelle ne venaient le soutenir et l'animer.

L'arrêté du 29 août 1852 a donné à l'enseignement religieux des développements nécessaires. Préparé par les soins des vénérables prélats qui siègent au conseil impérial de l'instruction publique, ce règlement a obtenu l'assentiment unanime du conseil, et il doit porter les plus heureux fruits, si, comme on ne peut en douter, tous les maîtres de la jeunesse s'empressent de concourir à l'exécution des mesures qu'il prescrit.

Les parents des élèves externes doivent être invités chaque année à faire connaître s'ils désirent que leurs enfants prennent part à l'instruction religieuse ; la même invitation est faite aux maîtres de pension comme représentants des familles dont les enfants leur sont confiés. L'administration accueillera toujours avec empressement les élèves externes qui auront répondu à son appel.

En ordonnant que les élèves de la section des lettres et ceux de la section des sciences reçussent en commun l'instruction religieuse, nous n'avons point entendu que les élèves des diverses classes de ces deux sections ne forme-

1. *Du Choix des études.*

raient qu'une seule division ; si leur nombre est assez grand pour en exiger plusieurs, des subdivisions seront établies, et chacune d'elles se composera d'élèves de l'une et de l'autre section.

Les compositions sur les matières de l'enseignement religieux sont désormais obligatoires; il y a pour chaque division une composition par trimestre : celle du dernier trimestre compte pour trois.

C'est à NN. SS. les évêques qu'est exclusivement réservé le droit de dresser le programme de l'instruction religieuse. MM. les aumôniers doivent se conformer avec l'exactitude la plus scrupuleuse à la direction qu'ils reçoivent de l'autorité diocésaine.

L'aumônier assistera habituellement aux prières du soir et du matin; le proviseur et le censeur s'y rendront le plus souvent qu'il leur sera possible; les prières de la classe, celles des repas, la récitation des versets de l'Écriture sainte, devront toujours être faites avec attention et recueillement.

Mais le zèle le plus dévoué, les instructions les plus fréquentes resteraient sans résultats, s'ils n'étaient constamment soutenus, soit par des conseils et des préceptes pratiques appliqués aux circonstances, soit surtout par des exemples, qui sont, pour la jeunesse, les plus fortes et les plus profitables des leçons.

Aussi tous les fonctionnaires, sans exception, ne doivent-ils rien négliger pour que les nouvelles dispositions relatives à cet enseignement soient fidèlement exécutées. Il faut qu'on sente qu'ils attachent au succès des leçons d'instruction religieuse toute l'importance qui leur appartient.

Nos efforts assidus tendront non-seulement à donner aux enfants une connaissance de la religion aussi solide, aussi exacte, aussi complète que le comporte leur âge, mais encore à leur faire contracter de bonne heure et d'une manière durable les habitudes qu'elle commande, et à les pénétrer profondément de tous les sentiments qu'elle inspire.

Ce que nous disons de la partie catholique des élèves des lycées s'applique aux enfants qui appartiennent aux autres cultes reconnus par les lois du pays : ils ont droit à la même vigilance, aux mêmes conseils, sous l'autorité des consistoires de leurs cultes respectifs.

Maîtres répétiteurs.—Comme les leçons et les exemples tirent leur principale force de l'autorité morale des personnes qui les donnent, on s'est appliqué avec un soin particulier à relever la condition des maîtres qui sont le plus souvent et le plus immédiatement en rapport avec les élèves.

Le décret du 17 août 1853, en substituant aux maîtres d'études des maîtres-répétiteurs, a introduit, dans le corps enseignant, une amélioration qui a été accueillie par les marques non équivoques de la reconnaissance des familles.

Placés en quelque sorte en dehors de l'enseignement, les maîtres d'études n'obtenaient peut-être pas des élèves toute la considération personnelle qui leur était nécessaire; chargés aujourd'hui d'un rôle plus important, les maîtres-répétiteurs emprunteront à l'autorité nouvelle qui leur a été conférée l'influence dont ils ont besoin.

Ils n'oublieront pas que dans le lycée ils sont les auxiliaires indispensables de tous les fonctionnaires au dévouement desquels sont confiés le perfectionnement moral, le progrès intellectuel et le bien-être physique de l'enfance. S'ils sont les agents directs de la discipline et de l'ordre intérieur, l'instruction religieuse, l'enseignement littéraire, l'enseignement scientifique réclament aussi leur aide et leur concours. Surveillants assidus des élèves, ils assistent et se mêlent à leur vie, à leurs travaux, à leurs jeux, et pour que ce commerce de tous les moments n'engendre pas d'un côté la contrainte, de l'autre la méfiance, il importe qu'il soit constamment bienveillant et utile.

La discipline doit, par sa nature, rencontrer des caractères indociles ou insouciants. En les pliant aux exigences de la règle, le maître répétiteur n'aura jamais en vue que l'effet moral de cette coaction. Par là, il se préservera, en toute circonstance, des mouvements d'impatience ou de dépit qui donnent à la répression l'apparence d'une lutte, quelquefois même d'une vengeance. D'ailleurs le plaisir qu'il montrera à distribuer les récompenses et les encouragements fera accepter avec plus de facilité la rigoureuse nécessité des punitions.

C'est surtout pour cette raison qu'il est à désirer que les maîtres répétiteurs soient intimement pénétrés de l'esprit du règlement du 7 avril 1854 sur le régime disciplinaire des lycées. Pour s'y montrer fidèles, ils doivent chercher moins à réprimer les fautes scolaires qu'à les prévenir, et à graver fortement dans les cœurs la loi du devoir, qui est la meilleure sauvegarde de la discipline.

L'ordre sera facile à conserver si l'on en comprend bien toute l'importance. Il consiste dans la régularité sévère des exercices et des mouvements, dans la bonne tenue des élèves; et la vigilance des maîtres répétiteurs doit s'étendre sur tous ces points à la fois.

Le meilleur moyen qu'aient les maîtres répétiteurs de faire observer la discipline, c'est de s'y conformer eux-mêmes avec la plus entière exactitude, et d'en être, en quelque sorte, un modèle parfait. On n'inspire jamais mieux aux autres l'amour du devoir que lorsqu'on s'y montre soi-même dévoué. Dans la patience, dans l'égalité d'humeur, dans les sentiments bienveillants et affectueux du maître, il y a quelque chose qui touche et gagne les élèves à leur insu et qui finit par passer dans leurs habitudes. Il se forme, de tous ces rapports du maître et des élèves, un esprit de famille qui se répand de proche en proche, et auquel il est difficile d'échapper. Cet esprit s'entretient, se fortifie de toute l'attention donnée aux manières d'être, au langage, au ton des élèves dans leurs rapports avec leurs condisciples ou avec leurs supérieurs.

Tel est le caractère général qui doit marquer toutes les relations des maîtres répétiteurs avec les élèves. Sans exclure la sévérité, il la rendra à la fois plus sûre et plus ferme, tout en faisant naître la confiance.

L'intervention empressée et paternelle des maîtres répétiteurs dans tous les détails du service qui se rapportent au bien-être des élèves, augmentera cette confiance en y mêlant un sentiment de reconnaissance.

C'est ainsi que les maîtres répétiteurs acquerront sur la jeunesse un ascendant durable et qu'ils se rendront capables de développer les germes de vertu et les principes de morale déposés dans les cœurs par une instruction religieuse bien dirigée. Ils en seconderont la bienfaisante influence, en s'attachant à faire observer dans tous les exercices religieux auxquels ils président, la gravité qui y convient; ils réussiront sûrement en s'y associant de cœur, et en s'y montrant eux-mêmes tels qu'ils désirent y voir leurs élèves.

Pendant les récréations, la vigilance ne doit pas se ralentir : c'est dans la liberté des jeux et des conversations que se trahissent les penchants et le caractère des enfants. C'est là qu'une observation intelligente découvre des symptômes, des tendances, des habitudes qui révèlent le naturel; c'est là qu'un maître habile recueille de précieuses lumières, qu'il s'empresse, dans l'intérêt des élèves, de communiquer à ses chefs.

Par cet ensemble de soins, de conseils, d'exemples et d'observations, les maîtres répétiteurs s'acquitteront de la part qui leur est dévolue dans l'éducation des élèves et rempliront utilement les plus délicats de leurs devoirs.

La seconde partie de leur mission, celle qui concerne le bon emploi du temps et la direction du travail dans les salles d'étude, ne contribuera pas moins aux progrès de la jeunesse et à leur propre considération.

Cette tâche varie selon l'âge des élèves et selon le degré de l'enseignement qui leur est donné : elle demande un tact et un zèle dont le secret est surtout dans l'amour éclairé de la jeunesse et dans le désir ardent de seconder ses efforts.

La règle générale est d'abord de faciliter l'application de chacun en faisant garder à tous un silence profond; c'est ensuite d'empêcher que les difficultés au-dessus de la force des élèves ne les rebutent et ne les découragent, et que leur attention ne se dissipe en changeant capricieusement d'objet.

Un des premiers soins des maîtres répétiteurs est la révision des textes dictés. Il ne saurait y avoir de travail profitable, si la matière même de ce travail n'est pas très-nettement transcrite. En conséquence, tout maître répétiteur, chargé d'une étude, fera tenir successivement par les meilleurs élèves un cahier spécial où seront écrits tous les textes dictés par le professeur, qui les reverra et s'assurera de leur exactitude. Ce cahier-modèle permettra de rectifier, sans perte de temps, les cahiers particuliers des élèves.

Dans chaque salle d'étude, le maître répétiteur s'assurera également que tous les devoirs sont faits en temps utile, et que les leçons ont été apprises. Tous les jours il examinera les devoirs et fera réciter les leçons d'un certain nombre d'élèves, et mentionnera soigneusement ses observations sur le cahier de correspondance par lequel il se met en relation avec les différents professeurs de l'établissement. Toute espèce de travail doit avoir sa vérification et son contrôle dans la salle d'étude; et nul élève pensionnaire ne doit se présenter en classe sans que le maître répétiteur ait préalablement vérifié si sa tâche quotidienne a été régulièrement accomplie.

Dans la division élémentaire et dans la division de grammaire, il sera souvent utile de rappeler à certains élèves les règles de la grammaire dont ils ont à faire l'application dans leurs devoirs. Au début des études classiques, l'enfant a besoin d'apprendre à travailler et à se servir des livres qui sont pour lui des instruments nouveaux. Un mot dit à propos épargne souvent une perte de temps regrettable.

Dans la section littéraire de la division supérieure, l'assistance du maître répétiteur, sans entrer autant dans le détail minutieux du travail, n'en sera pas moins efficace. Jeter de la lumière et de l'intérêt sur le sujet à traiter, soit en conseillant quelque lecture qui fournirait des éclaircissements historiques, soit en indiquant quelques passages d'auteurs qui se prêteraient à la comparaison ou à l'imitation ; signaler les inadvertances ou les négligences qui défigureraient une composition ; provoquer des retouches heureuses ou une révision attentive et sévère, sont des moyens par lesquels on peut aider le travail des élèves sans lui ôter le caractère d'une œuvre personnelle.

Par cette coopération utile et discrète, le maître répétiteur fera estimer et honorer ses fonctions. Les élèves sentiront que ce n'est pas seulement un surveillant placé auprès d'eux, mais un guide et un appui. Il s'habitueront à respecter celui qui leur aplanit les voies de l'étude, et leur respect croîtra lorsqu'ils retrouveront le même fonctionnaire soit dans les répétitions, qui complètent pour eux l'enseignement de la classe, soit dans la classe même, où il peut être appelé à suppléer le professeur. Ils sauront d'ailleurs qu'en dirigeant leurs travaux, il se prépare lui-même par des travaux d'un ordre supérieur à la carrière du professorat, et ils reconnaîtront que celui qui se montre si appliqué pour son propre compte a droit d'exiger d'eux une sérieuse application.

Dans les salles exclusivement ou principalement affectées aux élèves de la section scientifique, on a l'habitude de réunir, devant un tableau noir, les élèves par groupes de deux ou de trois, pour revoir en commun les matières de l'enseignement, et s'exercer sur les questions qui doivent être étudiées dans l'intervalle d'une classe à l'autre. Cette pratique peut être fructueuse, et le maître répétiteur, tout en prenant les précautions nécessaires au maintien de l'ordre général, ne saurait mieux faire que de s'associer de temps en temps aux exercices des différents groupes, en intervenant à propos pour préciser une question ou pour résoudre une difficulté. Les chefs d'établissement ne manqueront pas de préposer à la direction des exercices de cette catégorie d'élèves, ceux des maîtres répétiteurs qui ont eux-mêmes une vocation spéciale pour l'enseignement des sciences et dont les grades indiquent l'aptitude. Cette vocation sera sans cesse entretenue et développée par les mesures qui ont été prises pour assurer aux maîtres répétiteurs, dans tous les lycées, les moyens de poursuivre leurs propres études et d'arriver aux grades supérieurs aussi bien dans les sciences que dans les lettres. Ainsi, dorénavant, quels que soient le genre d'études auquel les élèves s'appliquent spécialement et le degré de l'enseignement qu'ils reçoivent, ils pourront trouver, dans le maître qui les surveille et les dirige, qui vit avec eux de la vie commune, non-seulement des sympathies et des encouragements, mais des conseils et des secours efficaces.

Comme une partie considérable de l'éducation proprement dite, la culture morale a son fondement dans l'instruction même, les maîtres répétiteurs ne négligeront, non plus que les professeurs, aucune occasion d'emprunter à l'une tout ce qui peut servir à l'autre. Les lettres, l'histoire, la philosophie, leur donneront continuellement sujet de montrer aux élèves le mal et le vice méprisables et haïssables, et toutes les vertus dignes d'estime et d'amour. Mais il importe d'éviter tout ce qui pourrait en ce genre avoir la moindre apparence d'affectation; l'enseignement moral doit sortir naturellement de la leçon littéraire.

« Il faut, dit Fleury, ménager extrêmement les instruc-
« tions de morale, et les proportionner à l'ouverture d'es-
« prit du disciple et encore plus à la force de son âme; il
« faut être toujours attentif pour épier les occasions de le
« faire utilement, sans s'arrêter à l'ordre que l'on s'est
« proposé dans les études. Souvent, à l'occasion d'une
« faute que votre disciple aura faite, ou d'une réflexion
« qui viendra de lui-même ou que vous lui ferez faire en
« lisant une histoire ou un livre d'humanités, vous trou-
« verez lieu de l'instruire de quelque maxime importante
« ou de le tirer de quelque erreur. Ne perdez pas ces con-
« jonctures si précieuses, quittez tout pour la morale; les
« occasions de lui enseigner l'histoire ou les humanités
« reviendront assez; mais il ne reviendra peut-être pas
« dans une disposition si favorable, et ce que l'on dit ainsi
« comme hors-d'œuvre et comme sans dessein profite beau-
« coup plus, pour l'ordinaire, que ce que l'on dit dans
« une leçon en forme, où l'écolier est sur ses gardes, parce
« qu'il voit que vous voulez parler de morale. Il ne faut
« point craindre les digressions qui vont à quelque chose
« de plus utile que le sujet que l'on s'était proposé[1]. »

Ces règles morales, que j'abrége à regret, mais dont chaque membre du corps enseignant doit trouver dans son cœur le commentaire et le complément, présideront à tous les exercices de la division élémentaire, de la division de grammaire et de la division supérieure; ce sont elles sur-

---

1. *Du Choix des études.*

tout qui pourront perpétuer le succès du nouveau plan d'études auquel la présente Instruction est principalement consacrée. Au milieu de la grande variété d'objets que ce programme embrasse, je ne craindrai pas d'entrer dans quelques considérations trop minutieuses peut-être ou trop techniques en apparence, mais qui n'en sont pas moins d'un haut intérêt. Aucun détail n'est à dédaigner, aucune précaution n'est superflue lorsqu'il s'agit de faire pénétrer la lumière d'une manière plus rapide et plus sûre dans l'intelligence des enfants, et de leur épargner des difficultés qui rendent le travail ingrat et stérile.

Pour l'exposé qui va suivre, je m'attacherai à l'ordre même du programme des études.

I. DIVISION ÉLÉMENTAIRE.

Objet des classes élémentaires. — Dans le nouveau plan d'études des lycées, le cours classique proprement dit comprend sept années, depuis la *sixième* jusqu'à la *logique* inclusivement. Il est précédé par un enseignement élémentaire, destiné à donner aux enfants les notions préliminaires sans lesquelles l'étude des grammaires et des langues manquerait de base. La bonne direction de cet enseignement préparatoire importe donc essentiellement au succès du système entier. Les deux classes élémentaires sont comme le vestibule de l'édifice. Elles doivent s'y adapter parfaitement et en montrer déjà le caractère. Les maîtres qui dirigent ces classes ne sauraient se pénétrer trop soigneusement de l'esprit des changements apportés au programme de cette indispensable et délicate initiation.

Leur institution. — Les classes élémentaires n'ont qu'un objet, la préparation au cours de sixième. L'arrêté du 27 mars 1810 qui les a instituées n'en déterminait pas le nombre : il faisait mention d'une ou de plusieurs classes de ce genre pour les élèves qui ne seraient pas en état de suivre le cours de grammaire. Plus tard le statut du 4 septembre 1821 a reconnu expressément deux classes élémentaires ; mais le tableau de la répartition des études annexé à l'arrêté du 25 août 1840 n'en mentionnait plus qu'une, la *septième*.

Développement excessif de leur enseignement. — C'est

dans ce cadre assez vague que l'enseignement élémentaire des lycées, surtout de ceux de Paris, s'était successivement développé, au point de devenir non plus seulement une préparation à la classe de sixième, mais un cours complet de grammaire latine en trois années, dans lequel on faisait entrer prématurément les matières réservées aux classes régulières de grammaire. Dès la *neuvième*, au début, l'étude de la grammaire latine marchait de front avec l'étude de la grammaire française, et ne tardait pas à primer toutes les autres parties du travail ; on expliquait l'*Epitome historiæ sacræ*. En *huitième* on poussait l'étude de la grammaire latine jusqu'à la *méthode*, ou syntaxe des propositions, et l'on expliquait généralement, outre l'*Epitome historiæ sacræ*, soit le *De viris*, soit l'*Epitome historiæ græcæ*. Enfin en *septième* on achevait la *grammaire latine* et, outre le *De viris*, on expliquait le *Selectæ* ou *les Fables de Phèdre*. Ainsi, avant d'entrer en *sixième*, la première des trois classes spécialement consacrées aux études grammaticales, on avait appris une première fois les deux *grammaires* française et latine ; on avait mal vu ce qu'on allait commencer à revoir sans intérêt et sans curiosité.

Inconvénients de ce développement exagéré. — Les désavantages de cet état de choses étaient devenus manifestes : l'étude de la langue française n'était ni assez développée, ni assez affermie par la pratique, soit orale, soit écrite, dans l'enseignement élémentaire. L'étude du latin y commençait trop tôt, y tenait trop de place, abordait trop vite les difficultés grammaticales, n'était pas assez méthodiquement graduée. Ainsi la base de l'enseignement des langues anciennes manquait de solidité ; l'esprit des enfants se rebutait de la monotone répétition des mêmes études grammaticales ; enfin, sans profit réel pour la culture littéraire, on reculait d'une année le terme du cours classique, au grand détriment des élèves qui devaient, à un âge déterminé, se présenter aux examens des écoles spéciales.

Avantages du nouveau programme. — Le nouveau programme remédie à ces inconvénients. L'étude simultanée de la grammaire latine et de la grammaire française ne compliquera plus, dès le point de départ, les difficultés de l'éducation. Les deux théories grammaticales, également inconnues à l'élève qui débute, loin de s'éclairer réciproquement, ne pouvaient qu'augmenter la confusion dans son intelligence. Les nouveaux programmes n'attribuent à la classe de *huitième*, ou classe de commençants dans les lycées, que la langue française et les parties les plus faciles de sa grammaire. La meilleure préparation à l'étude du latin est l'analyse de la langue maternelle, faite en vue des autres études dont elle sera l'instrument et le point d'appui. C'est dans cette langue que l'enfant peut apprendre à discerner la fonction des diverses espèces de mots, se familiariser avec le mécanisme des conjugaisons, la diversité des modes, les rapports des mots et des propositions, et s'accoutumer, par de faciles applications, à l'intelligence des règles générales de la grammaire, qu'il retrouvera plus ou moins modifiées dans les langues anciennes.

L'étude du français, après avoir disposé les enfants à mieux comprendre les notions élémentaires de la grammaire latine, reste en *septième* un des principaux objets de l'enseignement, et devient dès lors un terme de comparaison fort utile. En attendant qu'il soit possible, comme je le désire très-vivement, d'enseigner les trois grammaires classiques d'après une méthode uniforme ou du moins plus exactement analogue, il était indispensable de graduer avec un soin particulier les efforts imposés aux élèves.

L'année de *septième* doit suffire pour familiariser avec le mécanisme des déclinaisons et des conjugaisons latines et avec l'application des règles les plus simples de la syntaxe, des enfants déjà initiés aux principes de la grammaire par l'étude du français. L'introduction à l'étude de la langue latine est donc l'objet spécial de cette classe. Restreint dans les limites du programme nouveau, cet enseignement ne dépassera la portée d'aucun des élèves, et s'il est donné avec intelligence et méthode, il les mettra tous en état de profiter du cours de *sixième*, où ils trouveront des notions grammaticales plus fortes, plus développées, et qui auront l'intérêt d'un enseignement nouveau.

Ainsi assurée au départ, la marche des études sera plus ferme et plus prompte. Grâce à la nouvelle répartition du travail, les élèves, après le cours de grammaire, arriveront dans la division supérieure, aussi instruits qu'autrefois, mais plus méthodiquement préparés, et, répétons-le, avec le bénéfice considérable d'une année d'avance.

Procédés et méthodes d'enseignement. — Pour donner aux nouveaux programmes toute leur efficacité, il est nécessaire que les maîtres élémentaires modifient quelques-unes de leurs anciennes habitudes. L'étude du français dans l'une et l'autre classe doit s'attacher bien plus au génie même de la langue qu'aux formes techniques de la grammaire. C'est dans les textes de Fénelon et dans les dictées toujours empruntées à des écrivains classiques, qu'il faut apprendre aux enfants à reconnaître ce qui fait la justesse et la correction du langage. C'est de là qu'il faut faire sortir la première exposition des règles grammaticales, dont on retrouvera plus tard la formule dans la *grammaire*. Les formules techniques ne doivent que résumer et préciser des notions préalablement développées par le maître et devenues familières aux enfants. La même méthode sera utilement employée pour le latin. La lettre toujours aride et trop souvent insuffisante des grammaires élémentaires, tirera son intérêt et sa lumière des souvenirs qu'elle réveillera dans l'esprit de l'élève. Cette marche laisse encore à chaque maître la faculté d'élargir, dans la proportion de son habileté et de la curiosité qu'il saura provoquer, le cadre de l'enseignement oral, sans dépasser les limites assignées à l'étude des grammaires et des textes dans chacune des classes élémentaires.

Ainsi l'enseignement du français et du latin recevra un secours immédiat et continu de l'explication et de la récitation des textes prescrits pour les leçons, qui se rattacheront plus intimement aux études grammaticales.

Les autres travaux qui, dans la *huitième*, s'allient à l'étude du français, dans la *septième* à l'étude du français et du latin, tels que les exercices de lecture et de calcul, l'enseignement de l'histoire sainte et de la géographie, outre leur utilité particulière, ont l'avantage d'être les plus propres à développer chez l'enfant la réflexion, la mémoire et le raisonnement. C'est à ce résultat que doit tendre toute la classe. Faire rendre compte oralement de ce qui a été lu ou expliqué, revenir par de fréquentes interrogations sur les précédentes leçons d'histoire sainte et de géographie, dicter de courtes et faciles questions sur les parties les plus intéressantes et les mieux comprises des leçons et des matières enseignées, et exiger une réponse écrite, formulée en quelques mots, sont d'excellentes pratiques, qu'on ne saurait trop recommander; elles concourent à fixer les idées de l'élève, et l'aident à trouver les expressions qui répondent le mieux à ce qu'il veut dire. Une réponse, soit orale, soit écrite, énoncée avec clarté et correction, dénote un véritable progrès, et mérite des encouragements.

On ne laissera jamais de longs intervalles entre les exercices du même genre. Le mieux serait de réserver chaque jour, dans la répartition du temps des classes, quelques moments pour chacun de ces exercices. La suite et la continuité de l'attention doublent la force intellectuelle des enfants.

La récitation des livres prescrits par le plan d'études doit occuper la première place parmi les exercices relatifs à l'histoire sainte et à la géographie.

Dans les exercices de calcul et dans les opérations faites au tableau, il est essentiel que les élèves s'accoutument à employer les expressions les plus simples et les plus exactes, afin qu'en abordant plus tard l'étude de l'arithmétique, sous un professeur spécial, ils n'aient point à réformer les habitudes d'un langage impropre ou diffus.

La récitation des leçons constitue, dans les classes élémentaires surtout, une partie fondamentale de l'enseignement : elle demande un soin particulier. Une prononciation nette, convenablement accentuée, un débit intelligent, contribuent à donner aux enfants un langage clair et choisi; on doit les y façonner de bonne heure.

Sans entrer dans de plus longs détails sur la direction des diverses parties de l'enseignement élémentaire, il suffit d'indiquer, par un petit nombre de règles générales, l'esprit de la méthode qui peut en assurer le succès, et dont il est facile de combiner l'observation avec la variété des procédés que chaque maître peut adopter :

I. Ne jamais rien faire apprendre par cœur qui n'ait été préalablement bien expliqué et bien compris, et ne pas donner pour chaque classe plus de deux leçons à réciter;

II. S'assurer par de fréquentes interrogations que les notions déposées dans l'intelligence des enfants y ont laissé quelque trace et y ont porté quelque lumière;

III. Faire le plus souvent possible usage du *tableau noir* pour les divers exercices ;

IV. Donner toujours les devoirs dans la mesure où il est facile à tous les élèves de les bien faire, et n'imposer aucun travail écrit qui ne soit ensuite contrôlé et corrigé;

V. Ne jamais ajourner la correction des devoirs faits pour chaque classe, et exiger de chaque élève une écriture lisible, une orthographe et une ponctuation correctes;

VI. Exiger que tout devoir corrigé soit mis au net sur un cahier spécial;

VII. Ne faire apprendre dans les grammaires la formule des règles qu'après les avoir exposées et expliquées, et y avoir préalablement exercé les élèves;

VIII. Dans la lecture et l'explication des textes français, s'attacher scrupuleusement à bien faire saisir aux enfants le sens précis des mots, la valeur des locutions, les nuances des synonymes les plus usuels, et le lien que la dérivation établit entre les mots d'une même famille;

IX. Pour les questions dictées, soit de grammaire, soit d'histoire sainte ou de géographie, se renfermer strictement dans les notions bien expliquées aux élèves, et se borner à deux ou trois questions à la fois.

X. Faire faire oralement l'analyse grammaticale et le *mot à mot* des textes latins, et n'exiger le *mot à mot* par écrit que rarement et sur quelques phrases choisies.

L'enseignement élémentaire s'adressant à de très-jeunes enfants, il importe de distribuer le temps des classes de manière à soutenir l'attention sans la fatiguer. La variété des exercices aura cet avantage. Aussi doit-on inviter les professeurs à se conformer aux indications suivantes :

HUITIÈME.

Classes du matin.

Prière et récitation des leçons (grammaire française et auteurs français).	15 minutes.
Explication des leçons du lendemain.	15
Lecture.	15
Exercices (au tableau) d'applications de la grammaire française.	15
Correction du devoir d'orthographe et dictée d'un nouveau devoir.	30
Correction des réponses aux questions de grammaire, et dictée de nouvelles questions.	20
Exercices (au tableau) d'analyse grammaticale.	10

Classes du soir.

Prière et récitation des leçons (histoire et géographie).	15
Explication des leçons du lendemain.	15
Interrogations sur l'histoire et la géographie.	15
Lecture.	15
Révision du corrigé du devoir d'orthographe de la classe du matin.	15
Correction des réponses aux questions d'histoire et de géographie et dictée de nouvelles questions pour le lendemain.	25
Leçon pratique de calcul, au tableau.	20

SEPTIÈME.

Classes du matin.

Prière et récitation des leçons (grammaire latine et auteurs français)............	15 minutes.
Lecture et explication des leçons du lendemain.	15
Correction du devoir latin et dictée d'un nouveau devoir................	25
Correction des réponses aux questions de grammaire et dictée de nouvelles questions.	30

(Pendant le 2ᵉ semestre, 15 minutes sur 30 seront consacrées à la révision de l'*Epitome historiæ sacræ*.)

Exercices (au tableau) d'applications de la grammaire latine et d'analyse........	35

(Dans le 2ᵉ semestre, sur ces 35 minutes, on en consacrera 20 à l'explication de l'*Epitome historiæ sacræ*.)

Classes du soir.

Prière et récitation des leçons (grammaire française, histoire ou géographie)....	15
Lecture et explication des leçons du lendemain.	51
Interrogations sur l'histoire ou la géographie.	10
Correction des réponses aux questions d'histoire ou de géographie [1]........	20
Révision du corrigé du devoir latin du matin.	10
Correction du devoir d'orthographe et dictée d'un nouveau devoir............	30

(Sur ces 30 minutes, on en consacrera 15, pendant le 2ᵉ semestre, à la révision du corrigé de l'*Epitome*, expliqué le matin, et à une nouvelle explication du même ouvrage.)

Leçon pratique de calcul, au tableau....	20

Il est presque superflu de faire remarquer ici combien l'action personnelle du professeur et la sage distribution des conseils, des encouragements et des récompenses exer-

---

[1]. Dans le second semestre, on fera alterner les questions d'histoire ou de géographie et les dictées d'orthographe.

cent d'influence sur les dispositions et les progrès des enfants. A un âge où le sentiment offre plus de prise que la raison, il est essentiel que les élèves s'attachent au maître, si l'on veut qu'ils s'attachent au travail. Ces jeunes cœurs, qui ne demandent qu'à s'ouvrir, devinent promptement la sollicitude dont ils sont l'objet; et il est rare qu'ils ne s'empressent pas d'y répondre. L'ordre, la discipline, l'application s'obtiennent sans effort, quand le maître s'est mis en rapport de sentiments avec la classe. Le travail en devient plus facile, et les élèves font pour le professeur ce qu'ils ne feraient peut-être pas toujours pour le règlement.

II. DIVISION DE GRAMMAIRE.

Changements introduits dans l'enseignement des classes de grammaire. — Le nouveau règlement a introduit dans les classes de sixième, cinquième et quatrième, qui constituent la division de grammaire, quatre modifications importantes :

1° En raison de l'âge des élèves, l'enseignement a été étroitement circonscrit en sixième, mais il se relève en cinquième, et dépasse même son ancien niveau en quatrième;

2° L'enseignement de l'histoire et de la géographie, qui, grâce à une innovation longtemps réclamée, n'a plus pour objet exclusif les peuples de l'antiquité, mais qui s'occupe d'une manière particulière de notre propre pays, comme de ce qu'il y a de plus intéressant pour les enfants, a été confié aux professeurs ordinaires;

3° L'étude du calcul a été continuée, de classe en classe, jusqu'à la quatrième, où déjà est institué un cours régulier d'arithmétique et de géométrie élémentaires;

4° Un cours de grammaire comparée a été établi en quatrième, comme résumé des études grammaticales.

A ces exceptions près, l'enseignement des trois classes de grammaire reste le même, toujours fondé, comme par le passé, sur l'étude simultanée du français et des langues anciennes.

Examen d'admission. — Les élèves n'entrent en sixième qu'après avoir subi un examen d'aptitude, constatant qu'ils connaissent assez la grammaire française pour en appliquer passablement les règles, et qu'ils possèdent les premiers éléments du latin autant qu'il est nécessaire pour suivre l'explication des auteurs les plus faciles. Tel est le point de départ qu'il importe de bien fixer; les professeurs chargés de faire l'examen d'aptitude n'oublieront pas que de leur attention ou de leur négligence à cet égard dépend, en grande partie, l'avenir des études.

L'obligation de faire franchir par les élèves, en trois années, tout l'espace qu'ils mettaient autrefois quatre ou cinq ans à parcourir, impose aux professeurs la nécessité de redoubler de zèle, surtout de mieux employer le temps et d'appliquer des méthodes plus fermes à la fois et plus rapides.

Emploi du temps. — Hors des classes, le temps des élèves est rigoureusement mesuré. Le nombre et la longueur des devoirs doivent donc être calculés exactement sur cette mesure. Il importe à la santé des enfants et au libre développement de leurs facultés intellectuelles qu'ils ne soient pas surchargés de devoirs. En réduisant leur travail aux seuls exercices réellement utiles, on gagnera pour leur véritable instruction tout ce qui se perdait en fatigues superflues. Ce sera d'ailleurs un véritable soulagement pour eux de n'avoir plus affaire qu'à un seul professeur, de n'être plus exposés aux exigences de plusieurs maîtres, ni accablés par une accumulation de devoirs imposés souvent d'après des méthodes et des vues toutes différentes.

Afin que l'emploi du temps puisse être réglé uniformément dans tous les lycées de l'Empire, nous avons dressé, pour les classes de grammaire, comme pour les classes élémentaires, un tableau dont les dispositions devront être suivies avec exactitude par MM. les professeurs :

Classes du matin.

Prière et récitation des leçons, environ. . .	20 minutes.
Lecture et explication des leçons données pour la classe du lendemain matin.	10
Correction du devoir donné la veille.	45
Explication d'auteurs latins ou grecs; prière.	45

Classes du soir.

Prière et récitation des leçons, environ. . .	20
Lecture et explication des leçons données pour la classe du lendemain soir.	10

Révision du devoir corrigé le matin et mis au net.	10 minutes.
Dictée d'un devoir pour le lendemain matin. .	20
Explication d'auteurs latins ou grecs. . . .	45
Exercices de grammaire et d'orthographe française, de déclinaison ou de conjugaison latine ou grecque (calcul trois fois par semaine). prière.	15

Récitation des leçons. — Jamais il ne sera donné plus de deux leçons pour chaque classe, non compris les maximes de l'Écriture sainte qui se récitent le matin. Un plus grand nombre de leçons, ajoutant au morcellement des textes, en fait perdre de vue la suite, et rend à la longue l'esprit paresseux à saisir l'ensemble des idées ; de plus, il fatigue la mémoire et demande trop de temps pour la récitation.

Les leçons, ainsi réduites pour le nombre, pourront naturellement être un peu plus longues ; elles seront distribuées de la manière suivante :

Classes du matin.

Une ou deux maximes de l'Écriture sainte.
Un texte d'auteur latin.
Une leçon de grammaire latine et, à partir du second semestre de la classe de sixième, une leçon de grammaire latine ou de grammaire grecque alternativement; en quatrième, une leçon de syntaxe grecque ou de prosodie alternativement.

Classes du soir.

Un texte d'auteur français.
Une leçon de grammaire française, remplacée en cinquième et en quatrième par une décade de racines grecques.

Le texte français sera choisi parmi les morceaux les plus intéressants de l'ouvrage mis entre les mains des élèves. Si la suite des idées devait souffrir de quelques coupures indispensables, on ferait en classe la lecture et l'analyse des morceaux omis.

Les textes d'auteurs latins seront pris dans les passages récemment expliqués, et, en général, il ne devra pas s'écouler plus de deux ou trois classes entre l'explication et la récitation.

Dans les leçons de grammaire, on s'attachera surtout aux paradigmes et aux règles générales ; on passera les exceptions qui ne sont pas d'une application fréquente ; on laissera de côté tout ce qui n'est que subtilité ingénieuse ou théorie plus ou moins hasardée. Les observations que le professeur peut faire de vive voix, et qui gagnent à être présentées ainsi, ne seront pas apprises par cœur.

Les règles de la prosodie seront toujours accompagnées d'un exemple en vers.

Lecture et explication des leçons. — On ne saurait trop vivement recommander aux professeurs de faire lire et d'expliquer les leçons avant qu'elles soient apprises. C'est un des plus utiles exercices de la classe. Il facilite pour les élèves l'effort de mémoire que chaque leçon doit coûter. Il leur fait de bonne heure contracter l'habitude de ne rien lire et surtout de ne rien répéter sans le comprendre. Il donne sujet à un grand nombre d'observations, non-seulement sur la langue et sur le style, mais aussi sur le fond des choses ; et ainsi, à propos des idées du texte, il permet de faire entrer dans ces jeunes esprits une foule d'autres idées qui les intéressent par l'instruction même qui en découle.

C'est après la récitation des leçons du jour que cet exercice vient préparer les leçons du lendemain. Il s'applique particulièrement aux textes français, puisque les textes latins ont déjà été l'objet des exercices de traduction ; il ne s'applique pas moins aux leçons théoriques de grammaire, de prosodie, etc. Le professeur, en commentant ces leçons, y ajoute de nouvelles observations, de nouveaux exemples ; il s'assure par des interrogations fréquentes qu'il a été bien compris.

Tous les exemples donnés dans les grammaires à l'appui des règles seront expliqués littéralement.

Pour la prosodie, les exemples en vers seront non-seulement expliqués, mais scandés : s'il y en a plusieurs pour chaque règle, tous seront expliqués et scandés, mais un seul sera appris.

Les racines grecques que l'on fait apprendre en cinquième et en quatrième seront expliquées comme les autres leçons. D'abord, on développera le sens des vers techniques et les acceptions souvent cachées sous les mots. Ensuite on rappellera la déclinaison ou la conjugaison de chaque mot grec, autant du moins qu'on le pourra sans sortir des parties déjà connues de la grammaire, et sans empiéter sur celles qui restent à voir. On indiquera les mots français directement venus du grec, en montrant comment les lettres se permutent en passant d'une langue dans l'autre.

En quatrième, on commencera à expliquer la manière dont se forment régulièrement les mots composés d'éléments grecs, et l'on exercera les élèves à en former eux-mêmes.

J'insiste avec intention sur l'étude des racines grecques, plus nécessaire peut-être encore aux élèves qui, dans la division supérieure, suivront la section des sciences, qu'à ceux qui suivront la section des lettres. C'est, dans l'économie du nouveau plan d'études, une des parties les plus essentielles; la recommandation particulière dont elle est l'objet a été une des conditions expresses de l'adoption de nos réformes. Les professeurs qui ne s'y tiendraient pas rigoureusement, compromettraient l'équilibre que nous avons voulu établir entre toutes les connaissances utiles. Ils abaisseraient volontairement le niveau auquel notre honneur est engagé à maintenir l'éducation nationale.

Il est inutile d'ajouter que cette partie de la classe a besoin, comme les autres, d'être préparée par le professeur; qu'il doit consulter les meilleurs ouvrages sur la matière et y joindre ses propres recherches, afin d'apporter aux élèves une riche provision d'observations et d'exemples.

Dictée des devoirs. — Il n'est pas bon de donner les devoirs trop longtemps d'avance. Quand les élèves demeurent libres de changer l'emploi du temps dans les études, souvent les devoirs remis au dernier moment sont négligés.

Il ne faut pas non plus trop multiplier les devoirs dictés : on s'est plaint souvent avec raison qu'ils absorbaient le temps aux dépens de l'explication des auteurs. La dictée des devoirs aura lieu le soir pour le lendemain matin. Il n'y aura point de dictée le matin. L'intervalle entre la classe du matin et celle du soir, réduit par la leçon d'écriture ou de dessin, par le repas, par les récréations, et souvent par les répétitions et conférences, ne laisse guère de temps que pour préparer par écrit la traduction d'un passage des auteurs prescrits, ou pour mettre au net les corrigés.

Pour le nombre et pour la longueur des devoirs, le professeur tiendra toujours compte du temps disponible dans les études, et il se conformera sur ce point aux directions que les chefs de la maison ne négligeront pas de lui donner.

Tous les textes dictés sont transcrits, avec mention de leur date, sur un cahier tenu à jour par l'élève qui a obtenu la première place dans la dernière composition. A la fin de l'année ils sont remis au proviseur, qui en conserve la collection.

Une fois par semaine, autant que possible, il n'y a point

de dictée le soir ; on y supplée par l'indication d'un devoir non dicté (thème ou version) à prendre dans les auteurs qui sont entre les mains des élèves. Le temps gagné par la suppression de la dictée est employé à donner les places de la composition.

Correction des devoirs. — Les devoirs seront toujours rapportés sur cahier et sur copie. On exigera que le cahier soit absolument conforme à la copie.

L'écriture, l'orthographe et la ponctuation, principalement sur la copie, seront de la part du professeur l'objet d'une sévère attention.

En général, et sauf de très-rares exceptions, les devoirs seront corrigés le jour même où ils seront remis.

La correction d'un devoir sera d'ordinaire divisée en plusieurs paragraphes et partagée entre plusieurs élèves appelés à se remplacer et à se rectifier les uns les autres, afin qu'elle profite au plus grand nombre possible. La correction des versions sera toujours précédée d'une explication littérale.

Le professeur donnera pour chaque devoir un corrigé : il ne le dictera point, mais les élèves pourront prendre des notes. Ils rédigeront et conserveront tous les corrigés sur un cahier destiné à cet usage, et qui sera examiné au moins une fois toutes les semaines par le professeur.

Quelque importante que soit la correction des devoirs, elle ne doit point durer plus de 45 minutes. Au moyen du fractionnement des devoirs lus, ce temps suffira pour l'examen d'une dizaine de copies. Le professeur devra d'ailleurs en corriger chez lui le plus grand nombre, et les rendre avec ses observations, en ayant soin que deux copies au moins de chaque élève soient corrigés et lui soient remises chaque semaine.

Dans les classes de grammaire surtout, à un âge où les enfants ont besoin d'être soutenus et encouragés, et où il faut que chaque jour soit marqué par un progrès, il est impossible d'admettre que les élèves puissent être jamais abandonnés à eux-mêmes, et que leur travail quotidien ne soit pas vérifié. Le professeur ne peut suffire dans les classes nombreuses à corriger chaque fois toutes les copies. Mais les maîtres chargés des répétitions et conférences, spécialement instituées pour les internes, auront soin de consacrer une partie de ces exercices à corriger les devoirs qui n'ont pas été lus en classe. Aucun élève interne ne doit échapper à ce contrôle supplémentaire.

Explication des auteurs. — L'explication des auteurs latins et grecs, base de nos études littéraires, demeure la partie essentielle de la classe; c'est à elle que doivent profiter tous les instants qui pourront être gagnés sur les autres exercices.

Les traductions seront toujours faites en français et par écrit, dans les trois classes; on ajoutera, en sixième et en cinquième, le mot à mot de quelques phrases indiquées par le professeur. Ce devoir devra être fait avec le même soin qu'un devoir dicté, aussi bien pour l'écriture que pour l'orthographe et la ponctuation. En marge sera toujours faite soit l'analyse grammaticale d'un certain nombre de mots d'une espèce indiquée d'avance par le professeur (un jour les noms, un autre jour les verbes, etc.), soit la mention d'un certain nombre de règles, d'après les directions données également par le professeur. Celui-ci, en faisant expliquer les élèves, aura toujours leurs copies sous les yeux.

L'explication se partagera, comme la correction des devoirs, entre le plus grand nombre d'élèves possible. Chaque phrase latine ou grecque, après le mot à mot, sera suivie du français. L'un et l'autre exercices seront répétés au moins une fois. Les plus forts élèves expliqueront les premiers, les autres répéteront.

Il sera interdit aux élèves de prendre des notes pendant l'explication; ils écouteront le corrigé, c'est-à-dire la traduction française donnée par le professeur, et le reproduiront de mémoire sur un cahier distinct pour chaque auteur et conservé spécialement pour cet objet.

A la fin des mois de décembre, de mars et de juin, huit jours seront employés à repasser rapidement, pendant le temps de la classe ordinairement consacré à l'interprétation des auteurs, toutes les explications du trimestre.

Indépendamment du sens des textes, l'élève devra retenir la traduction française à peu près sous la forme donnée par le professeur; dans les examens, l'attention des inspecteurs ou des juges se portera principalement sur ce point.

La première qualité d'une explication, surtout dans les classes de grammaire, est, sans doute, la parfaite exactitude du sens; mais trop de professeurs bornent leurs soins à cette unique condition. Ils oublient que l'étude des langues anciennes a pour but principal de conduire à une connaissance plus approfondie de la langue maternelle. L'explication doit donc être un exercice, non-seulement de raisonnement, mais aussi de style.

La traduction ne s'écartera jamais sans nécessité du latin ; elle suivra fidèlement le texte, évitant d'en changer les tournures, quand le français peut les adopter, et conservant même, autant que possible, l'ordre des mots. Mais le génie de notre langue sera toujours respecté, et jamais le désir de l'exactitude n'ira jusqu'à sacrifier la propriété des termes, la régularité des constructions, ni même un certain degré d'élégance.

Le professeur accompagnera toujours l'explication d'un commentaire simple, précis, complet sur les difficultés du texte, sur les particularités grammaticales, sur tous les détails de mœurs, de géographie et d'histoire, sans négliger les remarques de goût et les réflexions morales que le sujet amènera naturellement. Ce commentaire du professeur, s'il est bien présenté, s'il a été préparé avec soin, répandra beaucoup d'intérêt sur l'explication, et il ne contribuera pas seulement à étendre l'instruction des élèves, il servira aussi, selon la direction qu'on saura lui donner, à rectifier leur jugement, à former leurs idées et leurs sentiments. Plus les remarques seront justes et solides, plus elles laisseront de traces. Dans les examens, dans les inspections, la promptitude ou l'hésitation des élèves à reproduire sur chaque mot, sur chaque idée, les observations faites en classe, sera l'éloge ou la critique de l'enseignement.

Mais ces détails n'offriront aux élèves un intérêt réel que si le professeur les a recueillis d'avance, et s'il en a fait un choix parfaitement approprié à l'âge, aux habitudes, aux dispositions d'esprit de son jeune auditoire. Les commentaires placés au bas des pages de nos éditions classiques sont loin d'avoir toujours cet avantage. Les proviseurs sont chargés de veiller à ce qu'il ne soit mis entre les mains des élèves que des éditions dont les notes auront été l'objet d'une révision attentive.

A plus forte raison toute traduction imprimée sera-t-elle interdite soit dans les classes, soit dans les études.

Le dernier quart d'heure de la classe du soir est employé à exercer les élèves de vive voix et souvent au tableau sur les matières qu'ils ont déjà vues, mais qu'ils peuvent avoir oubliées, et notamment sur la nomenclature et la syntaxe des trois langues. Trois fois par semaine ce dernier quart d'heure, dans les classes de sixième et de cinquième, est consacré au calcul.

Enseignement de l'histoire et de la géographie.—Dans la division de grammaire, une seule classe, mais une classe entière, sera consacrée chaque semaine à l'enseignement de l'histoire et de la géographie. Dans les lycées où cette classe aurait été partagée en deux demi-leçons, on reviendra à la règle.

Le professeur suivra le programme d'histoire numéro par numéro, sans jamais empiéter d'une leçon sur l'autre, développant un peu moins celles qui lui paraîtront trop chargées de faits, et un peu plus celles qui lui laisseront le champ plus libre.

Il commencera par dicter à ses élèves un court résumé de la leçon du jour, renfermé en une page et demie, deux pages tout au plus, et qui puisse être appris textuellement et récité par les élèves à la prochaine classe d'histoire.

Il développera ensuite le résumé qu'il aura dicté, en permettant aux élèves de prendre des notes. Ces notes leur serviront soit pour le devoir qui leur sera donné, soit pour les interrogations de la classe suivante.

Le devoir à faire entre les deux classes sera un morceau détaché pris dans les développements et en dehors du résumé : par exemple, le portrait d'un personnage, le récit d'une bataille, le détail circonstancié d'un fait intéressant ; et ce morceau devra être traité par l'élève avec un double soin, puisqu'il sera corrigé à la classe suivante comme sujet historique et comme exercice de style.

Tel sera donc, autant que possible, l'emploi du temps de chaque classe d'histoire :

1° Récitation du résumé de la leçon précédente. 15 minutes.
2° Interrogation sur les développements du même résumé.. 15
3° Dictée d'un nouveau résumé. 20
4° Développement oral de ce résumé. . . . 45
5° Correction du devoir, accompagnée, s'il est besoin, de nouveaux développements et de nouvelles explications 25

Le professeur n'oubliera pas qu'il s'adresse à des élèves très-jeunes, très-peu avancés, dont le jugement n'est pas formé encore, et qui manquent, sur la plupart des choses dont on leur parle, des notions les plus élémentaires. Il s'imposera la loi de ne pas trop élever son enseignement, d'éviter les généralités, les digressions savantes, et de s'attacher au récit des événements ; il se bornera même aux plus importants, à ceux qui ont eu quelque influence sur les destinées des peuples ou sur la marche générale de l'histoire. Au lieu de multiplier les faits, il les développera de manière à frapper l'attention des élèves et à graver une forte empreinte dans leur mémoire.

Ces recommandations s'appliquent surtout aux vingt-sept premiers numéros du cours de la classe de sixième, relatifs à l'histoire ancienne et à l'histoire romaine, et destinés à servir d'introduction à l'histoire de France; ils seront traités d'une manière très-sommaire, moins pour donner aux élèves une connaissance approfondie des temps anciens que pour remplir dans leur esprit le vide des siècles antérieurs à nos annales. Il y a d'autant moins d'inconvénient à réduire dans cette première classe l'enseignement de l'histoire ancienne à ses éléments les plus simples, qu'on y reviendra dans les classes supérieures, et qu'une année entière y sera consacrée en troisième. On suppléera d'ailleurs à ce qui pourrait manquer de ce côté par l'explication des auteurs latins de la classe, choisis spécialement à cette intention (l'*Epitome historiæ Græcæ*, le *De viris illustribus urbis Romæ*), et par les commentaires qu'on ajoutera à la traduction de ces ouvrages.

Enfin le professeur pourra faire concourir à son enseignement historique les devoirs ordinaires (thèmes ou versions), dont il empruntera de préférence les sujets aux parties de l'histoire les plus récemment étudiées.

En cinquième et en quatrième, les programmes de géographie sont distincts des programmes d'histoire, mais leurs numéros s'ajoutent à ceux de l'histoire pour remplir le nombre ordinaire des leçons de l'année. L'ordre à établir entre les deux séries n'a pas été rigoureusement déterminé : néanmoins, il y aurait inconvénient à réserver toutes les leçons de géographie pour les derniers mois ou à ne s'occuper d'abord que de géographie pour donner le reste du temps à l'histoire; il en résulterait que l'une des deux études aurait déjà été en partie oubliée à l'approche des vacances et à l'époque des dernières compositions. On commencera donc par s'occuper uniquement d'histoire pendant le premier trimestre, et, dans les mois suivants, on fera alterner les leçons d'histoire avec celles de géographie, en suivant toujours rigoureusement l'ordre des numéros dans chaque programme.

Remarques particulières sur l'enseignement de la géographie physique. — Dans la classe de cinquième, la géographie physique de la France exige, de la part du professeur, un tact exercé et des soins tout particuliers. Cet enseignement, aride en apparence, deviendra attrayant si on sait y rattacher des détails, des idées qui y feront naître, en quelque sorte, la vie et le mouvement. C'est un véritable voyage à l'intérieur, c'est une première reconnaissance du sol de la patrie, que vont accomplir, avec la curiosité, avec la vivacité de leur âge, des enfants qui connaissent à peine le milieu dans lequel ils vivent. Aux définitions techniques, combien le professeur ne pourrait-il pas joindre de notions attachantes sur la structure vraie, les climats, les expositions, les cultures, les industries naturelles ou acquises, les échanges réciproques, le régime de vie, les habitudes, les races originairement rivales et encore aujourd'hui différentes des régions diverses qui composent la France? Seulement, en apprenant aux enfants à porter pour la première fois leurs regards au delà des limites de leur étroit horizon, il ne doit pas oublier que tout est neuf pour eux, que tout leur est inconnu, et qu'il ne faut pas faire un pas sans s'arrêter devant chaque objet, pour en bien fixer le nom et le caractère, pour en marquer sommairement les rapports avec l'ensemble.

Le professeur réussira sûrement s'il se pénètre de la pensée que ses élèves n'ont, dans la plupart des cas, aucune idée juste ni de la nature ni des diverses formes de la surface du sol dont il va les entretenir. Suivant les lieux, ils peuvent ignorer ce que c'est que la mer, un cap ou une baie, une montagne, une vallée, un col, etc. On devra donc, dans chaque leçon, avant d'exposer la géographie spéciale de la France au point de vue physique, définir avec précision les termes dont on se servira; par le moyen de cartes topographiques, de coupes sur le tableau, de reliefs s'il se peut, on s'efforcera de donner des idées exactes des diverses formes du sol et des principales modifications qu'elles présentent en raison de la nature des terrains qui les constituent.

Ainsi, dans une leçon sur les montagnes, avant d'indiquer les principales chaînes de la France, le professeur donnera des notions exactes sur la constitution générale d'une chaîne, ses sommets, ses cols, ses vallées principales et secondaires.

Il aura soin surtout de faire bien distinguer les chaînes de montagnes des lignes de partage des eaux qui séparent les bassins des fleuves, et qui ne sont souvent que des plateaux peu élevés, distinction indispensable pour comprendre plus tard la distribution des canaux qui sont destinés à faire communiquer ces bassins.

On évitera avec la même attention de confondre les plaines proprement dites, comme le delta du Rhône, avec les régions basses, mais dont le sol est cependant relevé de nombreuses collines, comme le bassin de Paris, la Normandie ou la Bretagne.

Dans les septième, huitième, neuvième et dixième leçons,

qui traitent de la nature du sol et de la distribution des productions naturelles sur la surface de la France, le professeur n'oubliera pas que ses élèves n'ont encore suivi aucune leçon d'histoire naturelle ni de physique, et qu'il doit toujours commencer par définir ce dont il doit parler, ou ne citer que les objets les plus généralement connus; il ne fera pas un cours de géologie en une leçon, mais il indiquera des régions où dominent la pierre à chaux ou calcaire, l'argile, le sable, les roches dures, les ardoises, etc.

Sans ces précautions, le cours de géographie physique, au lieu de donner aux élèves une idée exacte de la forme du sol de la France et de ses productions caractéristiques, deviendrait une sèche nomenclature qui ne laisserait aucune trace dans leur esprit.

Étude de la grammaire comparée en quatrième. — En quatrième le programme de grammaire comparée n'offre que vingt-trois numéros. Il n'en doit pas moins être entendu que les leçons de ce petit cours seront données dans l'ordre indiqué, à raison d'un numéro par semaine; mais on a voulu laisser aux professeurs le temps d'y préparer leurs élèves. En conséquence, le cours ne commencera qu'au second trimestre. Pendant les trois premiers mois, la première partie de la syntaxe de M. Burnouf, rédigée sur un plan philosophique, pourra être une excellente préparation à la grammaire comparée; mais il faudra que le professeur montre sans cesse aux élèves que les principes généraux exposés dans cette syntaxe sont les mêmes pour les trois langues classiques; que, dans l'explication des divers auteurs, il ait soin de faire remarquer aux élèves et de leur faire recueillir sur un cahier spécial les exemples les plus propres à établir la conformité ou les analogies des trois grammaires. Ces exemples ainsi analysés serviront plus tard de matériaux au cours de grammaire comparée.

A partir du second trimestre, on commencera à développer régulièrement les questions du programme de grammaire comparée. Cet enseignement comportera une demi-classe par semaine. Un court résumé sera dicté, expliqué en classe et ensuite appris par cœur. Récité à la classe suivante, il comptera pour l'une des deux leçons des classes ordinaires. Le temps de le dicter et de l'expliquer sera pris sur la première heure de la classe, la seconde heure restant consacrée aux exercices ordinaires et surtout à l'explication des auteurs. Les élèves auront pour ces résumés un cahier séparé comme pour les résumés d'histoire.

Dans ce cours, dont l'expérience n'est pas encore complétement faite, mais qui, je l'espère, ne tardera pas à être considéré comme une des plus heureuses innovations du système actuel, on ne saurait trop signaler aux professeurs quatre écueils également à redouter : 1° la recherche des subtilités grammaticales ; 2° l'abus fastidieux des mots techniques ; 3° l'obscurité nuageuse des vues trop abstraites ; 4° l'excès des prétentions à l'érudition philologique dans un enseignement élémentaire qui est donné à des enfants, à des commençants, et dont les principaux mérites doivent être, avec la solidité du fond, la simplicité et la clarté de la forme.

Il n'y aura qu'une composition par trimestre sur la grammaire comparée.

Enseignement du calcul dans les classes de sixième et de cinquième. — L'enseignement du calcul dans les classes de sixième et de cinquième a pour but d'entretenir et de développer les premières notions acquises dans la classe de septième. Ce cours doit rester purement pratique. Il aura rempli son objet si, en apprenant aux élèves à calculer avec facilité, il les prépare à recevoir utilement l'enseignement plus étendu qui leur sera donné dans la classe de quatrième.

On observera donc la plus grande simplicité dans les définitions ; on aura soin d'y joindre une correction continue dans le développement des opérations elles-mêmes.

La division n'est l'écueil ordinaire des premières études que parce qu'elle est généralement mal démontrée. On fera la division par un nombre d'un seul chiffre 2, 3, 4, 5.... en prenant la moitié, le tiers, le quart, le cinquième..... Dans le cas d'un diviseur quelconque, on aura soin que le quotient n'ait d'abord qu'un chiffre, et on le fera trouver à l'aide d'une table des multiples successifs du diviseur. On ramènera le cas général à des divisions partielles de ce genre, sans laisser faire d'abord aucune abréviation ; puis on exercera les élèves à une abréviation des divisions partielles en leur faisant chercher combien de fois le premier chiffre du diviseur est contenu dans le premier chiffre (ou les deux premiers chiffres) du dividende.

On enseigne souvent à faire tout à la fois la multiplication et la soustraction ; mais, outre que le travail n'est guère abrégé, la réunion mentale des deux opérations en une seule paraît surpasser l'aptitude au calcul qu'on peut espérer de rencontrer chez la plupart des enfants.

On fera revoir le système métrique, en continuant à se

servir de modèles. Il serait utile aussi de mettre sous les yeux des élèves des cartes ou des tableaux qui en offrissent le résumé.

Pour donner de l'intérêt à ses leçons, le professeur proposera des applications simples de chacune des règles à mesure qu'elles auront été revues. Arrivé à la division, il pourra faire traiter toute espèce de questions, mais sous la condition qu'elles ne soient pas trop compliquées, et que les divisions aient été préparées de manière à réussir. Les élèves sont encouragés quand ils peuvent trouver, sans trop de peine, des résultats précis, dont la netteté même leur garantit l'exactitude.

Tous les exemples devront être choisis dans la vie réelle, le commerce, l'industrie, les arts. Les questions insignifiantes, qu'on pose au hasard, outre qu'elles n'ajoutent rien à l'instruction, ne la secondent point par un intérêt suffisant.

Le professeur devra surtout veiller à ce que les élèves sachent parfaitement la table de multiplication. Il ne faut pas espérer que la pratique du calcul la leur apprenne : aussi fera-t-il bien d'exiger que chaque élève répète la table de multiplication au moins une fois par mois.

Il doit aussi faire faire oralement, pendant toute l'année, des calculs simples, en appelant tous les élèves à y concourir, celui qui hésite étant immédiatement suppléé par un de ses condisciples.

Trois leçons d'un quart heure par semaine, à des jours et à des heures fixes, seront consacrées à cet enseignement dans chacune des classes de sixième et de cinquième.

Enseignement des éléments d'arithmétique et des notions préliminaires de géométrie dans la classe de quatrième. — L'enseignement mathématique acquiert en quatrième une importance particulière.

On touche en effet au moment où les élèves, guidés dans le choix de la carrière qu'ils doivent parcourir un jour, se déterminent ou bien à continuer des études plus spécialement littéraires, ou bien à consacrer à la culture des sciences une plus large part de leurs efforts; tandis que quelques-uns de leurs condisciples, moins favorisés par les circonstances, ou contents de l'instruction acquise dans les classes de grammaire, quitteront le lycée pour embrasser plus vite une profession.

Ceux qui doivent se livrer plus particulièrement à la culture des lettres, en attendant qu'ils reviennent à l'étude de certaines parties de la science, fort limitées sans doute, mais que l'état de la société ne permet pas d'ignorer, ont besoin de recevoir une première notion des mathématiques qui en sont la clef. Ceux qui suivront la section scientifique, dont l'enseignement est porté, dès la classe de troisième, à une certaine hauteur, ont besoin d'une préparation forte, sans laquelle ils ne pourraient accomplir de progrès réels. Pour les uns comme pour les autres, il est avantageux, avant de suivre l'une des deux voies ouvertes, d'avoir fait un premier essai, quelque imparfait qu'il soit, propre, du moins, à éprouver leur vocation.

L'administration s'occupe d'ailleurs avec un intérêt particulier de ceux qui ne peuvent continuer leurs études que jusqu'en quatrième. Après avoir tout disposé pour qu'ils emportent une connaissance précise de leur langue et de l'histoire de leur pays, elle doit tenir encore, avant de se séparer d'eux, à les doter des connaissances scientifiques les plus usuelles. Ils auront ainsi fait un cours complet, bien qu'élémentaire.

C'est dans ces vues, et pour satisfaire à ces diverses exigences, qu'a été organisé le cours mathématique de la classe de quatrième, comprenant l'enseignement complet des éléments d'arithmétique et celui des notions usuelles de géométrie plane. Pour remplir son objet, ce cours, tout en s'appuyant sur des théories déjà rigoureuses, doit cependant conserver une grande simplicité. La simplicité et l'exactitude sont deux qualités essentielles qui peuvent s'allier merveilleusement soit dans l'arithmétique, soit dans la géométrie. Les livres élémentaires de Clairaut sont, comme ceux de Bezout, des exemples frappants de cette vérité.

On trouvera, dans la partie de la présente Instruction relative à l'enseignement de l'arithmétique et de la géométrie pour les élèves de la section scientifique de la classe de troisième, des préceptes qui sont également applicables à l'enseignement de ces sciences dans la classe de quatrième. En se pénétrant de l'esprit qui doit présider à l'enseignement ultérieur, les professeurs comprendront mieux la direction qu'il convient de donner à l'enseignement préparatoire. Le livre de Clairaut, qui devra être suivi, à peu d'exceptions près, pour tout ce qui concerne la géométrie, est d'ailleurs le commentaire le plus net et le plus précis qui puisse être fait de cette partie des programmes.

Méthode commune à l'enseignement scientifique des trois classes de la division de grammaire. — Dans chacune des trois classes de grammaire, les professeurs doivent s'attacher, avant tout, à donner aux leçons scientifiques le caractère d'un enseignement simultané.

Les élèves suivront la plume à la main tout ce qui est écrit au tableau par le professeur ou par l'un d'eux. Si une faute est faite par un élève interrogé au tableau ou à sa place, le professeur désignera par son nom un autre élève pour redresser l'erreur, ou seulement pour la faire remarquer sans quitter sa place. Dans ce cas, le professeur devra se garder de répéter la question : tous les élèves ont dû suivre. Si plusieurs élèves, désignés successivement, ne peuvent répondre, il demandera, pour constater l'attention, quelle est la question proposée.

L'expérience montre que c'est un des meilleurs moyens de tenir constamment la classe en haleine et d'exciter l'émulation.

Examen de Grammaire.

Les études grammaticales devant servir de base à l'enseignement de la division supérieure, il convient, au moment où elles se terminent, de constater qu'elles ont porté tous leurs fruits, et que les trois années qui leur sont assignées ont été employées utilement. Tel est l'objet de l'examen de grammaire prescrit par l'arrêté du 30 août 1852.

Cet examen est de la plus grande importance pour l'avenir des jeunes gens; on ne saurait trop le leur rappeler, afin qu'ils s'y préparent avec plus d'ardeur, non pas au dernier instant, mais dès le début de leurs études grammaticales. Quelle que soit leur destination future, que leur vocation se prononce pour les lettres ou pour les sciences, il faut qu'ils aient acquis cette aptitude générale et cette clarté d'esprit que les exercices de la division de grammaire sont éminemment propres à leur donner.

L'examen de grammaire sert donc de sanction aux études antérieures comme de garantie aux succès à venir. S'il est conduit avec une équitable sévérité, il ne laissera passer dans la division supérieure que des enfants capables d'y faire quelque profit. Les familles seront assurées que leurs sacrifices ont un résultat utile. Ce sera leur rendre un éminent service que de leur donner la mesure exacte de la capacité intellectuelle de leurs enfants, au moment même où il s'agit de prendre une grave décision. Poursuivre infructueusement des études littéraires ou scientifiques, c'est pour un jeune homme un véritable malheur. Toutes les carrières semblent se fermer devant lui, parce qu'il ne peut forcer l'entrée de celles où la valeur personnelle donne seule accès, et parce qu'il a contracté des habitudes qui l'éloignent des professions plus modestes. Mieux vaut cent fois l'arrêter dans cette voie en l'obligeant, lorsqu'il en est temps encore, ou à se soumettre à une préparation plus efficace, ou à abandonner définitivement des études pour lesquelles il n'est pas fait.

Pour les élèves qui ne doivent pas achever le cours de leurs classes et qui sont à la veille de sortir du lycée, l'examen de grammaire présente aussi une incontestable utilité. Il les oblige en effet, au moment de se séparer de leurs maîtres, à faire un dernier retour sur les connaissances qu'ils ont acquises et à les graver fortement dans leur esprit. Ces connaissances, bien qu'élémentaires, offrent un ensemble d'idées qui suffiront à la plupart des élèves pour la profession à laquelle ils se destinent. En quittant le lycée, ils sont familiers avec l'histoire de France qu'ils ont passé trois ans à étudier. Ils possèdent les éléments de la grammaire française, de la grammaire latine et de la grammaire grecque; les racines grecques elles-mêmes leur sont connues, et, pendant la classe de quatrième, une étude pleine d'intérêt les a accoutumés à réfléchir sur les secrètes analogies et sur les différences des trois langues classiques. Non-seulement ils sont exercés au calcul par une pratique de trois années; mais ils en connaissent déjà la théorie, qui leur permet, si leurs goûts les y portent, de pousser leur instruction plus avant. Il n'est pas indifférent pour eux et pour leurs familles, de pouvoir constater par un titre officiel qu'ils ont profité de l'enseignement solide et varié des premières classes du lycée. Je désire que le certificat qu'ils en présenteront au dehors, acquierre bientôt une valeur réelle et qu'il devienne un véritable brevet, propre non-seulement à entretenir l'émulation des jeunes gens, mais à leur procurer au besoin une recommandation sérieuse et une préférence marquée à l'entrée des professions utiles.

Pour atteindre ce but, il faut que l'examen de grammaire soit sérieux, que le proviseur, et, à son défaut, le censeur, en dirige attentivement les épreuves, et que le certificat d'aptitude ne soit accordé qu'à ceux qui le méritent. Cela importe et à la bonne renommée du brevet que nous voulons accréditer, et à l'honneur des lycées de l'Empire qui, sur ce point, sont tous solidaires, puisque le certificat obtenu dans un lycée est valable pour tous les établissements publics.

L'arrêté du 30 août 1852 a du reste simplifié avec raison les opérations qui précèdent la délivrance du certificat d'aptitude, en prescrivant que les enfants placés dans la seconde moitié de la classe de quatrième seraient seuls soumis à l'examen. C'est pour cette catégorie d'élèves surtout, dont l'aptitude est incertaine, que la nécessité d'une épreuve finale est indispensable.

Les examens seront faits dans la dernière semaine de l'année. Les élèves qui n'auraient pas satisfait une première fois aux conditions du programme, ou ceux qui, formés par des établissements d'un autre ordre, voudraient faire constater leur aptitude par nos professeurs, pourront se présenter à la rentrée des classes; le temps des vacances leur permettra de se préparer à subir l'épreuve, qui aura lieu dans la première semaine de la nouvelle année classique.

Les certificats d'aptitude seront tous délivrés dans la même forme dont nous annexons un modèle à la fin de la présente Instruction.

III. DIVISION SUPÉRIEURE.

§ 1er. Enseignement commun à la section des lettres et à la section des sciences.

Le nouveau système d'enseignement, quoiqu'on lui ait reproché, dans le principe, d'avoir consacré le divorce des sciences et des lettres, a, au contraire, pour but d'y mettre un terme. Ne voyait-on pas chaque jour les jeunes gens plus particulièrement destinés aux carrières scientifiques, se hâter d'abandonner les études littéraires, dont ils ne croyaient pouvoir retirer aucun fruit, et devenir de plus en plus étrangers aux nobles sentiments que réveille l'analyse intelligente des chefs-d'œuvre de l'esprit humain? Il n'en sera plus ainsi désormais.

Ceux que leur vocation porte vers les sciences ne demeurent plus isolés de leurs condisciples spécialement voués aux lettres. Tous sont maintenant réunis sous la même discipline et participent aux exercices de cet enseignement commun, essentiellement littéraire, institué d'après le vœu des représentants les plus illustres de nos écoles spéciales.

Il ne s'agit plus, comme par le passé, de communiquer à la hâte, et presque dédaigneusement, des notions incomplètes de français, de latin, d'histoire et de géographie à des jeunes gens qui n'y attachaient qu'une médiocre importance, par cela même que des maîtres d'un rang inférieur étaient préposés à cette tâche accessoire. Ce que la commission mixte a réclamé avec instance, ce que le conseil impérial de l'instruction publique a voulu, c'est que les élèves de la section scientifique de nos lycées ne fussent pas privés plus longtemps d'une forte instruction littéraire. Aussi, des dix classes qui remplissent la semaine, y en a-t-il cinq consacrées à l'enseignement commun, dont les plus habiles professeurs de l'ordre des lettres restent chargés. C'est dire assez haut que tout est devenu sérieux dans l'enseignement commun; les jeunes gens qui se sentent le penchant le plus décidé pour les sciences risqueraient de compromettre leur avenir s'ils ne s'appliquaient pas avec la même ardeur à ces études littéraires, qui sont désormais une partie essentielle du programme de leur éducation.

L'expérience de deux années a déjà prouvé que les bons élèves de la section des sciences ne sont pas hors d'état de soutenir la lutte avec leurs condisciples de la section des lettres, même sur le terrain qui semble ne pas être le leur, et que les professeurs de troisième, de seconde et de rhétorique peuvent trouver des deux côtés des auditeurs également intelligents. Cependant les maîtres de la jeunesse ne doivent pas oublier qu'il importe d'approprier l'enseignement commun à la nature mixte de l'auditoire.

Les méthodes applicables aux différents exercices indiqués par le programme vont être passées rapidement en revue; mais on insistera davantage sur l'enseignement de l'histoire et sur celui des langues vivantes, parce que les formes d'exposition précédemment adoptées pour ces deux parties laissaient plus à désirer.

Récitation d'auteurs français. — L'exercice de la récitation a pour objet d'enrichir la mémoire en y gravant les modèles les plus propres à féconder et à diriger l'esprit. Aussi, pour la récitation des auteurs français, ne devra-t-on choisir que des morceaux empruntés aux auteurs classiques, et qui soient également irréprochables pour le fond et pour la forme. Le professeur ne donnera chaque jour à apprendre qu'une seule leçon, afin que cette leçon puisse offrir un ensemble complet de faits et d'idées; ce sera tantôt un morceau de prose, tantôt un morceau de poésie. Il exigera que la récitation soit correcte, naturelle et convenablement accentuée. Il n'est pas nécessaire d'ajouter que les morceaux appris par cœur doivent toujours avoir été expliqués d'avance.

Explication des auteurs français. — L'explication des auteurs français est un exercice nouveau qui n'a été introduit régulièrement dans l'enseignement universitaire que depuis un petit nombre d'années; on avait paru supposer jusqu'alors que les auteurs français n'avaient pas besoin d'être expliqués, et qu'écrits dans la langue maternelle, ils étaient suffisamment compris de tout l'auditoire. Les examens du baccalauréat ès lettres démontrent tous les jours qu'il n'en est pas ainsi, et c'est peut-être sur cette partie du programme que les réponses des candidats sont le moins satisfaisantes. Le professeur doit donc attacher une très-grande importance à l'explication des auteurs français; il faut qu'il détermine la valeur et la propriété des termes, leurs rapports, leurs acceptions diverses, qu'il rende sensible la liaison des idées; qu'il distingue les idées principales et les idées accessoires; qu'il montre dans quel ordre elles sont disposées, quelles formes leur donne le raisonnement ou l'imagination, quels sentiments elles éveillent, quelle physionomie leur prête le génie particulier de l'écrivain. On comprend aisément qu'un pareil exercice ne peut s'improviser, et qu'il doit être préparé avec soin par les élèves et par le professeur.

Explication des auteurs latins. — En réunissant les élèves de la section des sciences et ceux de la section des lettres pour l'étude prolongée du latin, on veut principalement mettre les uns et les autres en état de lire au moins avec intérêt et avec fruit les plus belles parties des chefs-d'œuvre du siècle d'Auguste. Cette lecture deviendra d'autant plus facile et offrira d'autant plus d'attrait, que les professeurs mettront plus de soin à indiquer d'avance à leur jeune auditoire le caractère et la portée des ouvrages qu'il s'agit de traduire. Ces ouvrages, en effet, qui traitent les uns de morale, les autres de fictions mythologiques; ceux-ci de faits militaires, ceux-là d'événements politiques, quelques-uns, enfin, de caractères individuels et de détails biographiques, sont ordinairement mis entre les mains des élèves sans préambule, sans avertissement d'aucun genre, comme s'ils ne différaient entre eux ni pour le fond ni pour la forme, et qu'ils dussent être considérés du même point de vue ou reproduits du même style. Les élèves ne sauraient être accoutumés de trop bonne heure à distinguer les divers ordres d'idées qui leur sont présentés, et dès qu'un texte est mis sous leurs yeux, il faut qu'ils soient prévenus de la nature et de la valeur des faits qu'ils y trouveront. Chaque auteur a son style, mais chaque genre d'écrits a aussi ses conditions nécessaires de forme, de langage et d'exposition, qui résultent du fond même des idées et que les élèves doivent connaître, pour s'y conformer dans leurs traductions; c'est par des définitions courtes, mais nettes et précises, par des rapprochements avec les auteurs ou les ouvrages français déjà connus des élèves, par des analogies prises dans les notions qui leur sont familières, que l'on procurera ces premières et indispensables données. Fixés sur les idées auxquelles ils doivent s'attendre et sur l'expression qui leur est propre, les élèves ne traduiront pas seulement avec plus de précision, ils prendront encore l'habitude de classer systématiquement dans leur esprit les auteurs, les matières et les faits; et ce discernement précoce, qui aura toute la puissance d'une méthode, en facilitant le travail de chaque jour, offrira plus tard une base régulière pour l'étude théorique des règles de la composition littéraire.

Il sera donc essentiel que le professeur ne se contente pas de faire expliquer dans le cours d'une année quelques chapitres de Cicéron, de Salluste, de Tite-Live ou de Tacite, quelques vers d'Ovide, de Virgile ou d'Horace. Il fera surtout voir à ses élèves des morceaux étendus de ces différents auteurs; il les exercera à démêler rapidement les difficultés du texte, et à en donner une traduction suffisamment élégante et fidèle. Le procédé du *mot à mot*, qui convient aux enfants de la division de grammaire, doit être remplacé par un mode de traduction mieux approprié à l'enseignement de la division supérieure. C'est par groupes de mots qu'il faut prendre les propositions du texte et les interpréter d'abord littéralement, pour arriver à une traduction fidèle et souple qui reproduise le mouvement de la pensée et la couleur du style. Comme les élèves ont terminé les études de grammaire, et que leur mémoire a retenu la valeur de la plupart des mots de la langue, il doit leur suffire de lire lentement et avec attention la phrase latine pour en saisir le sens véritable; si celui qui explique vient à se tromper, un autre élève peut être chargé de le redresser. Dans tous les cas, le professeur, qui s'est préparé, par une étude approfondie du texte, à en donner une traduction irréprochable, est là pour rectifier les erreurs et mettre ses jeunes auditeurs sur la voie d'une interprétation exacte. Les recommandations du maître, l'émulation des élèves suppléeront à ce qui pourrait leur manquer de temps pour une préparation complète. Les bons élèves, qui savent trouver du temps pour toutes choses, demanderont les premiers à expliquer; d'autres après eux répéteront; l'explication, pour marcher d'un pas plus libre et plus rapide, n'en sera que plus animée. Le professeur parviendra ainsi à lire avec ses élèves, sans excéder leurs forces, les parties les plus importantes des ouvrages qui sont l'objet de l'examen du baccalauréat ès lettres et ès sciences, et à les mettre, dans l'espace de trois ans, en état de les expliquer à livre ouvert. C'est un talent qu'on n'acquiert pas en quelques mois, quoi qu'en disent de menteuses promesses. Rien ne peut suppléer à un exercice répété et à une direction intelligente.

Choix des devoirs. — Cinq classes par chaque quinzaine sont consacrées au cours de français et de latin. Indépendamment de la préparation orale de l'auteur français, les élèves doivent faire un devoir pour chacune de ces cinq classes, tantôt une version latine, tantôt un devoir français. Comme le devoir français est à la fois un exercice de composition et de style, il exige plus de réflexion, et ne peut être achevé du jour au lendemain. Il doit revenir moins fréquemment que la version latine; une seule composition française par quinzaine suffira. Le devoir écrit consistera pour les autres jours en une version latine.

Version latine. — Le texte de la version sera toujours dicté; il doit être d'une médiocre étendue, et choisi de telle sorte qu'il ne dépasse pas la force moyenne de la classe. Ainsi calculé, cet exercice corrigera ce que peut avoir d'incomplet la traduction improvisée dont on vient de décrire les procédés; il aura cet avantage, que les plus faibles, n'ayant affaire qu'à du latin accessible, pourront donner plus de soin au français, et que les plus forts, promptement en possession du sens, mettront plus de temps à en exprimer toutes les nuances, et, par une lutte plus longue avec les finesses de l'idiome ancien, acquerront de la dextérité à manier le nôtre. Ils y gagneront une connaissance plus approfondie du français, dont la formation, les vicissitudes et les qualités intimes doivent être l'objet d'un enseignement suivi.

Composition française. — Les devoirs français ne sont plus exclusivement réservés à la rhétorique. Par une heureuse innovation, les élèves de troisième et de seconde sont exercés à composer des récits, des lettres, des descriptions. Les matières qu'ils auront à traiter seront empruntées à l'histoire sainte et à l'histoire profane, aux habitudes de la vie. On écartera les questions purement spéculatives auxquelles ils ne sont pas encore préparés, et surtout les récits bizarres ou romanesques qui donneraient à ces jeunes imaginations une fausse direction.

En troisième, les exercices de composition française seront uniquement, selon les termes du programme, *des récits et lettres d'un genre simple*, c'est-à-dire que, pour initier les jeunes gens à l'art de penser et d'écrire, on les exercera, dans cette première classe d'humanités, à composer des récits et des lettres sur des sujets qui ne demandent d'autres conditions que l'ordre dans les idées, la clarté et la propriété dans les termes.

En seconde, ce seront *des récits, des lettres, des descriptions de divers genres*, c'est-à-dire que les sujets ne seront plus seulement d'un genre simple et uni, mais que les élèves s'exerceront sur des matières susceptibles de développement et d'ornement. On commencera ainsi à apprendre aux jeunes gens à découvrir les idées principales qu'un sujet renferme ou celles qu'on peut y rattacher naturellement pour le mieux expliquer, les circonstances caractéristiques d'un fait, les sentiments qu'il excite dans l'âme, et à trouver pour ces idées, ces faits, ces sentiments, des expressions ou des tours qui les rendent avec la force, la noblesse ou l'agrément convenables.

Exposition des règles de la composition et du style. — Dans les deux classes de troisième et de seconde, le professeur devra, à l'occasion de ces exercices, exposer à ses élèves les principes de la composition et du style. Tous les quinze jours, une heure de la classe alternative laissée aux lettres par l'histoire sera consacrée à un enseignement théorique et suivi, mais nécessairement sommaire et élémentaire, qui devra comprendre :

En troisième, les principes les plus généraux de la composition, l'énumération des qualités essentielles du style, les règles particulières au style simple, les règles de la narration et du style épistolaire ;

En seconde, les règles particulières au style orné, les figures de mots et de pensée et les ressources de l'amplification.

Ces leçons, comme celles de grammaire comparée en quatrième, seront données de vive voix par le professeur sur un texte dicté, réduit à quelques préceptes, qui, transcrits par les élèves sur un cahier à part, deviendront l'objet d'interrogations à la classe suivante. L'ensemble de ces leçons sera, au bout des deux années, une excellente préparation à la rhétorique.

Exposition des règles de la rhétorique et des principaux genres de littérature. — C'est quand le goût commence à se former, quand l'élève a déjà acquis un certain fonds d'idées, qu'il peut aborder avec succès cette dernière classe. Il n'a plus seulement à faire une étude de mots et de phrases ; il faut qu'il embrasse un ensemble, trace un plan, le remplisse et s'initie peu à peu par l'analyse littéraire aux secrets de la poésie et de l'éloquence.

Sans insister autant qu'on a pu le faire autrefois sur la nomenclature et sur la classification des effets de mots ou de style, sans laisser croire, ainsi qu'on le faisait dans quelques écoles de l'antiquité, surtout aux époques de décadence, que l'éloquence puisse être réduite à des procédés artificiels, et qu'il suffise de suivre une certaine méthode pour développer avec talent, sinon avec génie, un sujet donné, le professeur n'oubliera rien de ce qui est relatif à la rhétorique proprement dite et à ses grandes divisions. Ce ne serait pas l'enseigner que de présenter aux élèves quelques vagues définitions, quelques observations décousues à propos des textes expliqués ou des devoirs écrits : la rhétorique doit s'apprendre, comme toute science et tout art, avec suite, si l'on a pour objet une instruction solide. Dans cette classe, donc, aussi bien qu'en troisième et en seconde, une heure, tous les quinze jours, sera consacrée, pendant le premier semestre, à l'enseignement didactique des règles de la rhétorique. Ces règles ne sont pas, en effet, des définitions arbitraires ou des formules de convention ; ce sont des principes qui découlent de la nature des choses, et qui seront éternellement vrais, de même que les chefs-d'œuvre qui les ont révélés à l'observation feront éternellement autorité. Les lois de l'intelligence humaine auxquelles répondent ces chefs-d'œuvre ne changent pas au gré des temps et des mœurs.

Pendant le second semestre, le professeur devra définir les principaux genres de poésie et de prose, et faire l'analyse des plus célèbres compositions littéraires. Il aura soin de montrer comment des pensées vraies, inspirées par les besoins des temps, ou trouvées de génie par un écrivain supérieur, rajeunissent des mots et des tours que l'usage semblait avoir discrédités, et par quelle admirable fécondité une langue toujours la même se prête, sans s'altérer, à l'expression de toutes les nouveautés durables.

Le nouveau programme n'a introduit aucun changement notable dans l'esprit et dans les méthodes de l'enseignement de la classe de rhétorique. L'Université n'a jamais cessé de puiser cet enseignement aux sources les plus pures. Son culte pour les chefs-d'œuvre des grands siècles littéraires reste la plus forte barrière qu'ait rencontrée l'invasion du mauvais goût ; elle n'abandonnera pas des traditions qui font sa gloire.

Correction des devoirs. — Si le choix des devoirs dans les trois classes supérieures réclame une extrême attention, on ne doit pas attacher moins d'importance à la manière de les corriger. La correction des devoirs, on l'a déjà dit, doit profiter au plus grand nombre ; et l'auditoire n'y prend qu'un médiocre intérêt, si tout se passe entre le professeur et l'élève qui rend compte de son travail : ce n'est plus qu'un dialogue entre deux interlocuteurs. Si, au contraire, le professeur ne se hâte pas trop de prendre la parole pour substituer une expression simplement correcte à quelque terme hasardé qui peut en suggérer un meilleur ou donner lieu à une critique utile ; si, par des interrogations fréquentes, il provoque les élèves à louer ou à critiquer leur camarade ; s'il fait faire le *corrigé* au lieu de le faire lui-même, la classe prendra un aspect animé, et l'enseignement deviendra réellement simultané, au grand avantage des esprits les moins heureusement doués. Il est vrai que le nombre des devoirs lus devant les élèves, dans le court espace de temps consacré à cet exercice, ne saurait être considérable ; mais le dévouement des professeurs suppléera à l'insuffisance de la correction orale. Ils auront à cœur de lire chez eux les copies non corrigées, de les annoter et d'en rendre compte à la classe suivante. Les élèves faibles ou négligents, convaincus que leur travail ne passera pas inaperçu, y apporteront plus de soin ; les plus laborieux trouveront, dans l'espérance d'être lus et appréciés, un encouragement nouveau.

Mais quelque sujet que l'on traite, et dans quelque genre d'écrire que les élèves s'exercent, particulièrement en rhétorique, ce que je recommanderai toujours au professeur, c'est de laisser toute la salutaire indépendance que le goût peut permettre, à leur imagination naissante et au mouvement spontané de leur esprit et de leurs idées. L'imitation a aussi ses graves dangers, surtout pour les élèves qui commencent à écrire. Ils vivent de réminiscences parce qu'ils ne savent ou n'osent pas se produire eux-mêmes, et quand ils reproduisent les modèles qu'on leur a présentés, ils s'adressent plus souvent à ce qui les a frappés très-fortement, qu'à ce qui est particulièrement juste et propre en son lieu. C'est ainsi que le naturel disparaît, que les meilleures qualités se perdent, et qu'en revanche, des natures d'une incurable stérilité font souvent illusion à leurs maîtres, après s'être fait illusion à elles-mêmes sur leurs dispositions littéraires et sur leur avenir. De là aussi ce style artificiel, cette manière uniforme et convenue, auprès desquels l'originalité, même vraie, finit par être un vice, et toute nouveauté une tache.

Dans la correction des devoirs, surtout des devoirs français, il faut donc se proposer principalement de signaler d'une part les lacunes, de l'autre les erreurs de raisonnement ou de goût. On se gardera de contraindre trop souvent l'élève à jeter sa pensée dans un moule étudié; il faut régler et non pas forcer le tour particulier de chaque esprit. On ne doit émonder que ce qui est contraire à la bonne croissance du sujet et à la direction naturelle de la sève. Aller plus loin, ce serait vouloir imiter dans nos classes ces parterres d'autrefois, dont les arbres, uniformément dénaturés, avaient d'autant plus de mérite et de grâce, qu'ils se ressemblaient moins à eux-mêmes.

Distribution du temps des classes consacrées au cours de français et de latin. — Afin d'assurer la marche régulière de l'enseignement du français et du latin, je propose de distribuer les deux heures de chaque classe de la manière suivante :

Prière et récitation des leçons	10 minutes.
Explication de l'auteur français.	10
Explication de l'auteur latin [1].	45
Dictée du devoir à faire.	10
Correction du devoir fait	45

Enseignement de l'histoire et de la géographie. — La rédaction des nouveaux programmes de l'enseignement historique, n'a pas eu uniquement pour but de répartir l'histoire ancienne, l'histoire du moyen âge et l'histoire moderne d'une manière différente entre les trois classes de la division supérieure, ou de changer la distribution des faits entre les trente ou trente-cinq leçons qui leur sont réservées, dans chacune des années de la division supérieure. La réforme a pénétré plus avant; elle s'applique à la fois à l'esprit et à la méthode de l'enseignement.

On a voulu que désormais cette étude fût proportionnée au développement intellectuel des élèves: trop élevée jusqu'à ce moment et en même temps trop chargée de détails

---

1. L'explication de l'auteur français et de l'auteur latin sera remplacée, tous les quinze jours, par l'exposition des règles de la composition, du style et de la rhétorique.

stériles, elle dépassait le niveau commun, elle écrasait la mémoire; enfin elle exigeait des rédactions démesurées dont l'étendue excluait toute correction. Nous ne verrons plus les élèves fatiguer leur esprit et leur main à ce travail mécanique et ingrat.

Le court préambule qui précède les programmes d'histoire communs aux deux sections des lettres et des sciences suffit pour guider maintenant les professeurs et pour leur indiquer nettement la voie dans laquelle ils doivent entrer.

Au lieu d'un long récit, continué de classe en classe avec une inévitable monotonie de langage, dans lequel nulle circonstance n'était oubliée, nul détail passé sous silence, les leçons du professeur signaleront aux élèves les hommes, les événements et les peuples qui ont laissé une profonde empreinte de leur passage sur la scène historique, et auxquels s'attache un intérêt général. La description des caractères individuels et nationaux, le tableau des crises par où passent les sociétés, et de l'action qu'exercent sur le développement des peuples la religion, les arts, les lettres, l'industrie, le commerce, la diplomatie, la guerre; la nature et les causes des relations que le voisinage ou l'éloignement même forme entre les nations diverses : tels seront les objets principaux qui, animant l'exposition du professeur, devront se graver dans la mémoire des élèves et leur rappeler les faits particuliers. Sobre de détails dans l'énumération des événements de médiocre importance, et se contentant de lier par de rapides transitions les scènes mémorables qui seules ont de l'intérêt, il réussira d'autant mieux à s'emparer de son auditoire et à l'instruire, qu'il n'appellera son attention que sur ce qui en est réellement digne, et qu'il le soulagera du fardeau des faits insignifiants et des considérations superflues.

La méthode applicable aux nouveaux programmes est tracée également dans le préambule. Le professeur, au commencement de chaque classe, rendra compte en peu de mots, et surtout au point de vue littéraire, de l'examen des compositions, dont le sujet aura toujours été emprunté à la dernière leçon; il pourra faire lire quelques passages de ces compositions, et s'assurera par de brèves interrogations que les faits précédemment exposés ont été compris et retenus; cette revue ne devra pas prendre plus d'un quart d'heure. Le quart d'heure suivant sera employé à la dictée du résumé de la leçon du jour, résumé dans lequel l'enchaînement des faits sera indiqué, et où le professeur aura soin de mettre en saillie les points qui devront être pour les élèves l'objet d'une attention spéciale. Viendra ensuite le développement oral, qu'ils suivront de l'esprit plus que de la plume, afin de s'en rapporter, lorsqu'ils seront interrogés, à leur mémoire plutôt qu'à leurs notes. Les derniers moments de la classe, un quart d'heure au moins, une demi heure au plus, seront employés à interroger tour à tour les élèves sur les diverses parties de la leçon et sur les rapports qu'elle offre avec les leçons antérieures.

Les compositions historiques, devenues désormais un véritable exercice littéraire, au lieu d'être une reproduction plus ou moins incorrecte d'idées mal saisies, seront corrigées soigneusement par le professeur, pour tout ce qui tient au style et à la diction. Il exigera, suivant les prescriptions du programme, qu'elles soient renfermées *dans un cadre limité*, et il les appréciera non d'après l'abondance des détails; mais d'après le mérite de la rédaction. Cette méthode rend inutiles les précis et les autres compilations qui surchargent l'enseignement historique des lycées. Les résumés dictés par le professeur, et qui à la fin de l'année formeront une table raisonnée des matières du cours, pourront être appris par cœur; le professeur s'assurera du moins que les élèves en ont retenu les principaux traits dans l'ordre des leçons.

Les questions de géographie physique et politique, étant beaucoup plus restreintes que celles d'histoire et n'exigeant pas le même nombre de leçons, il n'y aura qu'une classe de géographie tous les quinze jours. Les leçons suivront le texte du programme, à partir de la troisième, et le professeur, pendant cette première année, exercera les élèves au tracé des cartes relatives à la géographie physique. Il devra donner l'intelligence des proportions entre les divers bassins, entre les diverses régions, entre les divers continents, entre les mers et les grands lacs. Il est essentiel que, dans cette étude, les démonstrations graphiques accompagnent constamment les leçons du professeur et servent de contrôle aux réponses des élèves. Du reste, ici comme dans les classes d'histoire, le professeur devra développer chaque question d'après un sommaire qui servira de base à la fois aux cartes partielles et aux rédactions des élèves. Ces rédactions, par le choix des sujets, par le soin que donnera le professeur à la correction littéraire, auront pour ses auditeurs le double intérêt d'une étude spéciale et d'un exercice général de style. Les sommaires analytiques pourront aussi servir d'exercice de mémoire.

Même dans les cours d'histoire, les professeurs devront proposer de temps en temps des sujets de tracés géographiques relatifs aux régions dont ils auront développé les annales. Ces tracés seront faits au point de vue des époques auxquelles les leçons se rapportent.

Enseignement des langues vivantes. — L'enseignement de chacune des deux langues vivantes qui sont exigées pour diverses écoles spéciales, l'allemand et l'anglais, embrasse maintenant trois années régulières et doit se diviser en trois cours successifs. Il a pour but de rendre les élèves capables d'exprimer aisément leurs pensées dans un idiome étranger, et de comprendre ceux qui le parlent devant eux.

Les langues vivantes ne seront donc pas apprises au point de vue exclusivement littéraire, comme les langues mortes, qui, ne devant point servir à l'échange habituel des idées, au commerce de tous les jours et de toutes les conditions, ont surtout été étudiées jusqu'ici pour former le goût et l'esprit des élèves. Ici l'enseignement pratique est appelé à prendre la place de l'enseignement théorique; l'application orale et immédiate des règles doit être substituée aux exercices systématiquement calqués sur les procédés abstraits de la grammaire. C'est la pratique orale, soit dans la classe, soit au dehors, qui produira, dans cet enseignement spécial, les résultats dus au travail personnel et à la réflexion dans les autres branches de connaissances.

La durée triennale des leçons emportant, comme on l'a déjà dit, la division des matières en trois sections, le plan d'étude des lycées a gradué l'enseignement en autant de cours qui se complètent d'année en année.

Première année. — Les matières des leçons de la première année comprennent l'analyse des parties du discours et l'étude de la première partie de la grammaire : les exercices indiqués sont la récitation, l'explication orale, le thème écrit ou oral. Ainsi les élèves apprendront d'abord à reconnaître, sous la direction du professeur, et par un travail collectif dans lequel ils seront tous associés à lui, la théorie des noms propres (appellatifs ou abstraits), celle des adjectifs, adverbes et degrés de comparaison, les articles, les nombres, les cas, les pronoms (personnels ou relatifs), les modes, les temps et les flexions des verbes, les prépositions, les négations, etc. On les exercera, en classe, à des thèmes improvisés qui se borneront d'abord à de rapides changements de cas, de nombres, de personnes, de temps, de modes, et l'on fera, de la même manière, des études complètes sur toutes les parties du discours, notamment sur les noms et les verbes. Le professeur s'appliquera particulièrement, dans les exercices relatifs à la conjugaison allemande, à leur faire comprendre le rôle et la place des verbes auxiliaires; il aura soin de faire saisir les analogies et les différences que la langue allemande et la langue anglaise présentent, sous ces différents rapports, soit avec les langues anciennes dont les élèves ont appris les éléments, soit avec les langues modernes; il insistera sur les diverses formes que l'idée peut prendre dans le langage, selon qu'elle se produit comme substantif, comme verbe, comme adjectif, comme adverbe.

Les racines et les formes des dérivés, en ce qui concerne la langue anglaise, produit d'éléments divers, seront la matière d'une étude distincte et approfondie. Quant à la langue allemande, qui offre plus d'unité dans sa constitution, le professeur s'occupera non-seulement des radicaux, mais de la formation des mots composés qui donnent naissance eux-mêmes à des dérivés nouveaux.

A mesure que les faits se classeront sous les yeux et dans l'intelligence des élèves, le professeur les leur fera distinguer et reconnaître dans des textes faciles et élémentaires; il déterminera le sens et la valeur des expressions qu'ils ne connaîtraient pas encore, et les préparera peu à peu, par ces explications orales, aux règles de la syntaxe, réservées pour l'année suivante. Enfin la récitation devra avoir pour objet, dans le principe, toutes les expressions et toutes les formes étudiées en classe, et dont les élèves feront ensuite l'analyse et le résumé par écrit. Dans le second semestre, ils devront apprendre par cœur les textes ou parties de textes qui auront servi aux démonstrations du professeur.

Deuxième année. — Pendant la seconde année, l'étude de la syntaxe et de la construction grammaticale préparera les élèves à la lecture à livre ouvert, et à la traduction improvisée des auteurs. Les règles générales et les idiotismes ayant été signalés par le professeur, il aidera les élèves à les retrouver dans les textes, en même temps qu'il les leur fera reproduire dans des thèmes gradués, qui passeront des propositions simples et affirmatives aux propositions complexes, négatives, etc. Il appellera leur attention sur les rapports et les différences que l'allemand et l'anglais offrent, soit avec les langues synthétiques, soit avec les langues analytiques. Dans l'allemand, on fera observer le rôle des temps composés des verbes actifs, selon que le participe qui exprime l'action reste confondu avec les verbes auxiliaires ou s'en détache pour se joindre au régime. Des exemples de ces formes, pris dans nos anciens auteurs, aideront à la démonstration en fournissant des analogies faciles à saisir. Les élèves devront être habitués, dans ces exercices, à la construction particulière de la proposition allemande ou anglaise, et le professeur veillera à ce qu'ils placent les parties du discours et énoncent leurs idées dans l'ordre commandé par le génie de l'une ou de l'autre langue.

Dans ces notions fondamentales, le professeur s'attachera surtout à l'accent, condition première de l'usage pratique des langues vivantes, et avec lequel les élèves ne sauraient être trop tôt familiarisés. Les professeurs ne doivent rien négliger pour amener promptement les élèves à une bonne prononciation. L'accent sera d'ailleurs enseigné non-seulement par l'usage, mais par des règles, comme les autres parties de la grammaire.

Grâce à ces exercices de traduction et de composition, les élèves acquerront l'habitude d'exprimer rapidement et sans embarras toutes les idées pour lesquelles ils auront amassé déjà une provision suffisante d'expressions et de formes. Ils se garderont autant que possible d'employer des termes ou des tournures qu'ils n'auraient pas vus dans les textes et dont la propriété ne leur aurait pas été démontrée par l'expérience. C'est en allemand ou en anglais que les règles de la syntaxe, au moins pendant le second semestre, devront être commentées et expliquées en commun par le professeur et par les élèves; c'est dans ces langues aussi que devra être faite l'analyse des auteurs. Le professeur qui commence, dès ce moment, à les faire envisager sous le rapport de la diction et du style, insistera sur la propriété des termes et sur les idiotismes; il comparera la valeur des synonymes, etc., etc.

Troisième année. — Les éléments constitutifs du langage et les rapports grammaticaux des parties du discours étant désormais bien connus, les exercices du cours de troisième année auront pour matière la révision générale de la grammaire, l'étude raisonnée des étymologies et des formes dérivées, l'histoire littéraire de la langue. Ici, bien plus que dans le cours précédent, l'exposition de ces différents objets devra être faite en allemand ou en anglais, dans de véritables conférences, dirigées par le professeur, et dont le résumé servira de matière au travail personnel des élèves. L'histoire littéraire, par les sujets de narration, de portraits et de tableaux qu'elle fournira, fortifiera les jeunes gens dans la pratique de la langue, tout en développant leur goût : elle achèvera d'ailleurs de les initier au génie de chacun des deux idiomes et aux beautés des écrivains les plus remarquables dans tous les genres. Il faudra éviter cependant de donner à l'histoire littéraire un caractère trop élevé pour l'âge des élèves, et on y fera dominer de préférence l'explication des textes. Les compositions et tous les devoirs écrits de cette troisième année seront rédigés exclusivement en anglais ou en allemand.

Récapitulation de l'enseignement commun aux deux sections. — Explication d'auteurs français et latins, exercices de traduction et d'analyse littéraire, compositions françaises, études d'histoire et de géographie, langues vivantes, tel est le programme varié de l'enseignement commun à la section des lettres et à la section des sciences. Cet enseignement, où tout est combiné pour développer la mémoire, l'intelligence et l'imagination, doit avoir le double effet de fortifier la vocation des élèves de la section littéraire, préparée par ces exercices à l'étude approfondie des langues anciennes, et de hâter les progrès des élèves de la section scientifique, même dans l'ordre de connaissances qui a obtenu leurs préférences.

§ 2. Enseignement particulier à la section des lettres.

Étude approfondie des langues latine et grecque.

Méthode applicable à l'enseignement plus spécialement littéraire. — Les élèves de la section littéraire, libres désormais de consacrer à l'objet spécial de leurs études la meilleure part de leur temps et de leur application, doivent être considérés comme l'élite destinée à entretenir parmi nous le goût des choses de l'esprit, et à maintenir au dehors la suprématie incontestée des lettres françaises.

Ils resteraient au-dessous de ce rôle si les différentes branches d'études qu'ils cultivent ne concouraient au but unique de former en eux ce qui fait l'homme lui-même, c'est-à-dire l'intelligence et le cœur, et si les professeurs oubliaient que l'objet principal, sinon exclusif, des études littéraires est de développer, par la triple connaissance des langues, de l'histoire et de la philosophie, le sentiment du vrai, du beau, du bien. Par là elles s'adressent aux instincts les plus élevés de l'âme, à ceux dont le développement donne à la nature humaine toute sa dignité, et qu'on ne pourrait étouffer ou négliger, chez un peuple, sans y voir tarir la source d'où naissent en même temps les inspirations de la vertu, les élans du patriotisme, et les merveilles élégantes de la civilisation.

Il ne suffit ni de préceptes jetés passagèrement dans le cours de quelques leçons, ni de dissertations théoriques sur le noble caractère des lettres, pour les faire aimer comme il convient. La littérature, cette voix de la conscience humaine qui, de siècle en siècle, s'entretient elle-même de ses émotions et de ses combats, aura besoin d'être considérée non plus seulement dans ses procédés ou dans ses applications locales et partielles, mais dans son immense objet et dans son universel empire. Embrassant les arts et les sciences, les faits et les idées, elle soumet aux lois du goût, elle plie aux heureuses exigences du nombre, de la correction et de l'harmonie, les sujets en apparence les plus rebelles, et rien ne se perfectionne, rien ne grandit, rien ne s'élève, que ce qu'elle a su marquer de son élégante empreinte. La littérature, n'est-ce pas la parole sous sa forme la plus choisie et la plus durable? Moïse et Homère, Pline et Virgile, Bossuet et Buffon, Pascal et Laplace, Corneille et Napoléon, ces génies si personnels, si divers, n'ont-ils pas une commune mesure, celle de la forme dans laquelle ils ont tous excellé, et qui associera éternellement le genre humain à leurs sentiments et à leurs pensées, devenus l'honneur et la propriété de tous? Aussi, ce sentiment de l'art, cette recherche assidue des mérites de l'expression, se retrouvent-ils jusque dans les ordres d'idées auxquels ils sembleraient devoir être le plus étrangers, mais qui, par un invincible besoin, les admettent et s'y subordonnent. Les grands jurisconsultes de l'ancienne Rome, aussi bien que les plus éminents géomètres des derniers temps, cherchaient et admiraient *l'élégance* jusque dans les théorèmes et les formules de droit ou de mathématiques, et dans ces sujets où la simple rigueur du raisonnement pourrait suffire, ils tenaient encore à la grâce de la méthode et à l'heureuse symétrie de l'expression.

Ce n'est donc pas simplement à titre d'ingénieux et libéral délassement que les lettres seront proposées à l'amour et au culte de la jeunesse. Elle y verra la plus universelle application que l'homme puisse faire de la notion du beau, et l'indispensable instrument de sa culture morale, instrument merveilleux qui se perfectionne lui-même par l'usage, qui polit les peuples comme les individus, les langues comme les esprits, qui passe d'une nation à l'autre pour que chacune profite des progrès et des conquêtes de toutes, qui sert de lien commun à toutes les sciences et les aide à se connaître, à se pénétrer et à s'éclairer réciproquement. Nos élèves apprendront ainsi à entourer d'une admiration toujours plus respectueuse et plus convaincue, ces irrésistibles génies qui, marquant les grandes époques de l'esprit humain, ont eu le glorieux privilége de parler pour tous et au nom de tous, poëtes, historiens, philosophes, orateurs, naturalistes, géomètres. Ces études les ramenant sans cesse à nos propres annales, ils seront fiers d'appartenir à la nation la plus littéraire des temps modernes, à celle, par conséquent, dont l'influence civilisatrice n'a jamais connu et ne doit jamais connaître de rivale. Mais ils comprendront surtout que les lettres sont, elles aussi, une science sévère qui ne s'acquiert que par un travail opiniâtre et par l'étude réfléchie des rapports les plus délicats et les plus variés. Il faut y apporter une application patiente, si on veut les cultiver avec fruit et goûter les douceurs dont elles payent ceux qui les aiment.

Une méthode exacte autant qu'habile est ici indispensable et il faut, en premier lieu que les trois années consacrées exclusivement à cette étude aient chacune leur caractère distinct, et mesurent réellement trois degrés de la préparation littéraire. Cette condition ne sera remplie, en ce qui touche l'étude des langues anciennes, que si les professeurs, consultant toujours le niveau moyen des intelligences, ne les exercent que sur des textes dans lesquels la liaison des idées et les formes du style puissent être vivement saisies par le plus grand nombre. Un devoir sur des matières trop difficiles ne fait pas seulement perdre le temps; il en résulte surtout de mauvaises habitudes d'esprit; les élèves s'accoutument à se payer de mots, et finissent par croire qu'il leur appartient de ne pas comprendre, comme il appartient au maître de comprendre pour eux. Or ce qui fait la difficulté des textes, c'est moins le sens propre de chaque mot que les rapports plus ou moins éloignés, plus ou subtils des idées qu'exprime la combinaison de ces mots. Tous les écrivains se servent à peu près des mêmes termes et obéissent aux mêmes lois générales de la grammaire : le mouvement des idées, la nature des sujets, rendent seules la lecture des auteurs plus ou moins facile, et c'est d'après cette mesure que la traduction en doit être graduée, si l'on veut que chaque âge y trouve un aliment salutaire au lieu d'une nourriture indigeste, et un exercice qui développe ses forces, au lieu d'une fatigue qui les épuise.

Ainsi, dans la classe de troisième, qui a pour objet spécial la révision générale de la syntaxe des langues classiques et de leurs rapports avec la langue française; dans la classe de seconde, où l'on se propose d'exercer les élèves à manier avec facilité et élégance les langues anciennes, en éveillant leur goût par l'étude du génie propre à chacune d'elles et des qualités particulières aux différents auteurs; dans la classe de rhétorique enfin, où, complétant et appliquant les notions précédemment acquises, on les initiera aux règles de l'art oratoire et à l'étude pratique des modèles les plus accomplis, toujours et partout la loi du professeur sera de proportionner les difficultés à la force dont il dispose, et de plier son enseignement à l'aptitude de ceux qui le reçoivent.

Exercices littéraires de la classe de troisième. — La classe de troisième, la première du cours purement littéraire, est, à certains égards, un moment de crise, une époque de transition dont l'influence s'étendra sur tous les travaux ultérieurs des élèves. De là l'importance attachée, surtout aujourd'hui, à cette période de la vie du lycée et des études classiques. La précision dans l'exposition des règles, la suite et l'enchaînement dans les objets du travail, la rigoureuse exactitude dans les préceptes, la sagacité dans l'appréciation des formes du langage et de la propriété des termes, y sont plus nécessaires peut-être que partout ailleurs.

C'est sur les textes rapidement expliqués et traduits en classe que les exercices de grammaire comparée devront porter. Après l'exposition de la théorie et des flexions des éléments du discours, le professeur, passant aux constructions fondées sur les lois générales de la syntaxe, et de là aux formes les plus originales, aux idiotismes les plus expressifs, apportera le plus grand soin à s'assurer que les élèves n'ont oublié ni les principes de l'analyse grammaticale, ni les rapports des radicaux aux dérivés, soit pour le grec, soit pour le latin. Ses leçons, distribuées avec régularité pendant la durée du premier semestre, au moins, suivront un ordre méthodique, et embrasseront successivement les diverses parties des trois grammaires ramenées à un même point de vue. Des notions qui n'auraient pu être développées avec fruit dans la classe précédente trouveront ici leur place. Il suivra les rapports de personnes et de nombres, les modes d'être ou d'agir dans leurs diverses expressions, soit qu'ils restent indépendants, soit qu'ils adhèrent aux noms et aux verbes comme affixes ou comme suffixes. De l'adjectif et du participe il fera sortir, d'une part, les noms communs et appellatifs, ainsi que les adverbes et les comparatifs; de l'autre, les différentes espèces de verbes; de la même manière, il trouvera dans l'action ou le geste, qui aide et complète la parole, le fondement de la distinction des personnes, des genres, des nombres, des prépositions.

Les quatre leçons du matin, quelquefois réduites à trois par la composition, sont spécialement consacrées à l'étude du grec, qui n'est interrompue que par le thème et les vers latins. Cependant, pour approfondir, aux termes du règlement du 30 août 1852, l'étude de la langue latine, on fera expliquer alternativement avec les auteurs grecs des textes latins choisis dans les auteurs prescrits pour les classes du soir.

Il est à désirer que les matières des thèmes grecs aient assez de rapports avec celles des versions récemment corrigées, ou des dernières explications, pour que les élèves puissent trouver dans les textes la plus grande partie des expressions et des tournures qu'ils auront à employer. On pourra, de temps à autre, remplacer la dictée des versions et des thèmes par un choix de passages pris dans les auteurs grecs, latins et français désignés pour les classes du matin et du soir. Cette substitution d'un texte à une dictée ne devra, dans aucun cas, ôter aux devoirs l'attrait de la variété. En ce qui regarde les versions, elle permettra de traduire une plus grande partie des auteurs, et d'en donner aux élèves une idée plus complète.

L'accentuation grecque fera l'objet d'exercices oraux dans lesquels le professeur, proposant des questions que les élèves devront résoudre immédiatement, mettra, pour ainsi dire, au concours la solution des difficultés que présente l'application des règles.

La correction de chaque devoir aura pour complément la lecture ou la dictée d'un corrigé, que le professeur commentera pour en faire apprécier l'exactitude. Il n'oubliera pas que, dans l'étude des langues classiques, le thème correspond, jusqu'à un certain point, aux exercices parlés dans l'étude des langues vivantes, et qu'il a pour effet d'amener graduellement les élèves à se représenter leurs idées et à penser dans la langue que le thème leur a appris à écrire. Il arrive tous les jours qu'avec la connaissance superficielle d'une grammaire et à l'aide d'un dictionnaire, on parvienne à saisir et à rendre plus ou moins exactement le sens d'un texte et à en donner une traduction approximative. Le thème, et surtout le thème oral, obligeant l'élève à comparer les diverses nuances des termes, et à combiner les formes différentes d'une langue, est particulièrement propre à lui en révéler les vrais caractères, et à lui en rendre l'usage facile et attrayant.

Le mécanisme des vers latins et les règles de la prosodie seront, comme la théorie de l'accentuation grecque, exposés ou revus dans une suite d'exemples et d'exercices oraux. Le professeur fera servir encore à cette étude les textes des poëtes latins compris dans les matières de récitation. Il saisira toutes les occasions d'y appliquer les règles de la prosodie, et d'interroger les élèves sur les particularités que pourrait offrir la versification. On restreindra l'usage de donner pour matières de vers ces canevas que les élèves remplissent à l'aide du dictionnaire et ces vers ébauchés qu'ils ont pour tâche d'achever : tâche ingrate, dont le moindre inconvénient est de leur faire perdre le temps dans des tâtonnements stériles et dans des combinaisons puériles de lettres et de syllabes. Toute liberté doit être laissée à leur jeune intelligence dans un devoir où la lutte contre des difficultés gratuites serait sans résultats utiles. Le professeur aura principalement pour but de les familiariser avec le langage poétique, en leur montrant, dans une série d'exemples bien choisis, comment une idée principale peut être développée, agrandie, ornée par un choix heureux de circonstances accessoires, par le coloris des métaphores et des images ; il les formera de bonne heure au sentiment du nombre, et leur fera reconnaître, pour qu'ils s'en inspirent dans d'élégantes imitations, la richesse et l'harmonie de la phrase poétique. Toutes les fois qu'il donnera des sujets de vers, il devra se borner à exprimer en prose correcte les idées principales : ce sera à la mémoire et à l'imagination des élèves de fournir les développements nécessaires et de trouver les expressions convenables.

La récitation des auteurs anciens, étroitement rattachée, d'après ce qui vient d'être dit, à tous les exercices de la classe, n'aura plus seulement pour objet de développer la mémoire. Chaque leçon apprise par cœur aura servi de confirmation à un précepte, d'exemple à une démonstration, et les élèves, pour vaincre toutes les difficultés qu'ils peuvent rencontrer, n'auront qu'à faire appel à leurs souvenirs.

Exercices littéraires de la classe de seconde. — Arrivés en seconde, les élèves, pourvus des instruments de travail, et instruits de l'usage qu'il en faut faire, vont désormais essayer leur propre esprit. La narration latine, les descriptions, les tableaux qui remplacent en partie l'exercice du thème, les invitent à écrire en latin sans le secours d'un texte préparé et d'idées toutes faites. Ils auront à penser par eux-mêmes et à se faire une langue qui leur appartienne. Aussi importe-t-il tout d'abord que le professeur ne leur donne que des sujets proportionnés à leurs forces et ne les provoque à penser que sur des choses qui leur soient familières. Leurs premières compositions pourront paraître sèches et stériles : les professeurs ne doivent pas s'en effrayer ; loin de là, toujours sévères pour les défauts par lesquels les jeunes gens penseraient corriger cette sécheresse et suppléer à cette stérilité, ils condamneront la redondance des expressions et les développements vides d'idées ; ils apprendront à leurs élèves où se trouvent les expressions justes et les développements féconds, et n'approuveront dans leurs devoirs que ce qui sera simple et naturel, et témoignera qu'ils ont vu clairement ce qu'ils voulaient dire.

Le rapport de la propriété des termes à la justesse des pensées doit être le point principal de cet exercice. La connaissance exacte de la valeur des mots nous est indispensable pour savoir nettement ce que nous pensons et nous aider à l'exprimer. Par là seulement on se garde des associations d'idées disparates, et on évite les erreurs de jugement que produit la confusion des termes où l'incomplète appréciation des rapports. Apprendre à écrire, ce n'est, en définitive, qu'apprendre à penser. Le langage n'est impropre que parce que les pensées ne sont pas justes. Le professeur en fera voir aux élèves les raisons les plus cachées en les amenant à démêler eux-mêmes les rapports qu'ils ont cru saisir, les sentiments qu'ils ont voulu exprimer, à expliquer le choix qu'ils ont fait de certaines images afin de les rendre avec plus de force. Il exercera leur raisonnement pour mieux exercer leur plume ; et, bien averti que les défauts du style sont la marque certaine d'une imperfection de la pensée, c'est la pensée qu'il s'appliquera d'abord à discipliner. Le reste viendra de soi.

Quand les élèves auront acquis cette première et indispensable rectitude de jugement, et qu'ils auront appris à respecter leur propre intelligence par l'usage qu'ils en feront, le professeur pourra leur montrer comment on féconde un sujet en l'envisageant sous ses divers aspects. Rien ne sera plus utile que de leur apprendre à ramener une description, un tableau qu'ils auront analysé ou traduit, à sa donnée fondamentale, à ses principaux traits, et de leur faire admirer l'art avec lequel l'historien, l'orateur ou le poëte arrivent à replacer sous nos yeux, dans leurs détails et dans leur ensemble, les scènes variées de la nature ou de la vie sociale, les temps, les lieux, les événements, les passions, les caractères.

C'est dans cet esprit que l'analyse de chaque texte grec et latin sera présentée, le professeur ayant toujours soin de faire sentir l'intime union du fond et de la forme, et de signaler tout ce qui se rapporte aux règles de la composition littéraire et à la manière particulière de l'écrivain. Le goût des élèves ne pourra que profiter rapidement des comparaisons auxquelles ce dernier mode d'analyse donnera lieu, pourvu que la traduction n'ait pas été faite d'après des fragments trop courts et sans lien, et que le professeur ait pris soin de rapprocher les passages des auteurs qui, semblables par quelques traits généraux, diffèrent par le mouvement de la pensée, par le tour et par la couleur du style.

Le thème grec ou latin, n'ayant plus seulement pour but l'étude pratique de la grammaire et l'application technique des règles, fournira aux élèves l'occasion de comparer et, pour ainsi dire, de mettre aux prises le caractère et le génie des trois idiomes classiques. Cet exercice doit être une lutte intelligente entre les idiotismes, les tournures usuelles, les élégances, les ellipses et les métaphores propres à chaque langue. Les sujets en seront variés, et parcourront tous les tons du style, depuis le genre oratoire jusqu'au genre épistolaire et à la fable. Les sujets traités d'abord en latin pourront l'être ensuite en grec, et réciproquement; mais la seconde version devra, autant que possible, être faite en classe par tous les élèves en commun, chacun apportant son contingent d'expressions, de formes et de variantes, sous la direction du professeur.

Exercices littéraires de la classe de rhétorique. — Dans la classe de rhétorique, dont l'objet a été précédemment défini, les leçons du matin seront employées à compléter les notions élémentaires de littérature déjà développées dans le cours commun aux deux sections. Cette connaissance plus intime et plus approfondie sera demandée à la lecture des chefs-d'œuvre des deux littératures classiques, lecture désormais facile, et qui servira de texte à des analyses littéraires, ainsi qu'à des rapprochements d'auteurs anciens et modernes. On parcourra, dans ces exercices, non des morceaux sans suite, mais des discours entiers des grands orateurs de la Grèce et de Rome, des chants de Virgile, des pièces entières de Sophocle. Les élèves devront apprendre par cœur l'art poétique d'Horace, et le professeur donnera plus de temps qu'on ne l'a fait depuis quelques années à l'étude de cette esquisse si rapide, mais si complète et quelquefois si heureuse, des conditions de l'art et des règles du goût. Il en rapprochera avec fruit les libres et ingénieuses imitations de Boileau, et indiquera les rapports et les différences de la poétique moderne avec le code abrégé de l'auteur latin.

Le discours latin prend, en rhétorique, la place du thème et de la narration ; non que le titre de discours exclue absolument les exercices d'un autre genre, ni que la forme oratoire doive nécessairement faire négliger les autres formes ; mais c'est soumettre l'intelligence de l'élève à une gymnastique utile et intéressante en même temps, que de l'inviter à se placer par la pensée dans la situation des personnages dont il devient l'interprète, et à interroger à la fois ses souvenirs classiques, son imagination et sa jeune expérience pour ne prêter à ses héros que des idées et des paroles conformes à leurs sentiments et à leur caractère. D'ailleurs, la forme oratoire a cet avantage particulier qu'à l'occasion de circonstances imaginaires et d'événements de convention, et toutefois vraisemblables, elle accoutume l'élève à chercher dans sa raison et dans son cœur les moyens de persuasion qui agissent sur l'esprit des hommes, la diversité de langage qui s'approprie à la diversité des situations et des caractères, et qu'elle lui apprend peu à peu à quelles conditions on se fait écouter des autres hommes, et comment on se rend maître de leurs passions et de leur volonté.

En commençant cet exercice, le professeur préparera les élèves par l'analyse de quelques modèles du genre oratoire, réduits à leurs éléments les plus simples, et qui leur montreront à quelles sources l'orateur a puisé ses développements et tout ce que le talent sait tirer d'un sujet. Ce travail pourrait même être répété utilement sur tous les discours en prose ou en vers traduits par les élèves : il servirait à leur faire comprendre de quelle façon les divers sujets veulent être traités, et en leur indiquant le motif et la portée de chaque développement, il les tiendrait en garde contre les digressions oiseuses et les ornements parasites.

Les matières de vers latins pourront être prises quelquefois dans les poëtes français ; ce mode de traduction réunira utilement les avantages du thème et ceux de la composition en vers. Toutefois, comme il a pour principal objet la précision du langage, et qu'il ne donne aucune carrière à l'imagination, il faudra n'en user que rarement. La métrique latine devra aussi être l'objet d'une étude suffisamment approfondie. On fera connaître aux élèves, on les engagera même quelquefois à imiter les mètres d'Horace, tour à tour si majestueux, si rapides, si souples, si gracieux, et on pourra les exercer à reproduire dans ces diverses mesures des morceaux choisis de nos grands lyriques.

Notions scientifiques appropriées aux élèves de la section littéraire.

Utilité des notions scientifiques pour la section des lettres. — Si les élèves de la section des sciences doivent recevoir une culture littéraire sérieuse, il n'est pas moins important que les élèves de la section des lettres acquièrent des connaissances scientifiques qui sont très-compatibles avec les goûts littéraires. Ces connaissances raffermiront leur jugement, donneront de la rectitude et de la vigueur à leur esprit ; elles fourniront même, grâce à la méthode d'enseignement recommandée pour cette section, un nouvel aliment à leur imagination.

Esprit du programme scientifique pour la section des lettres. — Suivre l'ordre naturel du développement des facultés en conduisant peu à peu les élèves de la contemplation de l'univers aux lois qui le régissent, telle est cette méthode si différente de celle qui refroidissait et rebutait, par l'appareil des analyses scientifiques, de jeunes intelligences naturellement portées vers les choses de sentiment et de goût. Cette marche du concret vers l'abstrait ouvrira une voie nouvelle aux jeunes gens pour qui la voie ordinaire n'aurait eu que des dégoûts et des mécomptes. La route sera plus longue peut-être pour ceux qui voudront la parcourir jusqu'au bout ; mais du moins aucun d'eux ne courra risque d'y voir ternir l'éclat et l'originalité de sa pensée.

Il est aisé d'apprécier, à ce point de vue, la concordance et l'harmonie que le programme des notions scientifiques offre pour chaque année avec celui des études littéraires.

Notions générales de géométrie et de physique. — A la classe de troisième se rattache un cours d'introduction à l'étude des sciences, qui a pour objet l'exposition des faits généraux ou des principes sur lesquels se fonde l'étude de la géométrie et de la physique. Cette exposition, appuyée sur des démonstrations pratiques qui mettront toujours le fait et l'application à côté de la théorie, n'aura rien de la sécheresse des leçons dans lesquelles l'étude devient d'autant plus abstraite, qu'elle veut être plus rigoureuse. En ce qui concerne la géométrie, les élèves traceront des figures au moyen du compas, des échelles et du rapporteur; détermineront approximativement et à vue la grandeur d'un angle, l'expression d'une distance en mètres, celle d'une surface en mètres carrés; construiront exactement des polygones semblables; exercices familiers et rapides qui leur enseigneront à trouver, par une construction graphique, la distance d'un objet accessible ou inaccessible, et à comprendre comment on a pu, par des méthodes plus parfaites, déterminer la distance des corps célestes.

Quant au mode d'exposition, l'examen du programme aura bientôt appris que, si les vérités doivent toujours être amenées les unes par les autres, il convient, dans ce cours, de chercher surtout à communiquer l'usage et l'intelligence réelle des théorèmes, en s'appuyant sur des notions historiques dignes d'être recueillies. Des modèles en relief, toujours très-utiles, devront être mis souvent sous les yeux des élèves.

Notions de chimie et de cosmographie. — A cette introduction générale, nécessaire pour familiariser les élèves avec les principes, avec les termes, avec les procédés les plus usuels des sciences exactes, succèdent immédiatement les cours attribués aux sciences d'observation : la cosmographie et la chimie en seconde, l'histoire naturelle en rhétorique.

Quel exercice serait plus propre à orner, à enrichir l'imagination de nos élèves, que ces études auxquelles notre littérature doit d'impérissables chefs-d'œuvre? Aux élèves de seconde, qui commencent à s'exercer à l'art de penser et d'écrire, s'offre d'abord le programme de cosmographie, rapide coup d'œil jeté sur la majesté de la création, et revue exacte, quoique sommaire, des merveilles qu'elle renferme. Dégagée de tout calcul et de tout appareil scientifique, cette étude, purement descriptive, doit se borner à faire connaître les doctrines et les résultats de la science moderne, sans insister sur la complication des systèmes anciens. L'homme et le ciel, le globe terrestre dans ses rapports avec le système planétaire, le système planétaire et l'univers, les lois simples et universelles qui régissent les masses, les densités, les vitesses des corps célestes, c'est là un thème assez riche, assez noble, pour que les élèves y consacrent une attention soutenue, et pour qu'en s'y appliquant leur esprit gagne en exactitude sans rien perdre en élévation.

A côté de la cosmographie, qui met aux prises l'homme et l'infini, la chimie, saisissant la création par son extrémité opposée, introduit le regard de l'élève dans ces combinaisons multipliées que la matière opère incessamment autour de lui, et qu'il est invité à surprendre et à provoquer tour à tour. Tout à l'heure il voyait l'infini au dessus de lui, maintenant il l'aperçoit au-dessous, et par la science il touche à l'un et à l'autre. Sa vue éblouie pouvait risquer de s'égarer dans la contemplation de l'univers. L'étude des corps le ramène à un sentiment plus exact de la réalité. Après avoir pesé des mondes dans l'espace à l'aide du calcul, il pèse des atomes à l'aide de ses instruments; et, après avoir appris quelles lois rapprochent et écartent les globes, il perçoit celles qui rapprochent ou écartent des molécules invisibles. Dans la chimie d'ailleurs, comme dans la cosmographie, les leçons seront aussi élémentaires, aussi dégagées que possible, de calculs et de formules. La tâche du professeur sera de développer constamment la part des expériences.

Notions d'histoire naturelle. — Enfin, l'histoire naturelle, réservée pour la rhétorique, déploiera devant les élèves tout ce que les trois règnes offrent à la littérature de grands phénomènes et de rapports harmonieux. Ce ne sera pas une étude prématurée ou superficielle, qui n'apporte qu'une récréation stérile ou ne doive laisser que des notions incomplètes et confuses : fondée sur deux années de recherches spéciales et de démonstrations pratiques, elle réunira, au contraire, en un faisceau les connaissances précédemment acquises, comme elle en recevra, à son tour, de la précision et de la fixité. Les révolutions intérieures du globe se rattacheront aux études cosmographiques, de la même manière que la zoologie et la physiologie rapprocheront à chaque instant les faits observés par la chimie et la physique.

Assistant aux phénomènes de la création, les élèves en suivront les manifestations à travers toute la série des êtres; spectacle plein de grandeur auquel ils ne doivent pas rester étrangers, puisque seul, par la volonté de Dieu, l'homme sait le comprendre, l'admirer et en jouir.

§ 3. Enseignement particulier à la section des sciences.

Mathématiques pures et appliquées.

L'enseignement des mathématiques peut être considéré sous deux points de vue : selon qu'on se propose de le faire concourir au développement de l'aptitude générale qui doit caractériser les hommes doués d'une instruction élevée, ou qu'on a pour but immédiat de donner aux élèves l'instruction particulière exigée d'eux pour l'admission dans une des écoles spéciales du gouvernement. La lourde tâche, naguère imposée aux lycées dont l'enseignement, après avoir satisfait aux nécessités générales, devait encore se plier aux exigences de toutes les écoles, a été fort allégée par l'heureux accord établi entre les programmes des écoles spéciales et les programmes de l'enseignement secondaire. La classe dite de mathématiques spéciales, renfermera seule désormais un enseignement purement affecté aux besoins de deux écoles particulières : l'école normale et l'école polytechnique. Dans toutes les autres classes, l'enseignement sera dirigé uniquement en vue de besoins généraux; il a été reconnu que cet enseignement large, qui convient pour développer l'aptitude scientifique des esprits, est aussi le plus propre à assurer de bons élèves aux écoles de médecine, de saint-Cyr, des eaux et forêts et de la marine.

Les programmes de mathématiques pures et appliquées ayant été profondément modifiés, il est devenu nécessaire d'en déterminer nettement le caractère et d'entrer dans quelques développements sur la direction nouvelle que doit recevoir l'enseignement.

Enseignement de l'arithmétique. — La connaissance de l'arithmétique est indispensable à tout homme mêlé aux affaires. Le commerçant, l'industriel, l'ingénieur, l'ouvrier, ont besoin de savoir calculer avec rapidité et exactitude. Ce caractère usuel de l'arithmétique indique assez que ses méthodes doivent avoir une grande simplicité, et que son enseignement doit être dégagé avec le plus grand soin de toute complication inutile. Lorsqu'on se pénètre de l'esprit des méthodes suivies en arithmétique, on reconnaît qu'elles découlent toutes des principes mêmes de la numération, de quelques définitions précises et de certaines idées de rapport entre les grandeurs, que tous les esprits perçoivent avec facilité, qu'ils possédaient même déjà avant que le professeur les leur fît reconnaître et leur apprît à les classer suivant un ordre méthodique et fructueux. C'est de cette simplicité de l'arithmétique que le professeur doit avant tout acquérir la conscience, afin que, tirant parti de toutes les notions naturelles et de leurs conséquences les plus simples, il imprime aux études de ses élèves un mouvement facile et rapide, propre à prévenir le découragement.

La véritable logique scientifique consiste dans l'étude rigoureuse de la géométrie. L'arithmétique est plutôt un instrument dont il importe assurément de bien connaître la théorie, mais dont il faut avant tout posséder à fond la pratique.

L'enseignement de l'arithmétique aura donc pour but principal de donner aux élèves la connaissance et la pratique du calcul, afin qu'ils puissent, dans la suite de leurs études, en faire couramment usage. La théorie des opérations leur sera exposée avec clarté et précision, non-seulement pour qu'ils comprennent le mécanisme de ces opérations, mais encore parce que, dans presque toutes les questions, la mise en œuvre des méthodes demande une grande attention et une certaine habitude de discussion, si l'on veut arriver avec certitude au résultat. On écartera, en outre, les théories inutiles, pour ne pas détourner l'attention de l'élève des objets essentiels.

Le professeur doit mettre entre les mains de ses élèves un traité d'arithmétique; le succès de tout enseignement mathématique exige absolument l'emploi d'un livre. Que ce traité soit succinct, borné aux matières du programme, qu'en aucun cas il ne dépasse deux cents pages.

Le professeur doit s'interdire l'usage des exemples abstraits, et celui des problèmes, dans lesquels les données, prises au hasard, n'ont aucun rapport avec la réalité. Ces problèmes, qu'on peut poser en nombre indéfini, et sans étude préalable, n'ont d'autre avantage que de permettre d'aborder la classe sans préparation. Que les exercices et les exemples proposés aux élèves portent toujours, et dès les premières leçons, sur des objets qui se rencontrent dans les arts, dans l'industrie, dans la nature, dans le système du monde, dans la physique. On y trouvera de nombreux avantages. Le sens précis des solutions sera mieux saisi : en outre, les élèves acquerront, sur le monde qui les entoure, des données précises dont l'utilité leur sera très-précieuse. Leur attention, enfin, étant sans cesse excitée et soutenue, il leur deviendra moins pénible de se livrer à des calculs numériques dont le résultat sera propre à piquer la curiosité.

Mais à quoi servirait d'être parvenu à un résultat numérique, si l'on ne pouvait répondre de son exactitude? Une des conditions essentielles de l'enseignement du calcul consiste à montrer aux élèves comment tout résultat, déduit d'une suite d'opérations arithmétiques, peut être contrôlé, et à les mettre en état de s'apercevoir de leurs erreurs, de les rectifier, et de n'apporter, en définitive, que des résultats exacts.

La précision qu'acquerront ainsi les rédactions rendra plus facile au professeur la tâche de la correction. Celui-ci doit, en effet, choisir avec soin les théories, les exercices, les applications, dont il croit utile de faire faire une rédaction par ses élèves; il doit ensuite examiner le travail de chacun d'eux, lui signaler, par des annotations placées à la marge, les erreurs commises, et rendre les rédactions ainsi corrigées.

Le livre placé entre les mains de l'élève a pour but, non-seulement de l'aider à retrouver, hors de la classe, le sens précis des énoncés et des explications, mais encore de le dispenser de l'obligation de faire des rédactions complètes sur les leçons qu'il reçoit, des traités *ex professo* sur la matière de chaque cours. Ces rédactions sur l'ensemble des leçons sont un abus, qu'on n'a pas supprimé dans l'enseignement historique pour le voir reparaître sur une plus large échelle dans l'enseignement scientifique. En surchargeant ainsi les élèves d'un excès de travail, en leur enlevant tout loisir, et en s'exposant à altérer leur santé, on n'arriverait pas même à former leur style, puisqu'on ne ferait que leur donner l'habitude d'une rédaction facile, mais négligée. Mieux vaut leur demander, de temps à autre, sur quelques parties des cours, des rédactions soignées, dans lesquelles la précision du langage scientifique et les règles de la grammaire soient sévèrement observées.

Après ces observations générales, qui s'appliquent en partie à l'ensemble des cours de mathématiques, il est bon d'arrêter l'attention de MM. les professeurs sur quelques points particuliers du cours d'arithmétique.

En commençant le programme du cours par ces mots « numération *décimale*, » on a voulu éviter les questions sur la numération *duodécimale*, qu'on rencontre dans plusieurs ouvrages; il est plus utile d'exercer les élèves sur le système usuel, qui ne leur devient pas toujours aisément familier, que sur un système qu'ils n'auront jamais à appliquer.

La seule vérification pratique de l'addition et de la multiplication est de recommencer ces opérations dans un autre ordre.

Si la division des nombres entiers est, en arithmétique, la première question qui soit, bien à tort sans doute, réputée d'une sérieuse difficulté, cela tient à une inutile complication des méthodes. Sans imposer aux professeurs tel ou tel mode de démonstration, on leur recommande une plus grande simplicité ; ils doivent faire en sorte que la démonstration procède suivant la même marche que la règle pratique ; ils trouveront aisément plusieurs manières d'y parvenir, telles que la suivante :

Supposons qu'on ait à chercher combien de fois le nombre 64763 contient le nombre 18. On sait qu'on arriverait au résultat en retranchant 18 de 64763 successivement autant de fois qu'il serait possible de le faire. L'opération serait ainsi fort longue ; on parviendra à l'abréger en commençant par retrancher de 64763, non plus 18, mais bien 18000. Autant de fois la soustraction pourra être effectuée, autant d'unités de mille on devra poser au quotient. Or, il est clair qu'on est ainsi conduit, pour trouver le chiffre des mille du quotient, à diviser le nombre 64 des mille du dividende par le diviseur 18. Ce point étant établi, tout le reste de l'opération se présente avec la même simplicité, et s'explique par le même raisonnement.

La théorie du plus grand commun diviseur n'a nullement besoin d'être donnée avec tous les détails dont on l'entourait et qui ne sont d'aucun usage dans la pratique. Le programme du cours porte expressément qu'on se bornera à la considération du plus grand commun diviseur de *deux* nombres. C'est qu'effectivement cette recherche n'a été maintenue que dans le but de faciliter la démonstration de la proposition suivante : « Tout nombre qui divise un produit de deux facteurs et qui est premier avec l'un des facteurs, divise l'autre. »

C'est surtout à la pratique du calcul des nombres décimaux qu'il est indispensable d'exercer les élèves, puisque, la plupart du temps, ils auront à opérer sur de tels nombres. Il est rare que les données d'une question soient des nombres entiers ; ce sont habituellement des nombres décimaux qui ne sont même pas connus rigoureusement, mais seulement avec une approximation décimale donnée ; et l'on a pour but d'en déduire d'autres nombres décimaux, exacts eux-mêmes, jusqu'à une certaine approximation fixée par les conditions du problème.

Considérons, comme exemple, la multiplication. On ne donne souvent d'autre précepte que de multiplier les deux facteurs l'un par l'autre, sans tenir compte de la virgule, sauf à séparer sur la droite du produit autant de chiffres décimaux qu'il y en a dans les deux facteurs. La règle ainsi énoncée est méthodique, simple et facile en apparence; mais, au fond, elle est, dans la pratique, d'une longueur rebutante; souvent elle est inapplicable.

Admettons qu'on ait à multiplier l'un par l'autre deux nombres ayant chacun six décimales, et qu'on veuille connaître également le produit jusqu'à la sixième décimale; la règle précédente en donnera douze, dont les six dernières, étant inutiles, auront fait perdre par leur calcul un temps précieux. De plus, lorsqu'un facteur d'un produit est connu avec six décimales, c'est qu'on s'est arrêté dans sa détermination à cette approximation, en négligeant les décimales suivantes: plusieurs des décimales situées à la droite du produit calculé ne seront donc pas celles qui appartiendraient au produit rigoureux. A quoi sert-il d'avoir pris la peine de les déterminer?

Remarquez enfin que si les facteurs du produit sont incommensurables, et si l'on doit les convertir en décimales avant d'effectuer la multiplication, on ne saurait point jusqu'où doit être poussée l'approximation des facteurs, avant d'appliquer la règle précédente. Il sera donc nécessaire d'enseigner aux élèves les méthodes abrégées par lesquelles on arrive simultanément à poser moins de chiffres et à fixer l'approximation réelle du résultat auquel on est parvenu.

Depuis qu'on a reconnu la nécessité de l'introduction des méthodes d'approximation dans l'enseignement, plusieurs ouvrages, traités ou brochures, ont été publiés au sujet de ces méthodes. Malheureusement, la question a été trop souvent prise à un point de vue tel, que loin de simplifier la marche des calculs, on l'a compliquée. Plusieurs auteurs, envisageant le problème sous le rapport d'une entière rigueur, ont prétendu tenir compte non-seulement de la première puissance des erreurs, mais de leurs carrés et de leurs produits : ne prenant pas garde qu'à la condition proposée d'obtenir le résultat cherché à une certaine approximation donnée, ils ajoutaient implicitement cette autre condition d'estimer l'erreur elle-même avec autant de chiffres que le résultat principal.

Le premier principe des approximations numériques est de ne tenir compte que des premières puissances des erreurs. Ce qui permet d'énoncer cette proposition fondamentale que dans un produit de plusieurs facteurs l'erreur relative du produit est égale à la somme des erreurs relatives des facteurs; d'où l'on déduit immédiatement que l'erreur relative d'un quotient est égale à la différence des erreurs relatives des facteurs ; que l'erreur relative du carré d'un nombre est double de l'erreur relative de ce nombre, que l'erreur relative de la racine carrée d'un nombre est la moitié de l'erreur relative du carré.

Ces propositions permettent toujours d'estimer avec facilité le degré d'exactitude avec lequel il faut calculer des nombres, engagés dans une suite d'opérations numériques, et qu'on ne peut obtenir que par approximation, si l'on veut que le résultat définitif ait une exactitude demandée. Lorsqu'un certain nombre d'erreurs doivent être ainsi commises avant d'arriver au résultat, il faut se garder d'enseigner aux élèves qu'on en doit discuter la valeur, le signe, afin d'être autorisé à commettre la plus grande erreur possible, dans chaque facteur, sans que cependant le résultat final soit entaché d'une erreur plus considérable que celle qu'on veut tolérer ; on les jetterait ainsi dans une route pénible, la plupart du temps impraticable et propre à rebuter les plus intrépides. Il est beaucoup plus simple, si dix erreurs doivent être successivement commises avant d'arriver à un résultat, de pousser les approximations jusqu'à une unité décimale plus élevée d'un ou de deux rangs, et d'éviter toute discussion en rendant ainsi la somme des erreurs certainement négligeable.

Les fractions décimales périodiques n'ont guère d'applications. Si l'on a néanmoins conservé la recherche de la fraction ordinaire génératrice d'une fraction décimale périodique, simple ou mixte, il est entendu qu'en dehors de ces deux questions élémentaires, il n'en doit être traité aucune autre.

On se bornera à l'égard de la racine cubique à une indication sommaire de la marche à suivre. Le seul but qu'on puisse se proposer ici est de donner aux élèves une idée de la généralisation des méthodes d'extraction des racines. L'extraction directe de la racine cubique n'est pas une opération pratique : c'est par les logarithmes que cette extraction doit en réalité être effectuée.

Lorsqu'il n'entre dans une question que des quantités qui varient dans le même rapport ou dans un rapport inverse, on la résout par une méthode très-simple connue sous le nom de *réduction à l'unité*. L'ensemble des raisonnements par lequel on arrive ainsi et pour la première fois à la solution d'un problème, ne doit pas être repris sans cesse et en son entier, à l'occasion de toutes les questions du même genre ; mais on posera une règle pratique et simple pour résoudre ces questions, en faisant remarquer que le résultat se compose toujours d'une quantité qui, parmi les données, est de la nature de celle qu'on cherche, et multipliée successivement par une suite de rapports abstraits entre d'autres quantités qui sont aussi, deux à deux, de même nature.

La solution de toutes les questions pouvant être présentée par la marche précédente d'une manière simple, rapide et claire, et l'emploi ultérieur des proportions n'ajoutant rien de nouveau aux notions ainsi acquises, l'enseignement des proportions est supprimé. Le professeur n'en fera désormais aucune mention. La terminologie que les proportions entraînaient avec elles doit également disparaître, et c'est pour ne laisser aucun doute à cet égard qu'une proposition d'arithmétique, nécessaire en géométrie, qu'on démontrait et qu'on énonçait habituellement en se conformant à l'algorithme et au langage des proportions, a été énoncée dans le programme comme elle doit l'être désormais, savoir que, « dans une suite de rapports égaux, la « somme des numérateurs et celle des dénominateurs for- « ment un rapport égal au premier. »

Il est peut-être nécessaire d'ajouter que cette proposition n'a point été placée dans le programme d'arithmétique afin qu'on en fît usage pour la solution de la question énoncée à la 32° leçon, savoir le partage d'une somme en parties proportionnelles à des nombres donnés. Si on veut partager 1000 en trois parties proportionnelles à 3, 2 et 5, on aperçoit immédiatement qu'il faut le diviser en $3+2+5=10$ parties égales, puis prendre successivement 3, 2 et 5 de ces parties. Cette explication n'a pas besoin d'autre commentaire, et on l'étend immédiatement au cas où les nombres donnés seraient fractionnaires.

L'emploi des tables de logarithmes, pour l'abréviation des calculs, est placé à la fin du cours d'arithmétique et vers le milieu de l'année de troisième, dans un double but. L'expérience a montré que la théorie de ces opérations n'est saisie qu'avec difficulté par de jeunes intelligences, et que l'embarras qu'elles éprouvent s'accroît lorsqu'il faut à la fois graver dans son esprit la marche des opérations, leur sens et leur portée. On remédie à cet inconvénient en commençant par faire acquérir aux élèves, sans démonstration, la pratique du calcul par logarithmes; en n'exposant la théorie elle-même, qui du reste a été renvoyée en seconde année, que lorsque les opérations sont devenues familières. Il est donc essentiel que le professeur, après avoir expliqué, dans le cours de troisième, l'usage pratique des logarithmes, ait soin d'en prescrire fréquemment l'emploi dans l'exécution des calculs réclamés pour la résolution complète des questions. C'est le seul moyen d'en faciliter l'usage aux élèves : en outre, en simplifiant les calculs, on économisera le temps qu'on peut y consacrer.

Est-il besoin de dire qu'il ne doit point être fait mention des quantités négatives proprement dites? On peut toujours ramener les caractéristiques des logarithmes employés dans un calcul à des nombres positifs, sauf à diviser le résultat final par une puissance convenable de dix, et c'est ainsi que le calcul des fractions, au moyen des logarithmes, doit être présenté. Si l'on veut, de plus, que le logarithme écrit fasse connaître la place de la virgule, rien n'est plus facile ; on enseignera que de même que la caractéristique 2 indique que le nombre a deux chiffres significatifs avant la virgule, de même on est convenu que la caractéristique $\bar{2}$ indique que le premier chiffre significatif vient deux rangs après la virgule. Ce doit être pour les élèves une convention, rien de plus. On aura d'autant plus raison d'agir ainsi que, même dans la classe de seconde, lorsqu'on en viendra à l'enseignement de la théorie des logarithmes, on devra se garder de parler aux élèves de logarithmes entièrement négatifs, qui ne sont jamais d'aucun usage, mais introduire les caractéristiques négatives comme une conséquence de la convention qui sert à fixer le rang de la virgule.

On placera entre les mains des élèves les tables de Lalande à *cinq* décimales. Les tables à sept décimales, faussement attribuées à Lalande, doivent être rejetées d'une manière absolue. L'emploi des tables de logarithmes a pour but de simplifier les calculs, et c'est ce qui serait loin d'avoir lieu au moyen de tables auxquelles on conserverait la disposition adoptée par Lalande, et qu'on étendrait cependant à sept décimales, comme cet illustre astronome s'est gardé de le faire. Admettons qu'on veuille, par ces tables à sept décimales, exécuter le produit de deux nombres décimaux ayant chacun sept chiffres significatifs, et obtenir le résultat lui-même avec sept chiffres significatifs, exactitude que l'emploi de ces tables doit avoir pour but d'atteindre, sans quoi l'introduction de la septième décimale n'aurait point de sens. Si l'on pratique l'opération de deux manières, par la voie ordinaire et abrégée d'abord, par les tables logarithmiques ensuite, on reconnaît que la seconde marche est beaucoup plus longue que la première et exige deux ou trois fois plus de chiffres. La première condition d'une table de logarithmes est qu'on puisse y prendre *à vue* les parties proportionnelles, et c'est ce qui est possible dans les tables de Lalande à cinq décimales ; on n'obtient ainsi, il est vrai, des nombres exacts que jusqu'au *quarante millième* de leur valeur, mais c'est une exactitude suffisante dans la pratique habituelle. Les angles eux-mêmes peuvent être obtenus, au moyen des tables trigonométriques à cinq décimales, avec une exactitude de 3′ à 4′ sexagésimales, ce qui suffit dans l'enseignement.

La règle à calcul donne un moyen rapide et portatif d'exécuter avec approximation une foule de calculs pour lesquels on n'a pas besoin d'une grande exactitude. On en doit rendre l'usage familier aux élèves, en ce qui concerne la multiplication et la division, comme le prescrit le programme. On se contentera donc de mettre entre les mains des élèves des règles d'un prix modéré, sur lesquelles soient tracées les seules divisions nécessaires pour l'objet qu'on se propose.

Nous terminerons ces observations par une remarque générale : l'arithmétique doit être entièrement enseignée sur les nombres chiffrés. Il ne doit être fait aucun emploi des lettres dans les démonstrations ; l'usage des lettres sera réservée pour l'algèbre, dont il sera donné quelques notions à la fin du cours d'arithmétique en troisième, et qui sera spécialement enseignée en seconde.

Enseignement de l'algèbre. — L'algèbre n'est pas, comme l'arithmétique, d'une absolue nécessité. Ce n'est même qu'avec une grande réserve qu'on doit l'introduire dans l'enseignement de la jeunesse ; les professeurs se renfermeront donc strictement dans les termes du programme.

Le calcul algébrique n'offre aucune difficulté, lorsqu'on pénètre bien les élèves de cette idée que chaque lettre représente un nombre, et surtout lorsqu'on n'entreprend pas d'introduire dès l'origine, et d'une manière absolue, la considération des quantités négatives. Il se peut que le professeur entende le sens des considérations abstraites auxquelles on est alors forcé d'avoir recours, mais ce n'est très-certainement que par la réunion mentale d'une foule de notions que ne possèdent pas alors les élèves ; ceux-ci n'y peuvent rien comprendre et n'y comprennent effectivement rien. Dans certains ouvrages, ces notions sont même fausses. Les quantités négatives et leurs propriétés ne doivent être introduites qu'à mesure que la résolution des questions, au moyen des équations, en fait sentir la nécessité, soit pour généraliser les règles du calcul, soit pour étendre le sens des formules auxquelles il conduit. « La « multiplication, dit Clairaut, est de toutes ces opérations « celle qui arrête ordinairement les commençants, et dont « l'explication embarrasse le plus les maîtres : ce principe

« qu'elle renferme, que deux quantités négatives donnent
« pour leur produit une quantité positive, est presque
« toujours l'écueil des uns et des autres.

« Pour éviter d'y tomber, je n'établis ce principe qu'après
« avoir fait faire des opérations dans lesquelles on a dû
« en remarquer la nécessité.... Je traite à fond de cette
« multiplication (des quantités négatives), après en avoir
« montré la nécessité au lecteur, en le conduisant à un
« problème où l'on est obligé de considérer des quantités
« négatives, indépendamment d'aucunes quantités posi-
« tives dont elles soient retranchées.

« Lorsque je suis parvenu, dans ce problème, au point
« où il s'agit de multiplier ou de diviser des quantités né-
« gatives les unes par les autres, je prends le parti qu'ont
« sans doute pris les premiers analystes qui ont eu de ces
« opérations à faire, et qui ont voulu suivre une route en-
« tièrement sûre ; je cherche une solution au problème,
« par laquelle je puisse éviter toute espèce de multiplica-
« tion ou de division de quantités négatives ; par ce moyen
« j'arrive au résultat, sans employer d'autres raisonne-
« ments que ceux sur lesquels on ne peut former aucun
« doute, et je vois ce que doivent être ces produits ou quo-
« tients des quantités négatives que m'avait donnés la
« première solution.

« Il n'est pas difficile d'en tirer ensuite ces principes si
« fameux, que *moins* par *moins* donne *plus*, etc.... Je dé-
« livre ainsi ces principes de tout ce qu'ils ont de choquant,
« et le lecteur parvient en même temps à connaître la nature
« des solutions négatives des problèmes. »

Bezout agit de même. Il ne parle des quantités négatives
que quand il rencontre le premier exemple *de calcul*,
— $x = -b$, qui l'y conduit. Ce n'est que plus tard qu'il
aborde la signification des solutions négatives qu'on rencontre dans la résolution des problèmes. Les professeurs
auront soin, à l'exemple de Clairaut et de Bezout, de ne
parler des quantités négatives que lorsque les élèves seront
déjà familiarisés avec les calculs algébriques, et surtout
de ne point perdre un temps précieux dans des discussions
et des démonstrations obscures que la meilleure théorie
n'apprendra jamais aussi bien que des applications multipliées.

On reprend souvent en algèbre le calcul des fractions,
attendu que les termes des fractions littérales pouvant être
des quantités quelconques, on doit généraliser les explications données en arithmétique. Cette question ne figure
pas au programme, et c'est à dessein ; si l'on devait auto-

riser de telles extensions dans toutes les parties du cours de mathématiques, il faudrait doubler le nombre des années d'études.

Le programme spécifie que la résolution numérique des équations du premier degré sera donnée par la méthode dite *de substitution* et non autrement. Les autres méthodes, et notamment la méthode dite *de comparaison*, rentrent dans la méthode de substitution; en sorte qu'il vaut mieux consacrer plus de temps à bien étudier cette dernière sous une forme unique, que de la savoir mal sous trois ou quatre formes. En outre, dans les traités d'algèbre, on ne considère que des questions dont les coefficients et les solutions sont en nombres très-simples. La méthode dont on fait usage et l'ordre dans lequel on élimine les inconnues importent alors fort peu. Mais il en est autrement dans la pratique, où les coefficients sont des nombres compliqués, donnés avec des décimales, et où les valeurs numériques de ces coefficients peuvent être fort différentes dans une même équation. La méthode dite *de substitution* peut seule alors être employée avec avantage, et encore faut-il la pratiquer dans un ordre convenable, en ayant soin de prendre la valeur de l'inconnue à éliminer dans celle des équations où elle a relativement le plus grand coefficient.

On se bornera, conformément au programme, à la résolution de deux équations littérales à deux inconnues.

Le programme entrant à l'égard de la théorie des logarithmes dans des détails suffisants pour en faire bien comprendre le sens et l'esprit, on n'insistera pas ici sur ce sujet; on renvoie d'ailleurs à ce qui a été dit en arithmétique au sujet des caractéristiques.

Enseignement de la géométrie. — On peut appliquer à l'enseignement de la géométrie une partie des remarques générales qui ont été faites sur celui de l'arithmétique. Des notions de géométrie sont, après la connaissance de l'arithmétique, ce qu'il y a de plus indispensable à tous les hommes : et néanmoins on en rencontre fort peu qui en possèdent même les premiers éléments. L'immense majorité des élèves qui sortaient de nos lycées ignorait jusqu'ici la géométrie aussi bien que l'arithmétique.

Les objets dont on s'occupe dans le cours de géométrie étant placés sous les yeux des élèves au moyen de figures, il en résulte des facilités particulières pour les explications et les démonstrations; les élèves y retrouvent des éléments qu'ils ont fréquemment rencontrés sur le terrain, et que leur esprit s'est exercé involontairement à comparer, avant qu'on en fît pour eux l'objet d'une étude régulière. Or on ne tenait point assez de compte des notions naturelles acquises ainsi sur la ligne droite, les angles, les parallèles, le cercle. L'enseignement des premiers principes de la géométrie était beaucoup trop lent, et l'on perdait inutilement le temps à donner une forme dogmatique à des vérités qui sont immédiatement saisies par l'esprit. On peut appliquer à cet enseignement de la géométrie ce que disait l'illustre Clairaut dans la préface de son traité :

« Quoique la géométrie soit par elle-même abstraite, il
« faut avouer cependant que les difficultés qu'éprouvent
« ceux qui commencent à s'y appliquer viennent le plus
« souvent de la manière dont elle est enseignée dans les
« éléments ordinaires. On y débute toujours par un grand
« nombre de définitions, de demandes, d'axiomes et de
« principes préliminaires, qui semblent ne promettre rien
« que de sec au lecteur. Les propositions qui viennent en-
« suite ne fixant point l'esprit sur des objets plus intéres-
« sants, et étant d'ailleurs difficiles à concevoir, il arrive
« communément que les commençants se fatiguent et se
« rebutent avant que d'avoir une idée distincte de ce qu'on
« voulait leur enseigner.....

« On me reprochera peut-être, en quelques endroits de
« ces éléments, de m'en rapporter trop au témoignage des
« yeux, et de ne m'attacher pas assez à l'exactitude rigou-
« reuse des démonstrations. Je prie ceux qui pourraient
« me faire un pareil reproche d'observer que je ne passe
« légèrement que sur des propositions dont la vérité se
« découvre pour peu qu'on y fasse attention. J'en use de
« la sorte surtout dans les commencements, où il se ren-
« contre des propositions de ce genre, parce que j'ai re-
« marqué que ceux qui avaient de la disposition à la
« géométrie se plaisaient à exercer un peu leur esprit, et
« qu'au contraire ils se rebutaient lorsqu'on les accablait
« de démonstrations pour ainsi dire inutiles.

« Qu'Euclide se donne la peine de démontrer que deux
« cercles qui se coupent n'ont pas le même centre ; qu'un
« triangle renfermé dans un autre a la somme de ses côtés
« plus petite que celle des côtés du triangle dans lequel il
« est renfermé, on n'en sera pas surpris. Ce géomètre avait
« à convaincre des sophistes obstinés, qui se faisaient
« gloire de se refuser aux vérités les plus évidentes : il
« fallait donc qu'alors la géométrie eût, comme la logique,
« le secours des raisonnements en forme, pour fermer la
« bouche à la chicane ; mais les choses ont changé de
« face. Tout raisonnement qui tombe sur ce que le bon

« sens seul décide d'avance est aujourd'hui en pure perte,
« et n'est propre qu'à obscurcir la vérité et à dégoûter les
« lecteurs.

« Un autre reproche qu'on pourrait me faire, ce serait
« d'avoir omis différentes propositions qui trouvent leur
« place dans les éléments ordinaires, et de me contenter,
« lorsque je traite des propositions, d'en donner seulement
« les principes fondamentaux. A cela, je réponds qu'on
« trouve dans ce traité tout ce qui peut servir à remplir
« mon projet; que les propositions que je néglige sont
« celles qui ne peuvent être d'aucune utilité par elles-
« mêmes, et qui d'ailleurs ne sauraient contribuer à facili-
« ter l'intelligence de celles dont il importe d'être instruit. »

Bezout, à son tour, recommande de ne pas multiplier le nombre des théorèmes, des propositions, des corollaires. Il faut se défier de tout cet appareil qui éblouit les élèves et au milieu duquel ils se perdent. Tout ce qui résulte d'un principe doit être exprimé en langage naturel, autant que possible, et en évitant la forme dogmatique. Voici ce qu'en dit Bezout :

« Dois-je me justifier d'avoir négligé l'usage des mots
« *axiome*, *théorème*, *lemme*, *corollaire*, *scolie*, etc...?
« Deux raisons m'ont déterminé : la première est que l'u-
« sage de ces mots n'ajoute rien à la clarté des démonstra-
« tions ; la seconde est que cet appareil peut souvent faire
« prendre le change à des commençants, en leur persua-
« dant qu'une proposition revêtue du nom de *théorème* doit
« être une proposition aussi éloignée de leurs connais-
« sances que le nom l'est de ceux qui leur sont familiers.
« Cependant, afin que ceux de mes lecteurs qui ouvriront
« d'autres livres de géométrie ne s'imaginent pas qu'ils
« tombent dans un pays inconnu, je crois devoir les aver-
« tir que : *axiome* signifie une proposition évidente par
« elle-même; *théorème*, une proposition, etc.

« S'il est un art auquel l'application des mathéma-
« tiques soit utile plus qu'à un autre, c'est la naviga-
« tion..... Il ne faut pas en conclure, cependant, qu'un
« livre de géométrie élémentaire, destiné à cet objet, doive
« rassembler un grand nombre de propositions. S'il suffi-
« sait, pour bien inculquer les principes d'une science, de
« donner ce qui est essentiellement nécessaire au but qu'on
« se propose, ceux qui connaissent un peu de géométrie
« savent qu'on y satisferait en peu de mots. Mais l'expé-
« rience démontre qu'un pareil livre serait utile seulement
« à ceux qui ont acquis déjà des connaissances, et qu'il
« n'imprimerait que de faibles traces dans l'esprit des com-

« mençants. D'un autre côté, il n'y a pas moins d'incon-
« vénients à trop multiplier les conséquences, surtout quand
« elles ne sont (comme il arrive souvent) que de nouvelles
« traductions des principes. Il n'est pas douteux que des
« éléments destinés à un grand nombre de lecteurs doivent
« suppléer aux conséquences que plusieurs n'auront pas le
« loisir et peut-être la faculté de tirer; mais il faut prendre
« garde aussi que ceux pour qui cette attention est néces-
« saire sont le moins en état de soutenir la multitude des
« propositions. Le seul parti qu'il y ait à prendre est, ce
« me semble, d'aller un peu plus loin que les principes, de
« s'arrêter aux conséquences utiles, et de fixer ces deux
« choses dans l'esprit par des applications; c'est ce que j'ai
« tâché de faire. »

Gardons-nous d'ailleurs de croire que, dans ces ouvrages des grands maîtres, il y ait moins de généralité de vues, moins d'exactitude et de netteté de conception que dans les traités actuels; tout au contraire. Ainsi, cette définition de la ligne droite, qu'elle tend toujours vers un seul et même point, donnée par Bezout, et celle de la ligne courbe, qu'elle est la trace d'un point qui, dans son mouvement, se détourne infiniment peu à chaque pas, sont des plus fécondes en conséquences. Quand on définit la ligne courbe, *une ligne qui n'est ni droite ni composée de lignes droites*, on énonce deux négations qui ne peuvent mener à rien, et qui n'ont aucun rapport avec la nature intime de la ligne courbe. La définition donnée par Bezout entre, au contraire, dans la nature de l'objet à définir; elle saisit sa manière d'être, son caractère, et met immédiatement en la possession du lecteur l'idée générale dont on tire plus tard les propriétés des lignes courbes et la construction de leurs tangentes.

Ainsi encore, lorsque Bezout dit que, pour se former une idée exacte d'un angle, il faut considérer le mouvement d'une ligne qui tourne autour d'un de ses points, il donne une idée à la fois plus juste et plus complète que lorsqu'on se borne à dire que l'espace indéfini compris entre deux droites qui se coupent en un point, et qu'on peut concevoir prolongées autant qu'on le voudra, se nomme *angle* : définition qu'on ne comprend pas très-bien, et dont, en tout cas, on ne peut absolument rien tirer pour les explications ultérieures; tandis que, au contraire, la définition de Bezout est celle dont on tire un usage précieux.

Les professeurs s'attacheront donc, dans les démonstrations, aux idées les plus simples, qui sont aussi les plus générales; ils considèreront comme terminée et complète toute démonstration qui aura évidemment fait passer la vérité dans l'esprit de l'élève, et ils n'ajouteront rien de ce qui n'aurait pour but que de réduire au silence les sophistes dont parle Clairaut.

La géométrie de Lacroix, étant celle dont les programmes actuels se rapprochent le plus, sera mise entre les mains des élèves jusqu'à ce qu'un ouvrage complétement conforme au programme ait pu être prescrit.

L'étude de la géométrie constitue le véritable cours de logique scientifique : il est d'autant plus nécessaire d'imprimer à son enseignement la direction la plus propre à fortifier l'esprit, à le redresser au besoin, à y faire pénétrer la lumière de l'évidence. A cet égard, le choix des méthodes et des démonstrations est d'un haut intérêt. Si l'esprit de l'homme est borné, si le nombre des vérités qu'il perçoit directement est trop restreint, ce doit être une raison pour profiter dans l'enseignement de toutes les notions naturelles, loin de chercher à les obscurcir par des subtilités métaphysiques au moins inutiles. Bien plus, on doit s'efforcer de donner aux démonstrations cette tournure simple et naturelle qui, résultant immédiatement de la nature intime de la proposition à démontrer, fait acquérir à l'esprit la pleine évidence d'un nouveau principe dont la vérité lui avait d'abord échappé. La meilleure démonstration est celle qui, une fois donnée, disparaît, pour ainsi dire, laissant en relief la proposition démontrée avec un tel caractère de clarté, qu'elle prend rang parmi celles dont l'esprit perçoit immédiatement la vérité.

Sous ce rapport, on devra laisser de côté, d'une manière absolue, toute démonstration fondée sur ce qu'on appelait *la réduction à l'absurde*. Lorsque, pour établir une proposition, on emploie cette tournure indirecte qui consiste à montrer qu'en partant d'une hypothèse contraire on serait conduit à une conséquence absurde, on nous place assurément dans la nécessité de ne pouvoir nier que le contraire de la proposition à démontrer ne soit une absurdité. Mais a-t-on fait comprendre à l'élève pourquoi la proposition est vraie en elle-même? A-t-on développé son intelligence, donné plus d'étendue à son esprit, et l'a-t-on ainsi préparé à faire de nouveaux pas dans l'étude de la science? En aucune façon. Assurément, si la réduction à l'absurde était nécessaire pour établir l'exactitude d'une proposition, il faudrait bien se résigner à l'emploi de cette voie quelque peu satisfaisante qu'elle soit. Loin de là, cette méthode indirecte, lors même qu'il s'agit de la démonstration d'une proposition réciproque, n'est qu'une forme vicieuse qui ne simplifie pas le langage. On fera mieux sentir cette vérité par un exemple.

Ayant établi qu'une parallèle à la base d'un triangle divise les deux côtés en parties qui sont dans le même rapport, on demande de prouver, réciproquement, que toute ligne qui divise aux points A et B les côtés en parties proportionnelles est parallèle à la base. Cette proposition inverse résulte immédiatement de ce que le second côté ne pouvant être divisé qu'en un seul point B, comme le premier côté l'est en A, et la ligne menée parallèlement à la base par le point A, jouissant de la propriété de diviser ainsi le second côté, elle doit passer nécessairement par le point B. Sous cette forme simple et directe, l'élève saisira nettement qu'il existe entre la proposition et sa réciproque une dépendance intime qui fait que l'une entraîne nécessairement l'autre. C'est le résultat qu'on doit chercher à atteindre dans toutes les parties de l'enseignement.

Une autre simplification résultera de la suppression de l'emploi des proportions. Mais pour que cette simplification porte tous ses fruits, il est indispensable que, quelles que soient les habitudes antérieures à cet égard, les prescriptions du programme soient franchement acceptées; qu'on ne commence pas par présenter aux élèves une démonstration sous la forme algorithmique des proportions, sauf à donner ensuite, pour obéir au règlement, une seconde démonstration d'où cette forme ait complétement disparu; car il est trop évident qu'au lieu d'apporter une simplification dans les études des élèves, on leur aurait créé de nouvelles difficultés. Le devoir de l'administration est de veiller à ce que cette surcharge ne leur soit pas imposée.

La considération de l'égalité des rapports suffit à toutes les démonstrations avec une grande simplicité, surtout si, lorsqu'indiquant sur une figure que le rapport de deux lignes est égal à celui de deux autres, le professeur se garde bien d'écrire cette égalité sur le tableau. Cette habitude était passée dans l'enseignement à l'égard des proportions; on les écrivait toutes : les élèves prenaient naturellement modèle sur leurs maîtres, et lorsqu'ils arrivaient aux examens pour l'obtention des grades, ils ne pouvaient exposer la plus simple démonstration de géométrie dans laquelle la considération des lignes proportionnelles était nécessaire sans perdre un temps considérable à couvrir le tableau de proportions. La patience des examinateurs était mise à l'épreuve : c'était le moindre mal; ce qui était plus grave, c'est que pour la plupart du temps, l'élève se perdait dans ces écritures, et qu'il échouait à cause d'elles dans une démonstration dont il comprenait le fond. En ayant soin de désigner dans deux figures semblables les lignes et les angles homologues par les mêmes lettres de l'alphabet accentuées dans l'une des figures, on retrouve toujours avec facilité les éléments qui sont dans le même rapport, et cela suffit.

A l'occasion de la mesure des angles au moyen des arcs, le programme recommande expressément que la proposition étant démontrée pour le cas où il y a une commune mesure entre les arcs et les angles, quelque petite qu'elle soit, cette proposition soit pour cela même considérée comme générale. Lorsqu'on réfléchit en effet attentivement aux démonstrations relatives aux quantités incommensurables, on comprend bientôt qu'on ne se fait une idée d'un rapport incommensurable qu'en le considérant comme la limite du rapport de deux quantités commensurables, et dont la commune mesure peut être aussi petite qu'on le veut. Les quantités incommensurables étant définies de cette manière, il est sensible dès lors qu'elles jouissent nécessairement des mêmes propriétés que les quantités commensurables. Ce n'est même qu'ainsi que les propositions étendues aux incommensurables peuvent avoir un sens, et lorsqu'on examine encore la forme par réduction à l'absurde sous laquelle on a présenté quelquefois l'extension des propositions aux incommensurables, on est forcé de convenir que cette forme est plus spécieuse que solide, et que, s'il était vrai qu'il y eût une difficulté dans ces questions, elle serait masquée sous cette forme, et non résolue.

La proportionnalité des circonférences de cercles à leurs rayons sera conclue immédiatement de la proportionnalité des contours des polygones réguliers, d'un même nombre de côtés, à leurs apothèmes. Pareillement, de ce que l'aire d'un polygone régulier a pour mesure la moitié du produit de son contour par le rayon du cercle inscrit, on conclura immédiatement que l'aire d'un cercle a pour mesure la moitié du produit de la circonférence par le rayon. Pendant longtemps, on a démontré autrement ces propriétés du cercle, en prouvant, par exemple, avec Legendre, que la mesure du cercle ne pouvait être ni plus grande ni plus petite que celle qu'on vient d'énoncer, d'où il fallait bien conclure qu'elle lui était égale. Cette marche fut suivie jusqu'à l'époque où le conseil de l'école polytechnique décida qu'elle serait abandonnée, et prescrivit l'emploi de la méthode des limites. Cette décision fut un véritable progrès quant à l'esprit de l'enseignement; si ce progrès n'a pas été aussi réel quant à la simplicité, c'est sans aucun doute parce que la volonté des illustres géomètres qui se trouvaient alors dans le conseil de l'école polytechnique a été méconnue.

Au lieu de considérer purement et simplement le cercle comme la limite d'une suite de polygones réguliers, dont le nombre des côtés augmente jusqu'à l'infini, et de regarder comme acquise au cercle toute propriété démontrée pour les polygones, on a inscrit et circonscrit au cercle deux polygones réguliers d'un même nombre de côtés ; et l'on a prouvé que, par la multiplication du nombre des côtés de ces polygones, la différence de leurs aires pouvait devenir plus petite que toute quantité donnée. C'est-à-dire qu'on a enlevé à la méthode des limites tous ses avantages de simplicité en ne l'appliquant pas *franchement*, comme n'ont cessé de le demander en ces termes mêmes Prony et Poisson, conformément aux idées de Leibnitz, qui nous a donné, pour la recherche des propriétés des courbes et des surfaces, le principe suivant :

« Sentio autem et hanc et alias (methodos) hactenus
« adhibitas omnes deduci posse ex generali quodam meo
« dimetiendorum curvilineorum principio, quod figura
« curvilinea censenda sit æquipollere polygono infinitorum
« laterum : unde sequitur, quidquid de tali polygono de-
« monstrari potest, sive ita, ut nullus habeatur ad nume-
« rum laterum respectus, sive ita, ut tanto magis verifice-
« tur, quanto major sumitur laterum numerus, ita ut error
« tandem fiat quovis dato minor, id de curva posse pronun-
« tiari. »

C'est ce principe dont on doit faire l'application la plus simple dans les démonstrations relatives à la mesure du cercle et des corps ronds. Et parce qu'un polygone régulier a pour mesure la moitié du produit de son contour par le rayon du cercle inscrit, et qu'on le démontre *ita ut nullus habeatur ad numerum laterum respectus*, on doit conclure immédiatement, avec Leibnitz, que cette propriété peut être étendue au cercle, *id de curva posse pronuntiari*.

Les exercices numériques commenceront à l'occasion des relations qui existent entre les côtés d'un triangle et les segments formés par les perpendiculaires abaissées des sommets. On exercera les élèves à faire des applications des formules de ce genre chaque fois qu'il s'en présentera ; c'est le seul moyen d'en faire bien comprendre le sens, de les fixer dans l'esprit des élèves tout en faisant acquérir l'habitude du calcul numérique. Lorsqu'on connaîtra les formules par lesquelles on détermine le rapport de la circonférence au diamètre, on fera exécuter le calcul de ce rapport de manière à en obtenir deux ou trois décimales exactes. Ce calcul, fait au moyen des logarithmes, sera l'objet d'une rédaction dans laquelle il sera disposé avec ordre.

Les énoncés relatifs à la mesure des aires et des volumes laissent trop souvent de l'incertitude dans l'esprit des élèves, sans doute à cause de leur forme. On les fera mieux saisir en insistant sur leurs applications par un grand nombre d'exemples : ce sera une occasion de revenir sur la partie du système métrique qui est relative à la mesure des surfaces et des capacités.

Le programme détermine nettement les limites dans lesquelles on devra se renfermer à l'égard des polyèdres semblables. Il spécifie la définition qu'on en donnera et dont on conclura la décomposition en pyramides triangulaires semblables, pour arriver immédiatement au rapport des volumes.

Les aires et les volumes du cylindre, du cône et de la sphère devront être déduits des aires et des volumes du prisme, de la pyramide et du secteur polygonal avec la même simplicité exigée pour la mesure de la surface du cercle : c'est d'ailleurs le seul moyen d'étendre les propriétés des cylindres droits à base circulaire aux cylindres droits à base quelconque.

Les *notions sur quelques courbes usuelles*, attribuées à la classe de rhétorique, seront données par des considérations purement géométriques ; et ces considérations elles-mêmes seront empreintes du même esprit de simplicité et et de clarté recommandé pour toutes les parties de l'enseignement.

Les principes qui doivent guider les professeurs des sciences mathématiques ressortent assez clairement de la discussion qui vient d'être faite des programmes d'arithmétique, d'algèbre et de géométrie, pour qu'il soit inutile d'insister particulièrement sur quelques autres points des cours.

L'enseignement des sciences diffère de celui des lettres en ce que, tandis que dans ce dernier, et par sa nature même, on revient sans cesse sur les sujets et les matières déjà expliqués ; dans les sciences, au contraire, chaque leçon est appliquée à un nouvel objet. C'est un écueil pour les esprits lents, qui sont en très-grand nombre : écueil qu'on ne parviendra à éviter qu'au moyen de révisions fréquentes. Dans ce but, on a ménagé, à la fin de chaque année, un certain nombre de leçons qui seront appliquées à une révision non-seulement des matières enseignées dans cette année, mais encore de celles qui ont été enseignées dans les années précédentes. Il est très-nécessaire qu'aucune de ces leçons ne soit détournée de cette destination spéciale.

Cosmographie.

Bien que l'enseignement de la cosmographie, destiné à donner à la jeunesse des idées sur la structure de l'univers dans ce qu'elle a de plus grandiose, semble être de nature à agir vivement sur l'imagination et à offrir un grand attrait, il s'en faut cependant de beaucoup qu'il ait jamais eu le succès qu'on devait en espérer : il est facile d'en trouver la cause. Au lieu de s'appliquer à décrire exclusivement les grands phénomènes de la physique céleste, les professeurs, transformant un cours d'exposition en un cours abstrait, ont souvent donné une très-notable partie de leur temps au développement de certains procédés géométriques, qui n'offrent d'intérêt que pour les astronomes de profession.

La description des instruments et l'exposé des méthodes d'observation et de calcul seront laissés de côté. On s'attachera à donner aux élèves des connaissances générales sur la constitution du système du monde; à les initier à l'existence des merveilles sans nombre que renferment les cieux.

On insistera donc sur l'astronomie sidérale, qui est toujours traitée trop superficiellement. Au lieu de s'étendre sur les cercles et les propriétés de la sphère, on s'arrêtera aux curieux phénomènes que présentent les étoiles périodiques, les étoiles temporaires, les étoiles colorées, les étoiles doubles, la voie lactée et les nébuleuses, et, lorsqu'on le pourra, on substituera, aux descriptions idéales, des dessins bien faits et représentant les phénomènes avec précision.

En exposant les apparences du mouvement diurne de la sphère céleste, on ne devra pas laisser à l'esprit des élèves le temps de s'habituer à considérer ces apparences comme étant l'expression de la vérité. Dès la première leçon, on les prémunira contre les erreurs des sens, et on leur fera comprendre que les mouvements apparents observés ne sont que des mouvements relatifs, dus à la rotation réelle de la terre autour de son axe et en un jour sidéral.

La forme du globe que nous habitons sera décrite avec soin. L'allongement des degrés, à mesure qu'on s'approche des pôles, fera connaître l'aplatissement de la terre, qui concourt à l'augmentation de la gravité à mesure qu'on s'éloigne de l'équateur pour s'approcher des pôles, ainsi qu'on l'aura vu dans le cours de physique à l'occasion du pendule. Quelques explications seront données pour faire comprendre comment la détermination du quart du méridien supposé elliptique, et ses deux axes, ont pu être fixés au moyen de deux degrés mesurés, l'un près de l'équateur, au Pérou, l'autre dans le nord, en Laponie. Ainsi se trouvera complétée la description du système métrique, dont on ne peut prendre qu'une idée imparfaite en arithmétique.

A l'occasion de la figure de la terre, on fera connaître les systèmes principaux de projection en usage dans la construction des cartes géographiques, et notamment des mappemondes et de la carte de France. Quelques constructions géométriques seront ici, par exception, parfaitement à leur place.

La marche des saisons, intimement liée à celle du soleil, donne le plus haut intérêt à l'étude du mouvement de cet astre. On exposera la constitution du calendrier, la réforme due à Jules César et la réforme grégorienne, dont le but a été de ramener invariablement l'équinoxe du printemps à l'époque de l'année où il a été fixé par le concile de Nicée. Ces données sont indispensables dans l'étude de l'histoire, pour la coordination des dates des événements.

Toutes nos horloges marchent aujourd'hui sur le temps moyen, qui peut s'écarter notablement du temps vrai. On fera comprendre aux élèves la raison de cet usage et comment on peut régler une horloge sur le temps moyen, à l'aide d'un cadran solaire donnant le temps vrai. Quelques mots sur la construction pratique des cadrans intéresseront les élèves.

Après avoir fait connaître la constitution physique de notre satellite, on exposera les causes des éclipses de lune et de soleil et les principaux phénomènes qu'elles présentent ; on ne donnera aucun calcul à ce sujet.

Quelques mots sur les comètes et sur le phénomène des marées termineront ce cours, dans lequel, ainsi qu'on l'a suffisamment indiqué, on ne fera point intervenir le calcul, et où l'on pourra tout au plus recourir, en une ou deux circonstances, aux procédés de la géométrie.

Physique et Chimie.

L'enseignement de la physique et celui de la chimie, considérés en eux-mêmes, ne pouvaient pas être l'objet de modifications bien importantes. Si leurs programmes demandaient à être coordonnés, soit dans leurs rapports avec les autres branches des études de nos lycées, soit en vue de la destination future des élèves, les professeurs étaient tous dès longtemps familiers avec la méthode pédagogique, dont on recommande aujourd'hui l'application; ils n'en connaissaient même pas d'autre.

Comment en serait-il autrement? Tous les professeurs de nos lycées ne s'étaient-ils pas inspirés depuis longtemps de l'esprit qui animait ce bel enseignement à la fois exact et populaire qui fut fondé par MM. Biot, Thénard, Gay-Lussac et Dulong, dès l'origine même des Facultés? N'avaient-ils pas appris à cette grande école comment la science, sans perdre de sa dignité, peut descendre à l'explication des pratiques les plus usuelles des arts, de l'hygiène et même de l'économie domestique? comment on peut juger indispensable à la conviction ou à la saine appréciation de l'auditoire, sans manquer de déférence pour la théorie, de l'appuyer ou de la démontrer par des faits précis et concluants?

Aussi le cours de chimie des lycées était-il toujours resté expérimental. Toutes les fois que les substances ou les forces dont la chimie s'occupe, peuvent recevoir une utile application dans les arts, le professeur avait soin de s'emparer de celle-ci comme d'un moyen de soutenir l'attention de son jeune auditoire. Guidé d'ailleurs par un programme excellent, il se bornait à parler des phénomènes les mieux connus, les plus importants; à décrire les substances les plus dignes d'intérêt par leur abondance dans la nature ou par le rôle qu'elles y jouent. Il ne se laissait pas entraîner à étudier des raretés ou à disserter sur des points de la science encore obscurs.

Tous les ans, les compositions du concours général venaient prouver de la manière la plus concluante que cet enseignement était bien conçu et fructueux. Presque toujours, les compositions des élèves couronnés et même celles des élèves qui n'obtenaient que la faveur d'une nomination, surprenaient le jury par cette netteté des vues et par cette vérité de l'expression qui ne se soutiennent guère dans tout le cours d'une longue rédaction, lorsque la mémoire seule en fait les frais.

Que les professeurs de chimie se gardent donc de changer de méthode, quand il leur suffit d'étendre leur enseignement en lui conservant précieusement son caractère.

Si quelques-uns de nos professeurs de physique, entraînés par les questions posées au concours général ou par les exigences des examens pour les grades, avaient pu croire qu'au lieu d'appeler surtout l'attention des élèves

4.

sur la nature même des phénomènes, il fallait la fixer sur le matériel des procédés de mesure qui servent à en préciser les conditions ; s'ils avaient pensé que l'exacte détermination des coefficients que le physicien de profession emploie dans ses calculs pouvait non-seulement entrer dans un enseignement destiné aux jeunes gens du monde, mais qu'il devait même y occuper la première place, ils ont reconnu maintenant leur erreur. Aucun d'eux ne songe désormais à transporter dans les lycées un enseignement trop détaillé qui convient à peine aux Facultés, et qui a sa vraie place au Collége de France ; bien moins encore, des discussions qu'il faut réserver pour l'Académie. Ils en sont revenus à la physique des lycées, telle que l'avaient comprise les maîtres chargés d'en organiser l'enseignement en 1808 ; sobre de détails, mais parcourant tout l'ensemble de la science. La réduire à quelques objets circonscrits, étudiés avec profondeur, comme s'il s'agissait de préparer les élèves aux épreuves de la licence, c'était tomber dans une erreur, aujourd'hui réparée.

A ces remarques, il convient d'ajouter toutefois quelques observations dont l'expérience de deux années a montré l'utilité.

Cours de physique, de chimie et d'histoire naturelle de la classe de troisième. — Le programme du cours de physique, de chimie et d'histoire naturelle de la classe de troisième n'a pas toujours été bien compris.

Les leçons doivent se suivre dans l'ordre qu'on vient d'indiquer. Les notions de physique doivent passer au premier rang, parce qu'elles sont à la fois indispensables à l'étude des phénomènes de la chimie et à la connaissance des êtres que l'histoire naturelle a mission de classer. Les notions de chimie viennent ensuite par le même motif, car il est impossible de ne pas rencontrer, dès les premiers pas dans l'étude des sciences naturelles, des mots ou des idées qui supposent une certaine connaissance du langage et des principes généraux de la chimie.

Changer l'ordre suivant lequel ces trois groupes de leçons ont été rangés, comme on l'a fait dans quelques lycées, c'est en dénaturer la pensée.

En outre, donner à ces premières notions de physique trop de rigueur scientifique; prétendre les rendre trop complètes, vouloir les unir entre elles par un lien théorique serait en méconnaître l'esprit; car elles représentent ces notions très-simples, indépendantes les unes des autres et très-sommaires sur les effets de la chaleur et de l'électricité, sur le baromètre et la balance, etc., qui se trouvaient autrefois en tête de tous les traités de chimie, et qui sont vraiment indispensables à celui qui en commence l'étude : c'est un manuel, un vocabulaire, dont les premières éditions de l'ouvrage de M. Thénard donnent le parfait modèle.

Il y a donc lieu de considérer dans son ensemble ce cours de troisième comme une introduction à l'étude des sciences physiques et naturelles. En effet, il prépare les élèves à l'étude de la chimie et des sciences naturelles par des prolégomènes de physique; à l'étude de la physique elle-même par des prolégomènes de chimie; enfin, à l'intelligence plus nette des phénomènes physiques de la vie, par un coup d'œil jeté sur l'ensemble des êtres organisés. Il accoutume les élèves à comprendre que la science est une, comme la nature qu'elle a mission d'expliquer.

Lorsque ces trois séries de leçons ne sont pas confiées au même professeur, du moins faut-il que ceux qui en sont chargés se concertent pour que leur ensemble constitue un enseignement bien gradué, dans lequel les idées et le langage, marchant avec la plus grande réserve, s'appuient toujours sur des explications ou des définitions précédemment fournies aux élèves. Le professeur ne doit pas se servir d'un mot sans s'assurer que ses élèves en comprennent le sens. Il ne doit s'appuyer sur une idée qu'autant qu'elle est bien comprise. C'est surtout à ces préliminaires de la science qu'il convient d'appliquer la règle : *apprendre peu, mais bien*. C'est à cette époque qu'il importe d'accoutumer les jeunes gens à ne pas se contenter de mots et à se bien rendre compte s'ils en ont l'intelligence réelle; car, une fois prise, l'habitude de se payer de mots les rendrait impropres à toute étude scientifique sérieuse. Dire, par exemple, dans les leçons d'histoire naturelle, que le sang contient du chlorure de sodium, c'est s'exposer à donner de ce fait une idée qui pourrait demeurer obscure. Dire que le sang contient des sels parmi lesquels on remarque le sel commun, qui s'appelle chlorure de sodium, c'est en fournir une idée juste, car elle s'appuie sur deux notions préexistantes dans l'esprit des élèves, celle des sels et celle du sel commun. En parlant des os, ne craignons pas de dire qu'ils renferment une matière animale et une matière terreuse. Cette terre des os, que tous les élèves connaissent, est une notion préexistante sur laquelle il faut s'appuyer pour leur apprendre quelque chose de plus, c'est-à-dire que les os contiennent du phosphate de chaux et du carbonate de chaux.

Cours de chimie des classes de seconde et de rhétorique. — Après ces premiers pas, les études se spécialisent; mais qu'on se garde d'aller trop loin. Il est vrai que l'enseignement de la chimie devient plus complet en seconde et en rhétorique, mais le programme serait mal interprété si, abusant de son étendue, on en profitait pour entrer dans des développements qui ne sont pas faits pour les classes de nos lycées.

Avant Lavoisier, la chimie minérale, déjà explorée, offrait une multitude de sentiers et de labyrinthes dont son génie a saisi les rapports et tracé le plan. Bientôt l'accès en est devenu facile aux commençants eux-mêmes par la découverte de cette nomenclature précise comme l'algèbre, pure et sonore comme une langue antique, qu'on aime à entendre appeler la nomenclature française. Voilà le champ d'études assigné à l'enseignement des lycées.

Conservons-lui sa prudente réserve; qu'il embrasse tout ce qui est classique, mais qu'il s'y renferme! Qu'il ne se hâte pas de répudier cette belle méthode, ce beau langage qui ont fait de la chimie française une école de logique pratique, en même temps qu'elle est l'interprète le plus sûr de la philosophie naturelle, le moyen d'analyse le plus puissant dans la discussion des procédés des arts!

Aujourd'hui, par exemple, si la chimie organique offre, à son tour, des labyrinthes qu'aucun plan général ne réunit encore; si la chimie minérale s'est enrichie de nouveaux détails, qui ne se lient plus à l'ensemble d'idées adopté par Lavoisier, est-ce à dire que nos professeurs doivent s'empresser d'introduire leurs élèves dans ces sentiers sans issue, qu'ils doivent les arrêter longtemps sur ces faits mal classés? Non, sans doute, c'est aux Facultés que de tels soins sont réservés; c'est là qu'un enseignement plus complet, s'adressant à des esprits plus mûris, peut sans danger aborder l'exposition des difficultés et des doutes de la science.

Si, en sortant du lycée, les jeunes gens ont conservé une notion précise et durable de la nature et des propriétés de quelques corps d'un intérêt universel, comme l'air, l'eau, les métaux usuels; les acides, les alcalis et les sels les plus communs; si les phénomènes de la combustion, ceux de la respiration et de la nutrition des plantes, ceux de la respiration et de la nutrition des animaux ont été soigneusement étudiés devant eux, l'enseignement de la chimie aura atteint son but.

Mieux vaut restreindre ces études aux grands objets et y faire pénétrer d'une main sûre la jeunesse de nos lycées, que de les étendre hors de propos sur des détails qu'aucun lien logique ne rattache au plan général. Ceux-ci ne s'adressent qu'à la mémoire, et leur étude peut altérer, loin de la raffermir, la confiance que le plan d'idées adopté pour le cours lui-même doit toujours inspirer.

La faculté laissée aux professeurs de faire jusqu'à un certain point le choix de leur méthode et celui des matériaux de leur cours, autorise ces conseils. Leur but est d'assurer partout aux élèves les bénéfices de cet enseignement vraiment classique, qui, tout en donnant la clef des phénomènes les plus importants de la nature et des opérations les plus curieuses des arts, procède par un cours d'idées clair et logique, où les esprits justes se fortifient, où les esprits faux tendent à se redresser, où les intelligences les moins déliées trouvent encore accès, et dont la chimie de Lavoisier est toujours le modèle.

Aussi, les professeurs des lycées, convaincus que leur mission n'est pas de former quelques chimistes, mais bien de faire circuler dans la masse même de la nation les connaissances chimiques les plus générales et les plus utiles, ne s'étonneront pas d'avoir à revenir trois fois en trois ans sur l'exposition des principes.

Ces principes, ces notions générales, tout homme bien élevé doit les posséder, les conserver toute sa vie. Il faut donc les épurer, les simplifier, les éclairer sous tous leurs aspects d'une lumière si vive, que, dans le jeune auditoire, aucune intelligence ne puisse rester rebelle au sentiment de ces grandes vérités.

Rien de plus propre à conduire à ce but désirable que des expériences bien choisies, exécutées et discutées avec attention.

Les professeurs de quelques lycées s'attachent un peu trop encore à dicter leurs leçons et à exiger des élèves de longues rédactions, procédé qui est surtout propre à exercer la mémoire et point assez à montrer comment on observe un fait, et comment d'un fait qu'on observe bien, on tire soi-même des conséquences précises.

Aussi, quoique les expériences soient généralement disposées avec soin dans les cours de nos lycées et qu'elles y réussissent bien, elles ne font pas toujours sur les élèves l'impression qu'on en devrait attendre. Le plus souvent, le professeur les emploie pour démontrer ce qu'il vient d'affirmer. Comme il sent bien qu'il est cru sur parole et que, de leur côté, les élèves, convaincus d'avance, ne croient plus avoir le moindre effort d'esprit à faire, les expériences sont rejetées sur le second plan. D'ailleurs, le professeur, sans le vouloir, passe trop rapidement sur les expériences, pour se réserver le temps de dicter sa leçon et de la faire écrire sous sa dictée.

Or, rien de plus facile, avec la souplesse et la sûreté de mémoire qu'on rencontre chez nos jeunes élèves que de leur faire apprendre par cœur un cours de chimie. Ils retiendront tout, principes généraux, formules, chiffres, développements, et pourront se faire illusion sur leur savoir réel; mais à peine sortis du lycée, ils s'apercevront qu'ils s'étaient bien trompés, car il ne leur restera rien de ce qu'ils avaient si aisément appris.

Au contraire, si le professeur leur fait réellement comprendre la science, ses élèves seront moins brillants peut-être, mais il leur aura donné des notions plus solides et plus durables.

Pour y parvenir, il doit les accoutumer, par de fréquents exemples, à trouver eux-mêmes des raisonnements, à tirer des conséquences, à préciser des conclusions, à développer des applications. S'adressant d'abord aux sens, il doit partir de l'expérience fondamentale, toutes les fois que le sujet le permet, en fixer les conditions, en mettre en relief toutes les circonstances, obliger les élèves à s'en rendre compte par eux-mêmes, puis fonder tout l'édifice de sa discussion sur cette base solide. Lorsqu'il s'agit de ces expériences qui ont donné naissance à une grande théorie, comme l'analyse de l'air par Lavoisier; qui ont servi à découvrir une grande application, comme l'action décolorante du charbon; qui se lient à des phénomènes d'un intérêt universel, comme la combustion du charbon ou celle de l'hydrogène, loin de glisser sur les détails, le professeur doit suivre ces expériences dans tout leur cours, les peindre à mesure qu'elles s'effectuent, attirer sur elles l'œil de l'auditoire, en prévoir les diverses phases, les annoncer, en expliquer les accidents, en un mot, concentrer sur elles toute la puissance d'attention des élèves.

Si le temps dont le professeur dispose le permettait, l'emploi général de ce procédé lui serait recommandé; car, lorsqu'il affirme d'abord et qu'il prouve ensuite, il lui faut un grand art pour intéresser; un problème étant, au contraire, donné par la nature, si professeur et élèves luttent de concert pour le résoudre, l'auditoire s'anime spontanément.

Envisager la chimie comme une conception pure de l'esprit et les faits comme un complément d'information, dont à la rigueur on pourrait se passer, c'est enseigner, non la chimie, mais une science fausse qui formerait de jeunes présomptueux.

On ne saurait trop le répéter aux professeurs : Bornez votre enseignement ; loin de vous engager par delà le programme, restez en deçà plutôt. Mais quand vous faites une expérience fondamentale, analysez-en les conditions essentielles avec soin ; faites-en bien ressortir les conséquences immédiates. Quand vous exposez un sujet d'un intérêt général, résumez-en l'histoire : rendez ainsi familière la logique des inventeurs ; apprenez à vos élèves à connaître et à vénérer les noms des hommes illustres qui ont créé la science. Défiez-vous des exposés abstraits. La vanité du professeur peut s'y complaire, il peut se dire : Voilà comment je m'y serais pris pour inventer la science, si elle n'eût pas été déjà inventée. Mais, qu'il y prenne garde, cette satisfaction a pour résultat certain d'inspirer aux élèves une confiance mal fondée dans la puissance du raisonnement. Si le besoin d'abréger amène quelquefois la nécessité de préférer une telle méthode d'exposition, qu'un coup d'œil rapide sur l'histoire de la question vienne toujours, du moins, en donner le correctif.

Ce sont les faits qui ont servi de point de départ à toutes les découvertes de la chimie ; ce sont les faits qui la guideront encore dans l'avenir. Sa logique est là, non pas ailleurs. Dans l'exposition des grandes théories, on ne saurait donc trop recommander aux professeurs de marcher du connu à l'inconnu. Ils donneront pour base à leurs leçons, en pareil cas, une idée ou un fait familier aux élèves, vulgaire s'il se peut, et ils en feront sortir devant eux, par voie de déductions, en justifiant celles-ci par des expériences appropriées, toutes les conséquences que la science en a tirées.

Tout ce qui tend à confondre l'étude des sciences physiques avec les observations et les notions de la vie commune, doit être saisi avec empressement. L'élève s'accoutume par là à raisonner ses impressions, à classer ses remarques, à les préciser. Il acquiert pour toute la vie l'habitude de raisonner en chimiste, au lieu de se borner à savoir par cœur, pour quelques mois, le texte de son cours.

La tâche du professeur ne sera pas remplie si tous ses élèves n'emportent pas de son enseignement des notions justes sur les faits qui sont d'observation générale et vulgaire ; s'ils n'ont pas pris l'habitude d'en parler avec simplicité et clarté ; s'ils ne savent pas les discuter et s'en rendre compte.

On ne saurait donc trop recommander aux professeurs d'éviter avec le plus grand soin tout luxe de terminologie inutile. Qu'ils ne craignent pas les mots vulgaires, qu'ils s'en servent au contraire toujours de préférence? Quand on a fait connaître la composition de l'eau, du sel marin, de la chaux, par exemple, il n'en faut pas moins continuer à les désigner sous ces noms. Quand on parle de la chaleur, il faut lui laisser sa dénomination; en l'appelant calorique, les élèves s'en croient plus savants, et ils n'ont dans la tête qu'un mot de plus.

Tout ce qui tend à rendre l'enseignement simple doit être préféré. Aussi, quand il s'agit de propriétés numériques, faut-il éviter soigneusement les décimales trop nombreuses. Que les nombres soient présentés dans ce qu'ils ont de pratique et en rejetant ce qui est de luxe et de pure curiosité scientifique. Donner les rapports en nombres ronds, faire souvent intervenir les rapports en fractions vulgaires qui peignent mieux la pensée quand ils sont simples, caractériser ces rapports dans tous les cas importants par des exemples, par des rapprochements, par des applications, tel est le devoir du professeur. Loin d'exciter les efforts de mémoire au moyen desquels les élèves retiennent des densités, des pouvoirs réfringents, des équivalents, jusqu'à la cinquième décimale, il faut les blâmer comme une dépense de force mal appliquée.

A ces exigences communes à tous les élèves, il s'en joint d'autres, sans doute, lorsqu'il s'agit des élèves de la section scientifique en particulier. Mais, si les développements des cours vont plus loin, la marche de l'enseignement doit demeurer la même, et les phénomènes les plus communs doivent toujours être choisis de préférence comme éléments de la leçon.

Aussi, pour la parfaite exécution du nouveau plan d'études, les professeurs trouveront-ils bien plus de profit à préparer leur leçon dans le laboratoire même, au milieu des appareils, en prenant part à la disposition matérielle des expériences, qu'à l'étudier dans leur cabinet, abstraction faite des objets qu'ils vont avoir à manier et à faire passer sous les yeux des élèves. Car c'est dans la nature, bien plus que dans les livres, qu'il faut chercher des inspirations, pour un enseignement qui doit demeurer élémentaire, pratique, et toujours approprié aux intelligences moyennes. Car la science que le lycée enseigne est celle qui, par la généralité de ses notions, convient à tout le monde, et non la science plus élevée ou plus détaillée réservée aux Facultés.

S'il expose la théorie des équivalents, le professeur aura donc soin de prendre pour base les expériences fondamentales de Richter et de Wenzel, qu'il exécutera devant les élèves.

S'il veut faire l'analyse de l'air, après avoir exposé la méthode de Lavoisier pour l'analyse qualitative, il emploiera les absorbants, tels que les sulfures ou le phosphore pour l'analyse quantitative, et il s'arrêtera à l'eudiomètre de Volta, dont il faut que les élèves connaissent l'emploi, mais sans aller plus loin.

S'il aborde une application industrielle, il aura soin d'en dégager la pensée fondamentale et de la rendre saisissable par une expérience concluante, avant d'entrer dans la description, toujours sommaire, des appareils que le travail en grand met à profit.

S'il s'agit de chimie organique, il se gardera d'aborder des théories encore douteuses. Il fera connaître les faits; il en exposera les rapports d'après l'expérience; il en donnera l'explication la plus prochaine, la plus simple et la moins contestée.

Le professeur veut-il se rendre compte des résultats qu'il a obtenus, qu'il fasse lire tout haut par un de ses élèves un passage d'un traité de chimie et qu'il en exige l'explication et le commentaire, soit de la part de cet élève même, soit de la part de ses camarades. Lorsque l'interrogation en classe sur des questions de chimie n'obtient pas tout le succès désirable, cette forme d'examen sur un texte précis réussit toujours. L'examen porte alors sur un sujet bien déterminé. Dans le passage choisi, les mots sont employés avec justesse et les idées énoncées avec précision. Si l'élève montre par ses réponses aux questions nombreuses que chaque terme de chimie peut provoquer, qu'il en a le sentiment exact, s'il donne aux idées leur valeur précise, il sait déjà beaucoup. Si, au contraire, il hésite ou se trompe, rien n'est mieux fait pour lui prouver qu'il a besoin de nouveaux efforts; car tout élève sensé comprendra que, si le lycée n'est pas destiné à faire des chimistes, on doit en sortir en état, du moins, de lire avec profit un livre de chimie élémentaire, pris au hasard.

A mesure que l'enseignement se fortifie, on peut donner aux exercices un caractère plus profitable; poser aux élèves des problèmes numériques et en faire contrôler la solution de temps en temps. Après avoir demandé à un élève combien 1 gramme de craie fournira de centimètres cubes d'acide carbonique, rien de plus facile, par exemple, que de faire immédiatement vérifier son résultat par l'élève lui-même sur la cuve à mercure et devant tous ses camarades. Par quelques exercices de ce genre, les jeunes gens apprennent bientôt à calculer, à peser, à mesurer, et on leur inspire le goût de l'expérience avec la confiance de ses enseignements.

Le professeur ne négligera pas de résoudre devant eux les petits problèmes d'analyse que la leçon comporte, surtout lorsqu'il s'agit de substances d'un emploi commun. Mises à leur place, ces notions entrent sans fatigue dans l'esprit des élèves, trouvent plus tard dans la vie leurs applications, et contribuent au plus haut degré à donner à l'enseignement de la chimie son véritable caractère.

Enfin, dans chaque lycée, on mettra à profit les ressources de la localité pour fournir aux élèves des occasions d'étude dans les ateliers ou manufactures de l'industrie. Il est rare qu'on ne puisse pas organiser huit à dix promenades par an dans ce but. Le professeur doit conduire lui-même les élèves. Il doit leur fournir les explications dont ils ont besoin; mais les abandonner pourtant à leur curiosité propre et les accoutumer à recueillir directement des ouvriers les informations dont ils ont besoin.

Ces promenades sont de tous les sujets de composition à donner aux élèves, les meilleurs. Ils fournissent l'occasion d'exposer un procédé chimique, d'en discuter la théorie, d'en montrer l'application en grand, de décrire et de dessiner les appareils, de rendre compte de leur mécanisme et de leurs fonctions, enfin, de suivre dans ses divers emplois le produit obtenu. Les élèves, ayant pris une partie de leurs informations en dehors de l'enseignement du professeur, sont ainsi soumis du reste à une épreuve qui permet de juger plus exactement de la rectitude de leur esprit: il ne leur suffit plus, pour y réussir, d'avoir une mémoire sûre. Enfin, lorsqu'on peut trouver dans les opérations de l'usine quelques exemples de calculs numériques à proposer, rien n'est plus profitable, car le sentiment des proportions se communique ainsi tout naturellement aux élèves.

Cours de physique des classes de troisième et de seconde. — Si la chimie doit se garantir des abstractions, cette règle n'est pas moins applicable à la physique.

Comment donner aux élèves une notion du pendule qui surpasse en enseignements la naïve histoire de la lampe de la chapelle de la Vierge? Comment passer sous silence les fontainiers de Florence à propos de l'invention du baromètre et dans l'étude de la pesanteur de l'air? Par quel travers d'esprit veut-on bannir le hasard de cette observation par laquelle Galvani a découvert le fait fondamental de l'électricité dynamique? Croit-on honorer Malus et la science en supprimant aussi la part du hasard dans l'observation qui le conduisit à découvrir la polarisation de la lumière?

La dignité de la science ne gagne rien à ces fausses délicatesses; l'éducation de la jeunesse y perd beaucoup. Sur de telles matières, il n'est pas permis d'induire les élèves en erreur. Mieux vaudrait presque renoncer à ces notions de physique, bientôt oubliées peut-être, que de s'en servir pour faire entrer à chaque occasion et par un enseignement de tous les jours dans l'esprit des élèves un principe faux qui n'en sortira plus. L'homme n'a pas inventé la physique : il a saisi des observations données par le hasard; il en a varié les conditions, et il en a déduit les conséquences.

Persuader aux jeunes gens que l'esprit humain pouvait se passer du fait qui sert de base à chaque découverte importante, qu'il pouvait créer la science par le raisonnement seul, c'est préparer au pays une jeunesse orgueilleuse et stérile. Elle dédaignera le gland d'où doit sortir le chêne; elle méprisera ce fait insignifiant, ce germe inaperçu, toujours nécessaire, d'où le génie part pour doter l'avenir de forces et de lumières nouvelles; elle se complaira dans la contemplation de ces abstractions qui arrêtent les esprits justes et qui égarent les esprits faux dans toutes les misères, dans toutes les vanités.

Quand il s'agit de marquer le premier jet de la pensée humaine, son origine, il n'y a rien de plus beau, de plus fécond et de plus moral que la vérité.

Rien de plus beau, car quiconque cherche, dans les documents originaux, la marche suivie par les inventeurs dans la découverte de toutes les idées mères, demeure charmé de cette étude. Rien de plus fécond, car nos professeurs, en suivant cette voie, se sentiront capables d'inventer à leur tour et communiqueront facilement cette conviction à leurs élèves pour leur propre compte. Rien de plus moral, car en rendant justice à celui à qui nous devons le bienfait d'une invention, ils feront un acte de probité, dont il est d'autant plus nécessaire qu'ils donnent l'exemple à leurs élèves que ceux-ci ne trouveront que trop souvent des maîtres enclins à s'en dispenser.

Que dans l'étude des mathématiques, on fasse table rase du passé, qu'on les enseigne dégagées de tout document historique, cela n'est pas sans inconvénient; mais qu'un pareil procédé soit étendu aux sciences physiques, ce sera en dénaturer complétement le sens.

On ne saurait donc trop recommander aux professeurs de physique de commencer l'exposition de toutes les grandes théories par un précis historique très-fidèle, et, au besoin, par l'exacte reproduction de l'expérience d'où l'inventeur est parti. Ils n'oublieront pas que la physique est une science expérimentale qui tire parti des mathématiques pour coordonner et pour exposer ses découvertes, et non point une science mathématique qui se soumettrait au contrôle de l'expérience.

Les professeurs de physique ne sauraient trop se défier d'ailleurs d'une particularité de leur enseignement qui se rattache plus qu'il ne semble à la considération précédente. On veut parler de ces appareils de luxe que l'usage a introduits dans leurs cabinets. Ce n'est pas ici qu'on pourrait méconnaître les grands biens que la formation de ces cabinets, création de M. Thénard, a valus à nos lycées. Sans eux, nos professeurs de physique, une des gloires de l'Université, n'existeraient pas, et leurs élèves seraient sortis des classes sans en emporter aucune notion vraie des phénomènes naturels.

Le plus souvent, la pensée première de l'inventeur, dénaturée dans leurs appareils pour revêtir une forme qui en fait disparaître toute la naïveté, s'éloigne trop des dispositions premières qu'il avait adoptées.

Presque toujours, ces appareils offrent des dispositions accessoires compliquées, sur lesquelles l'attention des élèves s'égare et qui les distraient de l'objet essentiel de la démonstration.

Leur prix élevé éloigne de l'esprit des élèves toute pensée de s'occuper un jour de physique; cette science leur semble réservée aux personnes qui disposent d'un grand cabinet ou d'une grande fortune.

Nous ne saurions donc trop rappeler aux élèves de l'École normale l'utilité des travaux d'atelier qu'ils ont à accomplir; aux proviseurs, le parti qu'ils peuvent tirer, au profit de l'enseignement, d'un atelier placé près du cabinet de physique, comme sa dépendance nécessaire; nous ne saurions trop encourager les professeurs de physique à simplifier leurs appareils; à les construire eux-mêmes toutes les fois qu'ils le peuvent; à n'y employer que des matériaux communs; à se rapprocher dans leur construction des appareils primitifs des inventeurs; à éviter ces machines à double et triple fin dont la description devient presque toujours inintelligible pour les élèves.

Quoi de plus simple que les moyens à l'aide desquels Volta, Dalton, Gay-Lussac, Biot, Arago, Malus, Fresnel ont fondé la physique moderne ?

Il y a quarante ou cinquante ans, lorsque cette génération de physiciens illustres reconstituait sur de nouvelles bases tout l'édifice de la science, elle y parvenait avec des outils si communs, d'un prix si modique et d'une démonstration si facile, qu'on a le droit de se demander si l'enseignement de la physique ne s'est pas trop soumis à l'empire des constructeurs d'instruments.

Insensiblement, on est venu parfois à subordonner la pensée qu'il s'agit de faire entrer dans l'esprit des élèves à l'appareil qui devrait en être seulement la traduction matérielle ou la vérification. Les professeurs de physique craignent d'aborder l'étude d'une classe de phénomènes quand la machine imaginée par les constructeurs de Paris manque à leur cabinet, comme si cette exposition perdait quelque chose à être faite à l'aide des procédés matériels très-simples imaginés par les inventeurs mêmes, et toujours de nature à être réalisés à peu de frais partout.

Cependant, lorsque la recherche d'une précision inutile conduit à aborder des détails où l'intelligence des élèves ne peut plus pénétrer, ils ne retiennent ni l'expression trop raffinée de la loi qu'on voulait mettre dans leur mémoire, ni son expression plus simple qui, présentée seule, aurait été comprise et conservée.

Prétendre, par exemple, qu'on ne peut parler de la dilatation des gaz par la chaleur sans faire connaître les appareils délicats qui en ont donné la dernière mesure, c'est une erreur. Que la chaleur dilate l'air, c'est une notion utile à tout le monde ; que cette dilatation se montre sensiblement la même pour tous les gaz, c'est ce que tous les jeunes gens instruits doivent savoir, car c'est une des belles lois de la nature. Mais, que cette loi ne soit vraie qu'à titre de loi limite, et qu'elle soit seulement approximative dans les circonstances ordinaires ; que chaque gaz ait un coefficient de dilatation spécial et variant de l'un à l'autre à la troisième ou à la quatrième décimale, c'est l'affaire des savants de profession.

Gay-Lussac s'était assuré que tous les gaz se dilatent de la même manière, au moyen de tubes gradués contenant des quantités égales de divers gaz, et disposés dans une étuve qu'on échauffait de 10 à 100 degrés. La mesure directe du volume occupé par chaque gaz au commencement et à la fin de l'expérience lui avait suffi pour donner la loi du phénomène.

Exposée de la sorte, la question ne trouvera jamais d'intelligence rebelle dans le jeune auditoire des lycées. A quoi servirait-il pour lui d'y rien ajouter?

Ainsi, 1° caractériser exactement le procédé des inventeurs, toutes les fois qu'il s'agit d'une grande classe de phénomènes; 2° s'astreindre, autant que possible, à l'emploi des appareils et des procédés les plus familiers; 3° laisser à l'enseignement des Facultés les détails plus compliqués, réservés aux savants; 4° se borner à l'exposition des idées simples, dont tout le monde a besoin de faire usage : telles doivent être les règles à suivre dans l'enseignement de la physique.

La description et la discussion des procédés ou des appareils qui se rattachent aux applications communes de la physique doit trouver place dans cet enseignement. Ne dédaignons pas d'apprendre à nos élèves sur quels principes sont fondés les appareils d'éclairage domestique, et comment on en doit gouverner l'emploi. Qu'ils apprennent à quels signes on reconnaît un bon appareil de chauffage, et comment on en tire le meilleur parti. Qu'ils sachent ventiler leurs demeures. Qu'ils sachent constater si elles sont humides et qu'ils soient en état de les assainir.

Que le professeur mette en un mot le plus grand soin à se rapprocher de la vie réelle; qu'il se propose d'en améliorer les conditions et qu'il y puise toutes les inspirations qu'elle pourra lui fournir.

Bien entendu que si toutes ces observations sont applicables à l'enseignement de la physique pour la section des sciences, à plus forte raison conviennent-elles lorsqu'il s'agit de la section des lettres.

Il dépend du professeur de physique de faire que, pour ses élèves, la nature ait un langage, que son spectacle soit plein d'instruction, que leur curiosité, toujours en éveil, y trouve un aliment toujours nouveau. Mais comment y parviendrait-il, s'il ne commençait pas à éprouver pour son propre compte les impressions qu'il est chargé de transmettre?

L'enseignement des mathématiques avait été pris au point de vue abstrait; celui de la physique avait fini par subir les mêmes influences; celui de la chimie tendait à tomber dans les mêmes erreurs. Eh bien! il faut avoir le courage de le dire, la jeunesse en avait perdu ce sentiment qui est la source de toutes les découvertes, le sentiment de la curiosité. A quoi bon s'occuper du monde extérieur, en effet, si c'est en soi-même que chacun doit tout trouver? et lorsqu'on sent son impuissance à rien produire spontanément, comment se garantir du découragement?

Bien enseignée, la physique élargit et élève la pensée. Elle embrasse, en effet, les phénomènes les plus merveilleux; elle maîtrise les forces les plus mystérieuses; elle explique les manifestations les plus redoutables des puissances de la nature. Qu'elle se garde donc d'abaisser son point de vue, et qu'elle n'oublie pas d'apprendre à admirer les phénomènes et les lois du monde, pour concentrer toute l'attention des élèves sur les appareils qui en donnent la mesure précise ou qui servent à les constater.

Mécanique.

Les développements et l'importance que les arts mécaniques acquièrent de jour en jour, dans les relations sociales, ne permettent plus que la jeunesse sorte des lycées sans posséder quelques notions simples, mais exactes, sur les machines qu'elle doit rencontrer à chaque pas. Si cet enseignement, destiné à la généralité des élèves, ne peut pas être, comme par le passé, circonscrit à quelques points de vue de la mécanique, et a nécessairement pour objet de donner des notions générales sur les machines les plus répandues et sur les principes fondamentaux de la science, il importe d'éviter que l'abondance des matières n'entraîne à de trop grands développements.

On ne saurait se dissimuler que la tâche imposée aux professeurs ne leur présente, dans les commencements, des difficultés sérieuses parce que l'enseignement qu'ils ont reçu eux-mêmes ne les a pas conduits dans cette voie, et qu'il existe fort peu d'ouvrages conçus dans l'esprit du programme. Ils pourront néanmoins trouver une utile direction et la vraie méthode à suivre, dans quelques traités, parmi lesquels on se contentera de citer l'*Introduction à la mécanique industrielle* par M. Poncelet.

Le programme de mécanique comprend d'abord les questions relatives aux mouvements simples ou composés et à leurs transformations, abstraction faite de la considération des causes qui les produisent. L'histoire de l'esprit humain montre que les plus grandes découvertes, en mécanique comme en tant d'autres sciences, ont été généralement le résultat de l'observation et de l'expérience, le raisonnement et la théorie n'étant venus qu'après la constatation des faits, pour en rechercher, en découvrir les causes et les soumettre à des lois. Les professeurs s'attacheront à ne pas mêler, dès l'origine, les notions purement géométriques, sur les divers mouvements et leurs transformations, à celles des causes qui les produisent.

Après avoir défini et décrit les mouvements simples, ils auront soin de faire connaître à leurs élèves les moyens d'en constater l'existence ; ils exposeront les procédés d'observation qui ont été employés par les physiciens, ceux dont ils peuvent se servir eux-mêmes, et répéteront dans la classe les expériences que comportent les appareils mis à leur disposition.

Dans l'étude des transformations de mouvement, réduite aux cas les plus simples et les plus usuels, le programme indique qu'on fera toujours apprécier le rapport des chemins parcourus par les différentes parties des appareils employés. L'on ne saurait, en effet, trop insister sur cette appréciation dès l'origine de l'étude de la mécanique ; si l'esprit des élèves est habitué à ne jamais perdre de vue dans une machine la considération des chemins parcourus, ils pourront en apprécier avec justesse l'effet et la valeur réelle. La méthode trop longtemps suivie de ne considérer, dans l'enseignement élémentaire, que les forces en elles-mêmes, de rechercher les conditions de leur équilibre sans se préoccuper assez des déplacements de leurs points d'application, ne donnait sur l'effet des forces qui agissent dans les machines que des notions incomplètes, et conduisait fréquemment les élèves à des idées fausses sur les principes fondamentaux de la mécanique.

Dès qu'on aura commencé à s'occuper des causes ou des forces qui produisent, empêchent ou modifient le mouvement, on montrera comment elles existent dans la nature, et quel est leur mode d'action : surtout on fera ressortir par de nombreux exemples qu'elles agissent toutes avec une certaine continuité, comme la pesanteur, qui est celle des forces dont les effets sont les plus frappants et les plus faciles à constater. On insistera principalement sur le temps nécessaire au développement de l'action des forces, quelque rapide que cette action puisse paraître, afin d'écarter toute hypothèse d'effets instantanés propre à fausser les idées.

On donnera immédiatement comme une conséquence de l'observation, le principe de la proportionnalité des forces aux vitesses.

Les notions sur le travail des forces seront exposées avec le plus grand soin et expliquées par de nombreux exemples, choisis dans les circonstances les plus faciles à apprécier par les élèves, à qui l'on fera faire, à ce sujet, de fréquentes applications.

En parlant du centre de gravité, on s'appuiera sur les

méthodes pratiques qui servent à en déterminer la position par suite du défaut de régularité et d'homogénéité des corps.

L'examen des conditions et des circonstances du mouvement uniforme des machines sera fait le plus simplement et le plus clairement possible, et bien plus par le raisonnement qu'à l'aide des formules. On insistera sur l'influence qu'exercent dans tous les cas les résistances passives, pour faire sentir aux élèves qu'une portion du travail moteur étant inévitablement consommée par celui que développent ces résistances, le travail utile, qui constitue ce que l'on appelle le *rendement* de la machine, n'est jamais qu'une fraction du travail moteur.

Les applications du principe de la transmission du travail dans les machines animées d'un mouvement uniforme devront être aussi variées que possible, et exclusivement prises sur des machines usuelles, avec des données numériques conformes à la pratique.

On s'abstiendra de toute considération théorique sur l'écoulement des liquides, et l'on se bornera à appeler l'attention sur les circonstances physiques que présente la contraction des veines, afin de faire comprendre l'influence qu'elle exerce sur le volume de liquide écoulé dans un temps donné. On se contentera d'ailleurs de faire connaître les formules pratiques dont l'usage est le plus fréquent, sans prétendre embrasser tous les cas si variés qui peuvent se présenter; des exemples numériques seront demandés aux élèves.

En traitant des diverses roues hydrauliques en usage, on fera comprendre, par un raisonnement général et simple, suivi de calculs, l'avantage qu'on trouve à recevoir l'eau sans choc et à la laisser sortir sans vitesse. Passant ensuite en revue les différentes roues employées, on se bornera à montrer comment elles remplissent plus ou moins ces conditions, et à faire connaître succinctement ce que l'expérience a appris sur leur rendement, c'est-à-dire sur le rapport qui existe entre le travail disponible qu'elles peuvent transmettre aux machines-outils et le travail absolu du cours d'eau.

Après avoir fait connaître l'effet de la pression atmosphérique sur l'ascension de l'eau dans les pompes, on indiquera les dispositions les plus simples et les plus usuelles adoptées pour les soupapes et pistons. On expliquera, sans calculs, les inconvénients des passages trop petits, des coudes ou changements brusques de direction, etc.

Dans l'étude des machines à vapeur, on se contentera

de donner aux élèves une idée générale du mode d'action de la vapeur et de la marche à suivre pour se rendre compte des effets mécaniques qu'elle produit : on ne présentera que des calculs très élémentaires, et l'on évitera d'entrer dans des détails techniques qui ne seraient pas à leur place.

En résumé, le professeur devra toujours chercher à faire pénétrer dans l'esprit des élèves, par le raisonnement et par l'observation, plutôt que par le calcul, les vérités qu'il leur enseigne. Il les familiarisera avec l'application des principes par des exemples choisis, dans chaque localité, sur les machines qui y sont en usage et qu'on y peut voir fonctionner habituellement : il les exercera ainsi à faire usage des règles qui leur auront été données et leur inculquera la confiance en l'exactitude de ces règles.

La collection des dessins coloriés mis à la disposition des professeurs, et qui sont en général exécutés dans les formes et les proportions usuelles, ainsi que les modèles en relief pour lesquels on a suivi également les proportions et les formes de la pratique, seront d'un grand secours pour la description des machines, et pourront être pris pour objet de certains levés ou dessins.

Histoire naturelle.

L'enseignement de l'histoire naturelle dans les lycées doit se proposer un double but : faire connaître d'abord ces admirables mécanismes au moyen desquels le Créateur assure l'entretien et le développement des êtres vivants; façonner les élèves à l'esprit des méthodes et des classifications, en leur montrant comment elles s'appliquent aux objets si nombreux et si variés qui constituent l'ensemble de la nature.

C'est à ce double point de vue que l'enseignement sera dirigé dans les classes de troisième et de rhétorique.

Cours d'histoire naturelle de la classe de troisième. — Dans la classe de troisième, les élèves, déjà mis en possession de quelques notions des sciences physiques par les cours élémentaires de physique et de chimie, comprendront facilement l'idée très-sommaire qu'on leur présentera des appareils ou organes servant à accomplir les principales fonctions de la vie animale ou végétale, et dont les modifications ont donné naissance aux classifications de ces deux règnes, classifications qui forment l'objet essentiel de l'enseignement de cette année d'étude. Il faut donc s'abstenir d'aborder en ce moment les questions physiologiques; les organes des êtres vivants doivent être indiqués comme des instruments dont on signale la destination sans examiner les moyens par lesquels ils arrivent à ce but. Le nombre des leçons consacré à cette exposition générale de l'organisation des animaux et des végétaux suffit pour montrer que le professeur ne doit s'attacher ici qu'à définir les divers organes et les modifications les plus importantes qu'ils présentent, et dont il aura besoin pour fixer les bases de la classification du règne animal et du règne végétal.

En étudiant d'une manière très-sommaire soit la classification en général, soit les principaux groupes des deux règnes organisés, il s'attachera à bien fixer la différence de la marche de l'esprit dans les classifications artificielles ou arbitraires et dans les méthodes naturelles; il devra faire ressortir les avantages qui résultent des unes et des autres dans certains cas; et, tout en montrant la supériorité des méthodes naturelles pour tout ce qui concerne la connaissance réelle et profonde de la nature, il indiquera l'utilité qu'ont offerte, à une époque où la science était moins avancée, les classifications artificielles, celle de Linné surtout, classification qui lui a permis de présenter le premier un tableau général de l'ensemble de la nature.

Dans la suite de son enseignement, le professeur s'aidera toujours des objets eux-mêmes; il ne doit pas parler d'un appareil organique sans en montrer un modèle ou un dessin; c'est un moyen de faire comprendre en un instant et avec quelques mots seulement d'explication, les détails que la plus minutieuse description ne saurait rendre intelligibles en l'absence des objets. Pour les leçons consacrées aux divers groupes du règne animal ou du règne végétal, des échantillons bien choisis ou des dessins serviront toujours de base aux descriptions et à l'exposition des caractères.

Cours d'histoire naturelle de la classe de rhétorique. — L'enseignement de l'histoire naturelle en rhétorique devra être dirigé d'après les mêmes principes, c'est-à-dire que des dessins, des modèles, des pièces préparées et des échantillons bien conservés viendront toujours en aide à la description des organes et à l'exposition des phénomènes dont ils sont le siège.

Dans la plupart des cas, un cours élémentaire d'histoire naturelle n'est qu'une succession de démonstrations dont la clarté et l'enchaînement forment tout le mérite; cependant, après une exposition précise des faits particuliers, il est bon que le professeur montre la manière dont ils s'enchaînent pour concourir à l'accomplissement d'une fonction plus générale, et, par là, à l'entretien de la vie de chaque individu.

Cette partie physiologique, but principal du cours de l'année de rhétorique, est un peu plus développée dans la section scientifique; car, s'adressant à des jeunes gens plus instruits dans les sciences physiques, le professeur peut approfondir davantage certaines questions qu'il n'a dû qu'indiquer dans le cours destiné aux élèves de la section des lettres. Pour ceux-ci, qui n'ont pris antérieurement aucune notion des classifications, la partie qui concerne les principaux groupes du règne animal et du règne végétal doit recevoir, au contraire, quelques développements de plus.

Dans les leçons de géologie, le professeur doit s'attacher à bien faire comprendre que la terre a subi des changements nombreux et successifs à sa surface, et que l'ancienne histoire de notre planète est en quelque sorte écrite sur les couches les plus voisines de cette surface, dont il est facile de reconnaître les positions relatives. Il appellera principalement l'attention des élèves sur la nature des êtres qui l'ont habitée, et dont la structure et les analogies avec les êtres actuellement vivants nous sont démontrées par l'étude des dépouilles d'animaux et de végétaux que renferment les diverses couches du globe.

L'examen des phénomènes physiques qui modifient encore actuellement, quoique plus faiblement, la surface de la terre, vient expliquer la manière dont les phénomènes géologiques se sont accomplis, et doit servir d'introduction à l'étude de la géologie, qu'elle lie à la géographie physique.

Dans la section scientifique, on décrira avec plus de détails quelques-uns des terrains qui occupent une grande surface de notre pays, et dont les matériaux ont une si grande importance pour l'industrie : tels sont la houille, les minerais de fer, les pierres de construction, etc.

Cet enseignement, comme celui des sciences organiques, doit reposer essentiellement sur l'examen des objets naturels : minéraux, roches et corps organisés, fossiles dont le professeur fait connaître la disposition et l'origine dans le sein de la terre. De grands dessins offriront la représentation de certains phénomènes géologiques, la disposition des couches telle qu'on la voit dans les grands escarpements des Alpes ou de nos côtes maritimes, les coupes plus générales que l'exploitation des mines ou l'étude des relations des couches permet d'établir, et la répartition géographique de certains terrains importants de notre sol.

Ici, comme dans les autres parties de l'histoire naturelle, l'exposition des faits, appuyée sur la démonstration des échantillons eux-mêmes ou de leur représentation, constituera presque tout l'enseignement; les conséquences générales bien positives doivent en être déduites; mais les explications théoriques, qui ne sont souvent que des hypothèses, seront soigneusement écartées. L'enseignement de l'histoire naturelle doit surtout former les jeunes gens à la précision et à la rigueur des observations, à la réserve dans les déductions générales; aussi faut-il joindre quelques exercices pratiques à l'enseignement classique.

Les conférences seront essentiellement dirigées dans ce but; on habituera les élèves à examiner, à étudier et à reconnaître certains objets naturels, à employer la loupe et le microscope pour se faire une idée exacte de leur structure.

Pendant la belle saison, les conférences intérieures devront être remplacées par quelques excursions dans la campagne, afin que les élèves puissent observer directement la constitution du sol qui les environne, et retrouver par eux-mêmes les grandes familles du règne animal et du règne végétal. Le professeur aura ainsi l'occasion d'attirer leur attention sur l'instinct et la manière de vivre de certains animaux, sur le mode de croissance et de reproduction de divers végétaux; il leur fera en quelque sorte toucher du doigt les liens qui unissent l'histoire naturelle à l'agriculture, en leur apprenant à discerner les animaux et les végétaux utiles de ceux qui, au contraire, sont dangereux, soit par eux-mêmes, soit parce qu'ils arrêtent le développement de la culture.

Applications de la géométrie.

En exerçant les élèves au dessin géométrique et au levé des plans, on s'est proposé un double but : d'une part, éclairer la théorie par des exemples empruntés à la vie réelle, et montrer à quelles conditions et dans quelles limites ses préceptes sont applicables; d'autre part, faire acquérir aux jeunes gens certaines connaissances pratiques, et un certain degré d'habileté manuelle, qui peuvent être utiles à tout le monde, et qui sont indispensables à ceux qui se destinent aux services publics.

Dessin géométrique.

Problèmes graphiques. — Les modèles mis par l'administration entre les mains des professeurs leur indiqueront suffisamment dans quel esprit doit être donné l'enseignement du dessin linéaire, et les bornes dans lesquelles il convient que cet enseignement soit renfermé.

Les problèmes de géométrie plane traités dans le cours théorique seront résolus pratiquement à la règle et au compas, en s'aidant au besoin de l'équerre. Les figures seront d'abord tracées au crayon, puis mises à l'encre avec soin.

Le professeur ne négligera aucune occasion de montrer comment les solutions géométriques, sans cesser d'être rigoureuses au point de vue théorique, sont néanmoins soumises dans la pratique à certaines restrictions : parce qu'un point est mal déterminé par la rencontre de deux droites sous un angle trop aigu, parce qu'une droite est mal déterminée par deux points trop rapprochés l'un de l'autre, etc.

Représentation géométrique des corps. — L'enseignement du dessin géométrique ne saurait avoir pour but de former des dessinateurs; il doit se proposer seulement de mettre à la disposition des jeunes gens, et dans une certaine mesure, ce langage universel employé dans les arts entre celui qui commande et celui qui exécute.

Pour représenter les corps sur une feuille plane, le dessin ordinaire est insuffisant, parce qu'il ne montre qu'une des faces de l'objet, déformée encore par l'effet de la perspective. De là, dans les arts où une représentation complète des corps est nécessaire, l'emploi d'une méthode à à la fois simple, claire et rigoureuse : la méthode des projections.

Les élèves se familiariseront aisément avec l'idée de la projection horizontale, qui n'est que la rencontre des verticales des différents points de l'objet avec un même plan horizontal. Cette notion une fois acquise, on passera sans difficulté à celle de la projection verticale; et il sera aisé de faire comprendre ce qu'on entend dans les arts par les mots *plan*, *coupe* et *élévation*.

On appliquera d'abord la méthode des projections à la représentation des corps géométriques les plus simples, tels que prismes, pyramides, cylindres, cônes, sphères, etc. On prendra ensuite pour modèles des objets usuels d'une forme aisée à saisir, tels que meubles, machines simples, membres d'architecture, etc. On passera graduellement à des modèles plus compliqués, tels que bâtiments, appareils de physique, machines diverses, choisies de préférence parmi celles qui sont employées dans les industries locales, et que les élèves comprendront mieux en les voyant fonctionner.

Levé des plans.

L'enseignement du levé des plans ne doit pas non plus avoir pour but de former des praticiens exercés ; mais, en servant d'auxiliaire aux études théoriques, il doit donner aux jeunes gens les notions indispensables à tout agriculteur ou propriétaire qui, dans des vues d'améliorations, a besoin de se rendre un compte exact du terrain dont il dispose.

Le levé d'un plan exige trois séries d'opérations distinctes : le levé du plan proprement dit, le nivellement et l'exécution de la carte.

Levé du plan proprement dit. — Le levé d'un plan n'est qu'une application de la méthode des projections, puisqu'il a pour but d'obtenir sur un plan horizontal la projection des points remarquables d'un terrain. Cette opération exige l'emploi de divers instruments dont le choix dépend du plus ou moins de promptitude avec lequel on doit opérer, et du plus ou moins de précision que l'on veut obtenir. Ces instruments seront mis sous les yeux des jeunes gens ; le professeur en donnera une description sommaire ; les notions que les élèves auront acquises de cette manière seront complétées par les opérations sur le terrain.

Dans les planches qui ont été préparées par l'administration pour l'enseignement du levé des plans, on a eu soin d'isoler les opérations qui s'exécutent avec chaque instrument.

Le levé à la chaîne seule s'opère en décomposant le terrain en triangles dont on mesure les côtés. Si le contour du terrain présente des parties curvilignes, on les remplace par des lignes droites qui s'en écartent le moins possible. Il est facile de remplacer ensuite, sur la carte, ces lignes droites par les courbes correspondantes en s'aidant d'un croquis fait sur le terrain ou de la vue du terrain lui-même.

Pour lever le plan à la chaîne et à l'équerre, on trace

sur le terrain, ou on y choisit, si elle est déjà tracée, une droite d'une longueur suffisante qui sert de base à l'opération et qu'on appelle *directrice*. Des points remarquables du terrain, on abaisse sur cette directrice des perpendiculaires qu'on mesure et dont on détermine le pied.

Dans le levé à la planchette, on trace aussi sur le terrain une directrice que l'on mesure ; et l'on mène sur la planchette même une droite qui la représente à une échelle convenue, dépendant des dimensions du terrain. On installe la planchette horizontalement à l'une des extrémités de la directrice, de manière que cette extrémité soit verticalement au-dessous du point de la planchette qui la représente, et que les deux directrices, celle du terrain et celle de la planchette, soient dans un même plan vertical. On vise alors du point de station les points remarquables du terrain à l'aide de l'alidade mobile, et l'on trace sur la planchette la direction correspondante de l'alidade. On opère de même à l'autre extrémité de la directrice ; et les rencontres des lignes de visée correspondantes fixent sur la planchette la position des points visés.

Si le terrain présente des points remarquables trop voisins du prolongement de la directrice, on les rapporte à une directrice auxiliaire, que l'on relie à la première par des opérations analogues.

Les deux premières méthodes donnent des résultats assez satisfaisants ; mais elles supposent que l'intérieur du terrain soit accessible. La troisième est assez expéditive ; mais elle ne donne que des résultats médiocrement précis.

Lorsqu'on veut plus de précision, au lieu de tracer sur la planchette même la direction des lignes de visée, on *mesure* les angles qu'elles font avec la directrice. On emploie pour cela le graphomètre ou la boussole. Le premier de ces instruments offre une précision plus grande; mais son emploi est limité aux terrains découverts. La boussole le remplace avec avantage, malgré son peu de précision, toutes les fois que le terrain est très-accidenté. C'est le seul instrument qui puisse être employé dans les mines.

Le levé à la planchette, au graphomètre ou à la boussole peut aussi s'effectuer par la méthode dite du *cheminement*, qui consiste à mesurer successivement les côtés et les angles du polygone formé par le contour du terrain. Cette méthode est quelquefois la seule qu'on puisse employer ; c'est ce qui arrive quand l'intérieur du terrain est inaccessible et présente en même temps des obstacles qui arrêtent la vue.

Nivellement. — Le levé proprement dit ne donne que la projection horizontale des points du terrain ; pour obtenir une connaissance complète de ses ondulations, il faut encore déterminer la hauteur de chacun de ces points au-dessus de sa projection ; c'est en cela que consiste l'opération du nivellement.

Cette opération s'exécute au moyen d'instruments appelés *niveaux* qui permettent de mener des rayons visuels parfaitement horizontaux. On vise successivement deux règles verticales plantées en ces deux points, et munies chacune d'une mire mobile, dont on fixe le centre sur le rayon visuel ; on lit sur chaque règle la hauteur de la mire, et l'on retranche la plus petite hauteur de la plus grande.

On peut aussi faire usage d'instruments qui donnent immédiatement l'angle que fait avec l'horizon la droite joignant deux points du terrain ; comme la distance horizontale de ces deux points est connue, on en déduit facilement la hauteur verticale de l'un au-dessus de l'autre.

Exécution de la carte. — Les résultats du levé du plan proprement dit se rapportent sur la carte au moyen du compas pour les longueurs évaluées à l'échelle du plan, et au moyen du rapporteur pour les angles. On y rapporte les résultats du nivellement en inscrivant à côté de chaque projection la *cote* du point correspondant, c'est-à-dire sa hauteur au-dessus du plan.

Le professeur indiquera, conformément au programme, comment on peut trouver sur un plan coté l'inclinaison de la droite qui joint deux points, et comment on y représente un plan par son échelle de pente.

Sur les cartes faites avec soin, et où les points déterminés sont en nombre considérable, on réunit par des *courbes horizontales* tous les points qui sont à la même hauteur. Ces courbes horizontales sont indiquées de 10 mètres en 10 mètres, par exemple. On indique ensuite, par des hachures, d'une courbe à l'autre, les lignes de plus grande pente du terrain, dont on obtient ainsi une représentation très-fidèle.

Si les points déterminés sur la carte ne sont point en nombre suffisant pour y tracer aisément les courbes horizontales, on peut y suppléer approximativement, et par voie d'interpolation graphique, au moyen des cotes d'un certain nombre de points, en s'aidant de la vue du terrain lui-même.

Le professeur aura soin de faire voir comment, à l'aide d'une même ouverture de compas portée successivement d'une courbe horizontale à l'autre, on obtient les points successifs d'un chemin dont la pente est uniforme, problème qui trouve son application continuelle dans le tracé des routes et dans les questions d'irrigation.

§ 4. Classe de logique.

Pendant la quatrième et dernière année du cours classique, les élèves ont, comme dans les années précédentes, des études communes et des études distinctes. Ils se séparent pour que les uns puissent résumer et compléter leurs études littéraires, en y ajoutant les notions des sciences qu'il n'est permis à personne d'ignorer ; pour que les autres puissent perfectionner et achever leur éducation scientifique, tout en restant fidèles au culte des lettres qui a doublé leur puissance intellectuelle. Ils se réunissent ensuite pour s'appliquer ensemble à une étude qui seule peut féconder leurs travaux antérieurs et qui n'est pas moins nécessaire au savant qu'au lettré, puisqu'elle a pour objet la connaissance de l'esprit humain lui-même.

Enseignement de logique commun aux deux sections.

Deux leçons par semaine sont consacrées à cet enseignement commun qui embrasse le cours de logique proprement dit.

Esprit du nouveau programme de logique. — Pour faire entrer la philosophie dans le cadre normal des lycées, sans excéder les limites convenables, il a fallu la dégager de toutes les questions qui, étant de pure curiosité ou ne convenant qu'à des esprits mûrs, n'étaient pas d'un intérêt immédiat. Mais la resserrer ainsi, ce n'est, certes, pas lui ôter son caractère essentiel et prédominant, ou en diminuer l'importance.

Le nouveau programme comprend toutes les questions fondamentales de la philosophie ; elles y sont présentées dans une mesure proportionnée aux besoins et à la portée des jeunes intelligences pour lesquelles elles ont été rédigées. Chacune d'elles est susceptible d'une solution lumineuse, brève et instructive. Point de ces problèmes téméraires qui jettent le trouble dans les esprits sans les éclairer, qui éveillent et excitent une curiosité inquiète sans la satisfaire.

Ces questions sont distribuées en trois séries correspondante aux trois trimestres de l'année classique, et, par cet arrangement, les leçons du professeur se trouvent assujetties à une régularité constante, en harmonie avec le développement de l'intelligence des élèves, car elle exclut à la fois toute précipitation et toute lenteur excessives dans la marche du cours, dans la succession des développements et des explications.

Première partie du programme de logique. — La première série comprend douze questions élémentaires; ces questions ont pour objet l'étude des phénomènes de la vie intérieure qui s'offrent d'abord à la conscience, et qui n'ont besoin, pour être distingués et clairement connus sous leurs divers points de vue, que d'un acte de réflexion, d'un simple retour de l'âme sur elle-même.

Ce qui, dans cet ensemble de phénomènes si multiples et si variés, appartient aux sens, ce qui a sa source dans l'âme, ce qui peut être attribué à une source plus élevée encore, sera distingué et caractérisé avec une précision rigoureuse; et comme, dans l'ordre physique, l'observateur s'élève avec une infaillible certitude, de la connaissance des effets à celle de leurs causes, au moyen de certains principes de la raison, ainsi le philosophe est conduit, par une méthode non moins sûre et par des procédés analogues, à la détermination des facultés de l'âme et de leurs caractères, à la seule condition de connaître suffisamment les faits qui tombent sous le regard de la conscience.

Alors tout un monde nouveau se révèle aux yeux des élèves, et l'existence de l'âme, qu'ils connaissent déjà par l'autorité et d'après les enseignements de la religion, mais non par une vue intuitive et avec une certitude scientifique, devient pour eux d'une évidence aussi manifeste que celle des choses extérieures. Le grand problème de la double nature de l'homme est résolu aux yeux de leur raison.

Dans cette première partie de son enseignement, le professeur insistera, avec un soin tout spécial, sur l'étude de ces notions éternelles du vrai et du bien, qui sont le fond même de notre intelligence et comme dit Bossuet (*Connaissance de Dieu et de soi-même*), « quelque chose de Dieu, ou plutôt Dieu lui-même; » notions sans lesquelles il ne pourrait y avoir, pour l'esprit humain, ni lumières, ni certitude, et qui sont à la fois la source de tous nos jugements, la loi souveraine de tous les actes de notre liberté et la règle du goût.

A la théorie des phénomènes de l'âme, et surtout des idées, vient se rattacher, par une transition naturelle, celle du langage, considéré au point de vue le plus général, c'est-à-dire, 1° comme instrument indispensable des opérations intellectuelles et des éléments de la pensée; 2° comme condition du perfectionnement des sciences; 3° enfin, comme méthode d'analyse. Les considérations auxquelles donnera lieu cette étude affermiront et compléteront tout ce qui aura déjà été enseigné dans les classes précédentes, et feront comprendre aux élèves comment l'étude des langues peut s'élever à la hauteur d'une théorie vraiment scientifique, quand on cherche la raison de leurs lois dans les lois mêmes de la pensée. Par ce retour sur un objet déjà étudié, mais d'une manière partielle et en quelque sorte extérieure, les élèves verront toutes leurs incertitudes se dissiper, grâce au principe lumineux d'explication qui rattachera dans leur intelligence, en les éclairant l'un par l'autre, deux ordres d'idées différents.

Seconde partie du programme de logique. — La seconde partie du programme de logique comprend, ainsi que la première, douze questions qui présentent l'étude de l'esprit humain sous un nouvel aspect, et qui, toutefois, se lient étroitement aux précédentes, comme des conséquences à leurs principes; car, de la connaissance des opérations intellectuelles et des notions déjà acquises par les leçons antérieures, le professeur déduira l'emploi légitime que nous pouvons en faire dans la recherche du vrai, emploi qui, à proprement parler, constitue la méthode.

Les procédés les plus délicats de l'observation et de l'analyse, sous les diverses formes qu'elles peuvent revêtir, selon la nature des objets particuliers auxquels on les applique, seront, ainsi que leurs règles, mis dans le plus grand jour. La synthèse et le raisonnement qui s'emparent des matériaux fournis par l'expérience et par la raison, pour les combiner et en faire sortir des vérités nouvelles, donneront lieu à des développements, où l'alliance entre la philosophie et les sciences positives deviendra de plus en plus évidente; car il sera facile au professeur de faire comprendre à son auditoire que les règles qui dirigent le plus sûrement les investigations scientifiques ne sont, en réalité, que des conséquences déduites de la connaissance de l'esprit humain, et que, d'un autre côté, la justesse et la légitimité de ces règles se vérifient par la certitude, en quelque sorte palpable, des résultats auxquels elles conduisent.

Cette partie de la logique, où peuvent se rencontrer pour les élèves des difficultés que ne présente pas la section précédente, leur paraîtrait aride, sans utilité, et à la fin fastidieuse, si le professeur ne cherchait à jeter de l'intérêt et une vive lumière sur ses explications par des exemples habilement empruntés aux parties des sciences physiques ou des sciences exactes qui sont l'objet de leurs méditations journalières, et avec lesquelles ils sont déjà familiers.

Par exemple, l'histoire naturelle rendra témoignage de la fécondité des méthodes d'observation et d'analyse convenablement appliquées; la physique et la chimie fourniront des exemples de ces inductions hardies qui ont conduit les modernes à tant de merveilleuses découvertes ; enfin, dans les sciences mathématiques, on pourra saisir le raisonnement sous toutes ses formes, depuis les plus simples jusqu'aux plus compliquées. Toutefois, ces exemples ne viendront qu'après une explication abstraite et purement philosophique de la nature et des caractères de ces différentes espèces de méthodes: car leur valeur et leur autorité doivent rester tout à fait indépendantes de la justesse des applications que l'on peut en faire.

L'importante question de la certitude et celle du scepticisme pourront alors être abordées avec sûreté et approfondies dans toutes leurs parties ; car les routes diverses qui peuvent nous conduire aux vérités de différents ordres auront toutes été reconnues et explorées, et les écueils qui les environnent signalés.

Par là aussi les causes des erreurs et celles des sophismes auront été complétement mises à découvert et facilement saisies malgré l'illusion des formes qu'elles peuvent revêtir.

Arrivé à cette période de son enseignement, le professeur pourra, de temps à autre, exercer ses élèves à des argumentations qui auront pour but de les préparer à distinguer sous une même expression un mélange de vérités et d'erreurs : gymnastique intellectuelle qui développe la sagacité de l'esprit, lui donne la conscience de ses forces, et le rend plus sûr de lui-même, pourvu qu'elle ne vienne pas trop prématurément et qu'elle ait été préparée par une instruction solide et l'habitude de la réflexion.

Troisième partie du programme de logique. — Par tout ce qui précède, le professeur aura marqué les points de départ et la filiation des sciences, aplani les routes que les élèves ont à parcourir, porté la lumière et établi l'ordre dans leur intelligence.

Mais si haute que soit cette tâche, elle n'est cependant ni la plus importante, ni la plus fructueuse; car si l'entendement a ses principes sans lesquels il ne peut y avoir pour l'homme qu'erreurs et ténèbres, la volonté aussi a les siens, dont la connaissance est d'un intérêt plus universel et plus grand encore.

C'est par l'étude de ces principes que s'ouvre la troisième section du programme de logique.

Le professeur comprendra que dans cette partie de ses leçons relatives au devoir, c'est-à-dire à ce qu'il y a de vraiment divin en nous, il s'agit moins d'insister théoriquement sur des vérités déjà connues, que de dévoiler les faiblesses et les défaillances de la volonté, qui ne s'en écarte et ne les méconnaît jamais que sciemment.

Un enseignement moral qui n'associerait pas l'éducation à l'instruction, et ne s'adresserait qu'à l'intelligence, qui n'irait pas jusqu'au cœur des élèves, jusqu'à ces mobiles secrets et cachés dans les replis les plus profonds de l'âme, serait un enseignement frappé de stérilité.

La connaissance et l'accomplissement des devoirs ont avec la religion des rapports si étroits et si nécessaires que les rapprochements viendront s'offrir d'eux-mêmes pour donner au professeur l'occasion de faire ressortir la supériorité de la morale chrétienne sur toutes les autres. Il lui sera facile d'établir, en passant, l'influence qu'elle a exercée sur la marche des événements historiques, et de jeter ainsi sur cette partie de son enseignement une lumière qui doit y ajouter un intérêt et un attrait nouveaux; car, en perfectionnant la vie individuelle, et en imprimant profondément dans les âmes le dogme de la responsabilité absolue de l'homme envers Dieu, le christianisme a changé la face des sociétés.

Jusqu'ici, le cours de logique s'est renfermé dans l'enceinte de la conscience; mais grâce aux connaissances que les élèves auront acquises de la nature morale de l'homme, étudiée en elle-même et d'une manière abstraite, ils pourront se rendre compte des vérités qu'il importe le plus de connaître, Dieu et sa providence, l'âme, sa spiritualité et son immortalité, dogmes qui renferment toute la destinée humaine et se trouvent placés aux dernières lignes du programme, et en quelque sorte à l'extrémité de l'espace que les élèves ont à parcourir, comme pour leur rappeler que ces dogmes doivent être le couronnement et la conclusion de toutes leurs études classiques.

Ces vérités ont, en réalité, précédé toutes les autres dans le développement de la vie intellectuelle de l'enfant, mais voilées encore et obscurcies par les sens, ou seulement à demi entrevues; au terme de sa vie de collège, il doit les retrouver environnées de lumière et d'évidence, non moins certaines et aussi manifestes que toutes celles qu'il aura pu acquérir par l'étude des sciences.

Si, dans l'enseignement des sciences, tout était nouveau pour lui, principes, conséquences et démonstrations; s'il a fallu en quelque sorte lui mettre entre les mains le fil conducteur qui devait le diriger, et lui faire entrevoir, dans un lointain plus ou moins obscur, le but vers lequel on le conduisait, il n'en est pas de même pour les vérités philosophiques. Qu'y a-t-il de plus intime à l'âme que l'âme même, et par conséquent de plus évident et de plus certain ? Qu'y a-t-il pour elle de plus perceptible, et pour ainsi dire de plus familier que les principes, les notions premières, splendeurs et attributs de Dieu même, et qui ne nous échappent que dans leur infinité? Que faut-il donc pour que la solution de ces derniers problèmes revête aux yeux de l'intelligence le caractère d'une invincible certitude? Une seule chose : le regard de l'entendement, un acte de réflexion, un retour de l'âme sur elle-même et sur ses lois. *Rendre l'âme présente à elle-même*, a dit Bossuet, c'est là toute la philosophie. Et cependant, il est assez ordinaire d'aborder ces dernières questions avec un appareil scientifique de formes syllogistiques et de démonstrations, qui, trop souvent, jette de l'obscurité sur ce qui est clair de soi-même, et fait penser, bien à tort, aux jeunes gens qu'ils vont s'engager dans des voies pénibles, obscures et mystérieuses, où les plus grands efforts d'attention suffiront à peine. Il serait plus juste de leur faire comprendre que ces vérités sont déjà implicitement renfermées dans tout ce qui précède; qu'elles peuvent, en quelque sorte, être saisies immédiatement; qu'elles sont, au fond, les prémisses de toutes les autres vérités, et non de laborieuses et lointaines conséquences; ils en auront la certitude absolue, si toutes les solutions précédentes leur ont été montrées comme les anneaux d'une même chaîne qui s'est successivement déroulée devant leurs yeux.

Affermir dans leur esprit, réchauffer dans leur cœur toutes les notions et tous les sentiments religieux qu'ils possèdent déjà, tel doit être le but de ces dernières leçons.

Méthode. — Dans la pratique de l'enseignement, ce qui importe avant tout, c'est la méthode; c'est l'art si difficile et en même temps si nécessaire de développer, non-seulement le savoir, mais l'intelligence; de donner aux élèves une certaine ouverture d'esprit qui leur permette de percevoir d'une manière nette et exacte ce qui leur est enseigné, et fasse naître en eux le goût et le besoin de l'étude.

Notre activité intellectuelle se porte, tout d'abord, hors de nous, sur les objets qui impressionnent le plus vivement nos sens; bientôt nos facultés secondaires, telles que la mémoire et l'imagination, qui sont dans une bien plus grande dépendance du corps que toutes les autres, entrent en jeu avec une grande énergie, absorbent toutes les puissances de l'âme, qu'elles remplissent de l'image des choses extérieures, obscurcissent l'entendement, et rompent l'équilibre de nos facultés, sans lequel il ne peut y avoir ni pénétration ni rectitude de jugement.

Dans cette situation d'esprit, assez ordinaire aux jeunes gens qui entrent dans un cours de logique, comment rétablir l'équilibre des facultés? Comment affranchir l'âme de cette domination des sens, la rendre à sa liberté propre et à l'autorité de la raison? Par quel moyen la ramener, de l'étude de ce qui se voit et se touche, à l'étude de ce qui est tout à fait invisible? de l'étude de la matière à celle de la substance immatérielle? Provoquer l'attention, s'en emparer en quelque sorte, la diriger sur tel ou tel objet et l'y retenir à son gré, la mettre sur la voie des vérités qu'un simple regard de l'âme va faire découvrir à l'élève, tel est, tel sera toujours le but des efforts d'un maître habile.

Il faut bien le reconnaître, les difficultés que la jeunesse rencontre dans l'étude des premiers éléments de la philosophie sont moins inhérentes à la science elle-même qu'à une certaine impuissance de réflexion, résultat du penchant de notre esprit à se porter toujours au dehors. Si les élèves peuvent être, en quelque sorte, de moitié avec leur maître dans ce qu'ils apprennent; s'ils y coopèrent d'une manière active et continue, une ardeur salutaire ne tardera pas à s'éveiller en eux, et la satisfaction naturelle, attachée à l'exercice des facultés de l'esprit, doublera rapidement leurs forces. L'âme n'est point une table rase sur laquelle le professeur doive venir graver ses idées; c'est encore moins une capacité vide qu'il doive remplir de connaissances toutes faites; c'est au contraire une puissance active qui porte en elle-même les germes de toutes les idées qu'elle pourra acquérir; et le maître n'a guère autre chose à faire qu'à diriger l'attention sur ces premiers principes, pour que l'âme y découvre immédiatement toute une série de vérités, comme nous n'avons qu'à ouvrir les yeux pour découvrir le spectacle de la nature extérieure.

Enseignement particulier aux élèves de la section des lettres qui suivent la classe de logique.

Les élèves de la section des lettres reçoivent, pendant l'année de logique, un enseignement qui comprend :
1° Une leçon hebdomadaire de logique consacrée à la dissertation latine et à l'analyse des grands monuments de la philosophie ancienne et moderne ;
2° Un cours élémentaire de mathématiques et de physique ;
3° La révision de l'enseignement littéraire.

Leçon complémentaire de logique. — Les avantages qui doivent résulter de l'analyse des auteurs philosophiques indiqués par le programme n'ont pas besoin d'être longuement démontrés ; les élèves de la section des lettres y trouveront à la fois des modèles de la plus haute perfection de style, et une confirmation de tout ce qui leur aura été enseigné dans le cours commun aux deux sections. Les leçons du maître, placées ainsi sous la sauve-garde du génie, et revêtues, en quelque sorte, de la sanction du temps, paraîtront moins l'expression d'une pensée toute personnelle, que l'écho fidèle de cette grande et saine tradition philosophique qui remonte à Platon et s'est perpétuée jusqu'à nos jours, s'épurant et se perfectionnant sans cesse, sous l'action du christianisme et par les progrès de la pensée humaine.

L'ordre selon lequel ces ouvrages sont analysés est l'ordre même de leur origine et de leur succession chronologique.

La marche de la science s'y trouve ainsi reproduite depuis son berceau jusqu'aux temps modernes ; depuis ses premiers pas jusqu'au point le plus élevé de la route qu'elle a parcourue.

Grâce à la sévérité qui a présidé au choix des ouvrages, toutes les doctrines, les plus pures comme les plus hautes, s'y trouvent reproduites dans leur ensemble et dans leurs détails, sous des formes aussi riches que variées.

Quelle impression profonde le spectacle instructif qui ressort si naturellement de l'histoire de la philosophie, proportionnée à l'âge des élèves et au temps qu'ils peuvent y consacrer, ne doit-il pas produire sur leur esprit et sur leur cœur !

Un nouvel horizon, de vastes perspectives vont s'ouvrir et se dérouler devant eux à mesure que le professeur fera passer sous leurs yeux, en les interprétant pour les mettre à leur portée, ces pages éloquentes où se trouve retracé le tableau fidèle de toutes les grandes conceptions, de tous les vastes systèmes auxquels s'est élevé l'esprit humain dans ses plus ardentes aspirations vers le vrai.

Il n'est, en effet, aucune région de l'intelligence, aucun mystère des existences spirituelles, que les auteurs de ces ouvrages n'aient scruté, décrit et éclairé des lumières de leur génie. Tous les problèmes que l'esprit humain a pu soulever sur son origine, sa nature, sa destinée et sur ses rapports avec les autres êtres, y trouvent des solutions qui répondent toujours à quelques besoins de notre nature intellectuelle et de notre nature morale, et la diversité des points de vue sous lesquels ces problèmes sont envisagés vient encore ajouter un nouvel attrait aux leçons du professeur et une irrésistible évidence à ses explications.

Dans cette revue des plus grands monuments de la philosophie de tous les âges, les élèves verront naître et se développer sous leurs yeux les principales sciences qui leur sont journellement enseignées.

Par l'analyse de quelques dialogues de Platon, ils assisteront à la première origine des sciences morales et littéraires; par celle de quelques livres d'Aristote, à la création de la logique, et par l'admirable *Traité des devoirs* de Cicéron, ils pourront s'approprier un vaste et harmonieux ensemble de vérités morales qui résume toute la sagesse des anciens, et n'a pu être surpassé que par celle qui remonte à une source divine; quelques pages choisies de saint Augustin, où respire le plus pur esprit de l'Évangile, formeront la transition entre le monde païen et le monde nouveau éclos du christianisme.

Arrivés à la période moderne, et suffisamment préparés par tout ce qui précède, les élèves entreront dans cette grande école du dix-septième siècle, qui fait tant d'honneur à l'esprit humain et à la France en particulier. Ce qu'il y a de plus instructif, au point de vue philosophique, dans les œuvres de Descartes, de Pascal, de Bossuet, de Mallebranche, de Fénelon, etc., leur sera expliqué, et ces productions, lumineuses comme les vérités dont elles sont l'expression magnifique, viendront mettre le dernier sceau à leurs convictions par la clarté et la précision qui sont un des traits caractéristiques de cette école et une des gloires du génie français. Frappés de cette remarque, que les savants les plus illustres, dans tous les ordres, sont toujours venus demander à la philosophie les lumières que leur refusait la science, et qui leur étaient nécessaires pour en affermir les bases, en lier toutes les parties, les élèves reconnaîtront qu'il n'est aucune vérité qui ne doive son évidence et sa certitude à la logique, et que, si la raison et la révélation sont les sources premières et uniques de toutes nos connaissances, c'est bien réellement la philosophie qui nous en ouvre la route, qui nous initie à leurs découvertes, et les met en notre possession.

Lorsque, parvenus au terme de cette étude, et jetant un regard en arrière, ils pourront réunir par la pensée et ressaisir d'un seul coup d'œil le merveilleux ensemble de doctrines qui, depuis tant de siècles, président aux destinées du genre humain, l'éclairent dans sa marche, l'inspirent et le dirigent dans tout ce qu'il a fait de grand et de beau, ne leur semblera-t-il pas qu'ils viennent d'assister à l'aréopage du genre humain, où la sagesse la plus haute leur a fait entendre ses enseignements dans le langage le plus persuasif?

Pour que les analyses produisent les bons résultats que l'on peut en attendre, le professeur devra dicter, ou exposer de vive voix un résumé général et exact de l'ensemble de chacun des ouvrages dont nous venons de parler, et le faire apprendre.

Dans cet exposé très-sommaire il se proposera surtout de mettre en relief l'ordre et l'enchaînement des parties de chacun de ces traités, la liaison des idées et la méthode de chaque auteur, signalant les passages les plus remarquables soit sous le rapport des conceptions, soit sous celui de l'expression.

Lorsque les élèves auront ainsi embrassé d'une vue générale le cadre d'un ouvrage et les rapports qui en lient les différentes parties, le professeur leur indiquera les chapitres ou les passages qu'ils doivent plus spécialement étudier eux-mêmes d'une manière approfondie; ces chapitres pourront donner lieu à des sujets de dissertations dans lesquelles les élèves s'exerceront à l'imitation de ces grands modèles par des discussions sur les points indiqués au programme.

Ces dissertations, en latin ou en français, seront lues et corrigées en classe.

Ce genre de travail aura surtout pour but de faire prendre aux élèves l'habitude si rare, et cependant si nécessaire, des lectures recueillies, sans lesquelles la lumière ne peut arriver jusqu'à notre intelligence, ou n'y laisse aucune trace; ils apprendront, par cet exercice, à pénétrer jusqu'au cœur d'une question, et jusqu'aux plus intimes replis de la pensée de l'auteur : il importe d'autant plus de donner cette habitude de réflexion aux jeunes gens, qu'ils sont trop portés à considérer plutôt la forme que le fond et à s'arrêter à la surface d'un livre, sans pénétrer jusqu'à la pensée qui l'anime et lui donne la vie.

Cours élémentaire de mathématiques et de physique. — L'enseignement des mathématiques et de la physique, en prenant dans la classe de logique un caractère plus scientifique que dans les classes précédentes, sera, pour les élèves de la section des lettres, un utile complément de leurs études philosophiques, en même temps qu'une initiation fructueuse à toutes les découvertes scientifiques qui ont enrichi les sociétés modernes.

En arithmétique, on ne devra plus se borner à s'assurer que l'élève calcule bien. On n'admettra plus qu'il comprend les règles quand il les applique avec justesse; il faudra qu'il puisse rendre compte de chacune de ses opérations avec une rigoureuse exactitude.

Comme dans la classe de quatrième, le professeur devra s'occuper avec une attention toute particulière du choix des exemples. Il préparera avec soin des questions du genre de celles qu'on résout tous les jours dans le commerce ou dans l'industrie, et ne devra jamais prendre au hasard les valeurs numériques elles-mêmes. Il lui sera facile d'éviter les cas purement fictifs. Le champ des réalités est assez vaste pour qu'on puisse y trouver l'application des règles utiles, de toutes celles qu'on doit enseigner. Il puisera aussi dans la physique, la chimie, l'astronomie. Ici encore, s'il parle d'une densité, d'une dilatation, il en donnera la vraie valeur sans s'embarrasser, toutefois, des décimales douteuses ou inutiles pour l'application qu'on a en vue; s'il s'agit d'une longueur, d'une distance, ces grandeurs seront prises dans la nature. Les nombres utiles, cités souvent, se graveront peu à peu dans la mémoire des jeunes gens, et se présenteront ensuite à eux dès qu'ils auront à s'en servir.

La géométrie n'a été qu'effleurée en quatrième et en troisième. Elle devient ici l'objet d'une étude plus sérieuse. Ses définitions précises, ses principes en petit nombre, cette méthode simple, rigoureuse, directe, qui mène, par un lien logique si serré et de conséquence en conséquence, des axiomes à une longue série de vérités nouvelles, formeront une des applications les plus utiles des règles de la logique.

Pour que cette gymnastique si importante porte tous ses fruits, les professeurs devront toujours donner des démonstrations directes, et éviter celles qu'on a désignées sous le nom de *réduction à l'absurde*.

Quand on aura exposé d'une manière rigoureuse tout ce qui concerne les figures tracées sur un plan, les élèves posséderont suffisamment la méthode géométrique. Ils n'auront aucune peine à croire qu'on peut appliquer les mêmes procédés et avec la même certitude aux figures dans l'espace et aux corps à trois dimensions. Ils comprendront qu'on peut mesurer les angles dièdres comme on mesure les angles plans. Ils apercevront immédiatement que si l'on a pu, en prenant le carré pour unité de surface, trouver par une décomposition facile la mesure du rectangle, et passer de là progressivement aux triangles, aux trapèzes, aux polygones et au cercle, on doit pouvoir par une marche analogue, en prenant le cube pour unité de volume, trouver la mesure du parrallélépipède rectangle, et l'étendre aux pyramides, aux polyèdres, au cylindre et à la sphère.

On s'attachera, dans cette seconde partie, à faire comprendre l'analogie des nouveaux théorèmes avec les théorèmes correspondants de la géométrie plane. Cette analogie remplacera les démonstrations et servira en même temps de règle de mnémonique.

Dans le cours de physique, l'exposition des phénomènes et des théories sera précédée fort utilement par un aperçu de la marche de la science. Les jeunes gens verront dans ces indications par quel genre de raisonnement ont été faites ou perfectionnées la plupart des découvertes. Des inductions plus ou moins heureuses conduisent à rapprocher certains phénomènes ; en expérimentant pour étudier plus attentivement leurs ressemblances et leurs différences, on trouve des faits nouveaux ; puis on cherche à tout expliquer par des principes ou des hypothèses dont il est possible de déduire de nouvelles conséquences. Si elles se vérifient dans un grand nombre de circonstances, l'observateur prend confiance et se donne carrière ; dans le cas contraire, quand l'expérience a prononcé sans appel, il ne peut sans s'égarer continuer à suivre sa première voie ; il est forcé de reconnaître que ses raisonnements, si rigoureux en apparence, pèchent par leur base. Sans doute, il ne connaît pas toutes les causes qui interviennent dans la production des phénomènes examinés, ou bien encore les principes sur lesquels il se fondait sont moins sûrs ou moins étendus qu'il ne l'avait pensé. Il revient sur ses pas, et ses efforts se dirigent vers de nouveaux problèmes.

Les élèves verront ainsi qu'en physique, comme dans presque toutes les sciences, la géométrie exceptée, il faut se garder de pousser trop loin les conséquences d'un principe même certain, lorsqu'on n'a pu les vérifier, les contrôler par l'expérience. De toutes les leçons qu'ils recevront, celle-ci n'est pas la moins importante.

Il doit être bien entendu que, pour les élèves de la section littéraire, plus encore que pour ceux de la section scientifique, il serait inutile d'insister longuement sur les précautions minutieuses que nécessitent les recherches en physique. Il serait également superflu de consacrer un temps précieux à décrire les instruments dans tous leurs détails. Les parties essentielles des appareils et leur usage, les traits principaux de la méthode énoncés en langage ordinaire, suffiront dans la plupart des cas, pourvu que les expériences fondamentales soient bien faites en présence des élèves.

Révision de l'enseignement littéraire. — Les études littéraires finissent avec la classe de rhétorique, mais elles ne doivent pas être délaissées. Par une utile et bienveillante mesure, dont la nécessité, du reste, était depuis longtemps reconnue, on a décidé que, pendant l'année de logique, deux leçons par semaine seraient consacrées à la révision de l'enseignement classique. Nul prétexte ne sera, par conséquent, laissé à la faiblesse des candidats, qui pouvaient se plaindre auparavant du long intervalle placé entre la fin de cet enseignement et les épreuves de l'examen destiné à en constater le bon ou le mauvais succès.

De ces deux leçons, l'une devra être réservée aux études historiques et géographiques. C'est là que vient naturellement se placer l'*étude des synchronismes*, tombée mal à propos en désuétude, et qui, remettant pour ainsi dire sous les yeux des élèves, dans une suite de tableaux synoptiques, tous les grands faits et toutes les époques dont ils ont déjà été entretenus, réveillera ou complétera leurs souvenirs et permettra à ceux même qui seraient restés étrangers à certaines parties de l'histoire, de combler les lacunes de leur préparation. Le professeur s'assurera aussi, par des interrogations fréquentes, que les élèves ont retenu les principales circonstances des faits qui ne pourront qu'être passés rapidement en revue.

La même méthode sera appliquée à la géographie, dont la révision consistera dans l'étude raisonnée de la carte du monde ancien et du monde moderne, aux grandes époques de l'histoire.

La seconde leçon hebdomadaire, consacrée à l'explication des auteurs et à des exercices de traduction et de composition, devra porter, pour la première partie, sur les auteurs indiqués dans le programme du baccalauréat. Il pourra être nécessaire, et il ne sera jamais inutile de ramener quelquefois les élèves aux principes de l'analyse grammaticale qui auraient pu être, de la part de quelques-uns au moins, oubliés ou négligés. L'analyse sera faite à la suite des explications qui auront lieu, exclusivement, sous forme de lecture et d'exercice simultané. Les élèves auront quelquefois à les reproduire par écrit et les soumettront à la correction du professeur.

L'explication des auteurs français, dont le but a été défini et la méthode tracée dès les classes de grammaire, sera rattachée à l'histoire spéciale de notre littérature. Le professeur fera un rapide exposé du genre auquel appartient chacun des auteurs désignés, et il en appréciera les principaux monuments, en appuyant ses jugements de citations et d'exemples.

Les compositions et versions latines porteront sur toutes sortes de sujets, discours, narrations, lettres, développement d'une pensée morale, etc. De même les compositions françaises, qui alterneront avec les compositions et versions latines, ne se borneront pas à des discours : les matières devront en être variées, et elles seront traitées, selon les sujets, dans les divers genres de style.

Les observations qui précèdent démontrent que la classe de logique, pour les élèves de la section des lettres, est non-seulement le couronnement de leurs études, mais encore la plus utile préparation au grade de bachelier ès-lettres. Les examens à la suite desquels on peut désormais obtenir ce grade ne sont plus, comme par le passé, une simple épreuve de mémoire; ils exigent des candidats une somme de connaissances progressivement acquises dans la suite régulière des études classiques. Les exercices de révision qui viennent d'être indiqués seraient complétement stériles, si les classes antérieures avaient été sans aucun résultat. L'Université se doit à elle-même, elle doit aux familles qui lui confient leurs enfants, de n'admettre dans la classe de logique que des jeunes gens capables de la suivre avec fruit. Son intérêt même lui commande de ne point exposer des candidats improvisés à un échec presque certain devant les Facultés qui ont pour mission de maintenir le niveau des études secondaires. Il n'y a pas un établissement libre, digne de ce nom, qui n'applaudisse à la juste sévérité des examens du baccalauréat. Il faut donc qu'une salutaire émulation s'établisse entre l'enseignement libre et l'enseignement de l'État, non pas pour faire des bacheliers par les procédés les plus expéditifs, mais pour préparer à la société les hommes les plus capables de l'honorer et de la servir.

Enseignement particulier aux élèves de la section des sciences qui suivent la classe de logique.

Cet enseignement particulier, pour rappeler les expressions mêmes du programme officiel, n'a d'autre objet « que de fortifier l'instruction des élèves sur les matières professées pendant les trois années précédentes, et de les préparer aux examens. »

Il s'agit uniquement d'une révision méthodique des cours des trois années, et non pas de connaissances nouvelles à acquérir. On revient sur ce qu'on a déjà vu, sans sortir du cercle précédemment tracé. La première condition à exiger des jeunes gens qui voudront entrer dans la section scientifique de la classe de logique, ce sera donc d'avoir suivi d'une manière sérieuse l'ensemble des cours de troisième, de seconde et de rhétorique. S'ils étaient complètement étrangers à quelques-unes des parties qui ont été enseignées dans ces classes, ils seraient absolument hors d'état de profiter de l'enseignement de la quatrième année, dont le but est tout différent. Comment pourraient-ils se souvenir de ce qu'ils n'ont jamais appris, coordonner des connaissances dont ils n'ont pas même les premiers éléments, et suivre la marche rapide du maître qui, dans l'intérêt du plus grand nombre de ses élèves, doit procéder pour ainsi dire par allusion et ne s'arrêter que sur les points les plus difficiles de la science? En instituant une classe de révision pour la section scientifique, l'administration a supposé que tous ceux qui y seraient admis auraient vu d'une manière plus ou moins complète les parties essentielles du cours normal des lycées. Elle leur offre les moyens d'entrer, par des exercices complémentaires, en pleine possession des vérités scientifiques dont ils avaient plutôt la conscience que la perception distincte et raisonnée. Dès lors, ils peuvent espérer sortir à leur honneur des épreuves qui les attendent, parce qu'ils auront été dressés par des mains habiles à la gymnastique des examens, c'est-à-dire à l'art de soutenir une discussion et de trouver dans les ressources d'une intelligence cultivée des solutions pour les problèmes les plus difficiles.

La bonne organisation de la classe de révision dépend complétement de l'étude que le professeur aura faite du personnel de ses élèves, du soin et de l'intelligence qu'il aura mis à les classer par groupes homogènes. On croit qu'il pourra presque toujours en former trois sections :

1° Les candidats au baccalauréat ès sciences qui se proposent d'entrer dans l'industrie ou de suivre les cours d'une Faculté de médecine;

2° Les candidats à l'école de Saint-Cyr;

3° Les futurs candidats à l'École polytechnique.

Les élèves de la première section ont surtout besoin d'applications et de détails; ceux de la seconde doivent prendre plus vivement possession des théories et de la partie mathématique des programmes. Les élèves de la troisième section forment l'élite de la classe : pour ceux-là, la marche du professeur sera très-rapide.

Les leçons doivent généralement être substantielles et courtes; les examens et interrogations, qu'il ne faudra pas craindre de multiplier, doivent en occuper une grande partie.

Il importe que, pour chaque catégorie d'élèves, le professeur prenne la peine, à chaque leçon, d'inscrire sur le tableau ou de dicter le programme très-détaillé de la leçon suivante, les élèves étant prévenus qu'ils peuvent être interrogés sur toute son étendue.

Dans ce programme, il choisit les points qui lui semblent délicats et importants, et il les expose à fond. Il interroge les élèves sur ceux qui lui semblent secondaires.

Quand la leçon est terminée, il demande aux élèves s'il reste dans leur esprit quelque doute, ou quelque lacune, au sujet des matières que le programme embrasse.

Si tout le monde est au niveau, on passe outre. Si tous les élèves ont quelque hésitation sur un point, on le reprend dans la séance suivante. Si quelques élèves seulement sont arrêtés, on leur consacre une conférence spéciale.

Les élèves de la classe de révision peuvent être autorisés à participer aux manipulations de chimie des élèves de la classe de mathématiques spéciales, si les circonstances locales et les nécessités de la surveillance ne s'y opposent pas.

IV. CLASSE DE MATHÉMATIQUES SPÉCIALES.

Mathématiques pures.

Le programme du cours de mathématiques spéciales est aujourd'hui nettement défini ; comme c'est précisément celui qui formera désormais la matière des examens des candidats à l'École polytechnique et à l'École normale, les professeurs n'ont rien de mieux à faire que de s'y conformer scrupuleusement. C'est d'autant plus pour eux un devoir de conscience que, chargés de l'avenir des jeunes gens confiés à leurs soins, ils doivent avant tout les mettre en mesure de subir avec succès une épreuve qui sera très-certainement conforme aux bases convenues. Le gouvernement y tiendra la main ; il serait d'ailleurs impossible que les examinateurs des écoles spéciales, appelés à prononcer comme juges sur les grands intérêts remis à leur arbitre, s'écartassent des programmes, sans méconnaître les premières règles que la justice et l'équité leur imposent et dont leur caractère garantit l'exacte observation.

Géométrie.

Les méthodes suivies dans le cours élémentaire pour arriver à la mesure des surfaces et des volumes des corps ronds seront conservées dans leur simplicité, attendu qu'elles comportent toute la rigueur possible, et préparent les esprits aux méthodes du calcul infinitésimal.

Algèbre.

Progressions et séries. Les séries se rencontrent sans cesse dans la pratique ; elles donnent les solutions les plus avantageuses de beaucoup de questions, et il est indispensable qu'on sache dans quelles circonstances on peut en faire un emploi sûr. Le programme spécifie les connaissances que doivent posséder les élèves, et les limites dans lesquelles le professeur doit se renfermer.

Des logarithmes et de leurs usages. On revient de nouveau sur une méthode de calcul déjà enseignée dans les classes de seconde et de troisième ; son importance suffit pour justifier ce soin. La détermination des logarithmes eux-mêmes ne sera pas donnée par les fractions continues,

6.

c'est-à-dire par une méthode complétement inapplicable, mais bien au moyen des séries; on exercera les élèves aux calculs de ces séries avec d'autant plus d'attention que le programme de 1853 spécifie qu'ils auront à remettre à leurs examinateurs sept feuilles de calculs, dont la quatrième doit comprendre le calcul des logarithmes des nombres entiers de 1 à 10, de 101 à 110, et de 10001 à 10010 avec sept décimales; les derniers ayant pour objet de montrer avec quelle rapidité marche le calcul quand les nombres sont considérables : le premier terme de la série est alors suffisant, les variations des logarithmes étant sensiblement proportionnelles aux variations des nombres, dans les limites de l'exactitude dont on a besoin.

Dans les calculs logarithmiques, les élèves seront exercés à juger de l'exactitude qu'ils auront pu atteindre : la considération des valeurs numériques des parties proportionnelles inscrites dans les tables est suffisante pour cet objet, et c'est d'ailleurs la seule dont on puisse faire usage dans la pratique.

La règle à calcul a déjà été donnée dans le cours élémentaire. En revenant sur cet instrument, les professeurs ne devront pas oublier qu'il a été introduit parmi les conditions d'admission aux écoles spéciales, sur la demande réitérée de ces écoles mêmes, et que les élèves devront prouver qu'ils savent s'en servir avec rapidité et avec l'exactitude qu'il comporte.

Algèbre supérieure. — En abordant l'algèbre supérieure, les professeurs devront se souvenir que si l'on a retranché de l'ancien programme certaines théories dont l'utilité était fort contestable, soit parce qu'elles n'avaient point d'application possible, soit parce qu'elles étaient trop élevées pour la presque totalité des élèves, on en a ajouté plusieurs autres sur les fonctions dérivées, sur les différences, sur la décomposition des fractions rationnelles en fractions simples; en sorte qu'il est nécessaire qu'ils se tiennent strictement dans les limites du programme. En ajoutant quelques théories en dehors de ces limites, ils surchargeraient leurs élèves d'un travail inutile pour eux, puisque ces théories ne feront l'objet d'aucune des questions des examens.

La théorie des fonctions dérivées des fonctions entières d'une variable x est utile dans plusieurs circonstances, et notamment dans la théorie des racines égales. En géométrie analytique, ces fonctions dérivées servent à la discussion des courbes, à la détermination de leurs tangentes; mais, par cela même qu'on rencontre très-souvent des courbes transcendantes dans la pratique, il est indispensable d'étendre la détermination des dérivées aux fonctions transcendantes, logarithmiques, exponentielles et circulaires. On y trouvera l'avantage d'établir avec facilité les séries qui servent aux calculs des logarithmes et à celui des arcs de cercle.

En simplifiant la résolution des équations algébriques et en l'étendant aux équations transcendantes sur les points essentiels, on n'a rien retranché des idées générales sur la composition d'un polynome entier au moyen des facteurs correspondants aux racines. On maintient même l'énoncé du théorème de Descartes et la décomposition de l'équation en plusieurs autres, quand elle contient des racines égales; parce qu'on trouve dans cette partie de la théorie le germe d'idées utiles, mais non pas pour l'usage qu'on en fera dans la pratique. Il est d'ailleurs entendu qu'on ne demandera pas aux examens la démonstration de ce théorème que toute équation algébrique $f(x) = 0$, à coefficients réels ou imaginaires de la forme $a + b\sqrt{-1}$, a une racine réelle ou imaginaire de la même forme; et qu'on se bornera, pour le théorème de Descartes, à la démonstration de l'énoncé inscrit au programme.

La marche à suivre pour la recherche d'une racine réelle d'une équation algébrique ou transcendante est assez complétement indiquée par le programme lui-même pour que nous croyions inutile d'entrer à ce sujet dans de plus amples développements.

Trigonométrie.

En exposant l'emploi des tables trigonométriques, on insistera sur l'exactitude dont on peut répondre relativement à un angle, quand on le représente par le logarithme de telle ou telle de ses lignes trigonométriques. La considération des parties proportionnelles suffira pour cet objet. On verra que la tangente est la seule des lignes qui conduise, quel que soit l'angle, à une exactitude suffisante; en sorte qu'on doit chercher, autant que possible, à résoudre toutes les questions au moyen de cette ligne.

On préfèrera donc, les trois côtés d'un triangle étant donnés, la formule qui donne la tangente de la moitié de celui des angles qu'on veut déterminer. Étant donnés deux côtés et l'angle compris, on peut calculer avec avantage la tangente de la demi-différence des angles cherchés; mais on peut aussi déterminer séparément la tangente de l'angle qu'on désire obtenir : la formule à laquelle on parvient ainsi n'est point logarithmique ; on pourra montrer à cette occasion que la transformation des formules ordinaires en formules logarithmiques n'est pas toujours avantageuse, et qu'on ne doit l'employer qu'avec discrétion.

Lorsqu'on donne, en géométrie, le levé des plans au moyen des triangles semblables, et qu'on ne peut recourir, pour comparer les résultats des observations, qu'à des procédés graphiques susceptibles de peu d'exactitude, il est permis de se contenter d'une mesure approximative des angles et des côtés des triangles ; mais, lorsque la trigonométrie vient substituer à des constructions graphiques une méthode de calcul rigoureuse, il est alors nécessaire de donner toute l'exactitude possible aux mesures effectuées sur le terrain. En continuant donc à supposer que ce terrain soit plan, on enseignera aux élèves à mesurer une base avec précision au moyen des règles, et à déterminer un angle avec rigueur au moyen d'un cercle bien divisé, muni d'une lunette et d'un vernier ; et, comme il est fort rare qu'on puisse placer le centre du cercle au centre du signal d'une station, on leur apprendra à réduire au centre des stations les angles observés. Mais, comme ces procédés longs et pénibles ne peuvent être appliqués qu'aux points principaux du levé, et que pour les détails on a besoin d'une méthode plus expéditive, on montrera comment on peut alors faire usage de la planchette et de la boussole.

Les professeurs n'oublieront pas que leurs élèves doivent, en se présentant aux examens, connaître le maniement de tous les instruments mentionnés dans les parties des programmes qui sont relatives aux applications de la géométrie et de la trigonométrie au levé des plans.

Le programme de trigonométrie sphérique spécifie les relations usuelles entre les angles et les côtés d'un triangle rectangle, qui devront être connues des élèves. En traçant, pour la résolution des trois cas des triangles quelconques, la marche qu'il convient de suivre, on a indiqué celle qu'on emploie effectivement dans les applications et qui est la plus commode. Comme on ne rencontre, au reste, jamais de cas douteux, on se gardera d'en parler aux élèves.

La trigonométrie sphérique donnera enfin le moyen de ne plus supposer, dans le levé des terrains, que tous les signaux soient en un même plan. On pourra opérer sur un terrain accidenté et en obtenir la projection sur le plan de l'horizon. On remarquera qu'on pourrait, au moyen de la géométrie descriptive, suppléer, par une construction graphique, à l'emploi de la trigonométrie sphérique

Géométrie analytique.

Ce cours sera le sujet de peu d'observations.

Un des avantages que présente la connaissance des dérivées des fonctions, c'est de pouvoir donner plus de généralité à la détermination des tangentes. Après avoir montré que cette détermination dépend du calcul de la dérivée de l'ordonnée, par rapport à l'abscisse, on s'en servira pour simplifier la recherche de la tangente aux courbes du second degré, et aux courbes dans les équations desquelles entrent des fonctions transcendantes.

Les propriétés des foyers et des directrices des courbes du second degré seront établies directement, pour chacune des trois courbes, au moyen des équations les plus simples de ces courbes, et sans aucune considération des propriétés analytiques des foyers par rapport à l'équation générale du second degré.

L'élimination entre deux équations du second degré à deux inconnues conduit généralement à une équation du quatrième degré. Au lieu de calculer cette équation, on peut construire graphiquement les courbes représentées par les deux équations à deux inconnues; les coordonnées des points d'intersection fourniront des solutions approximatives du système, solutions auxquelles on pourra donner toute la rigueur numérique désirable par des approximations successives déduites des équations mêmes. On étendra ces considérations à la recherche des racines réelles des équations d'un degré quelconque à une inconnue.

La transformation des coordonnées rectilignes dans l'espace devra être donnée avec simplicité; les développements accessoires qui se rattachent à cette théorie ne seront pas demandés dans les examens. Il en est de même des autres considérations générales qui exigent des discussions théoriques fort compliquées, et notamment celle de la réduction générale de l'équation du second degré à trois variables, question qui ne sera point posée aux examens.

Les propriétés des surfaces du second ordre seront déduites des équations de ces surfaces, prises immédiatement sous les formes les plus simples. Le programme indique suffisamment quelles sont celles de ces propriétés auxquelles on devra se restreindre.

Mécanique et Géométrie descriptive.

Le programme du cours de mécanique étant, à quelques égards, complétement nouveau, a dû recevoir un développement relatif qui suffit pour en indiquer l'esprit. Le programme du cours de géométrie descriptive est demeuré tel qu'il a été depuis longtemps établi par Monge. L'étendue que ce célèbre géomètre lui avait donnée, ainsi que les méthodes qu'il avait créées, ont été maintenues.

Les candidats devront, comme par le passé, présenter aux examens les épures relatives à toutes les questions du programme revêtues de la signature de leur professeur. Il n'est pas besoin de rappeler que cette clause doit être loyalement exécutée : il serait d'ailleurs contraire à l'intérêt bien entendu des élèves d'user d'aucune fraude à cet égard ; les exercices de l'École polytechnique supposent, dès le début, une certaine habileté dans le dessin géométrique qui, si elle manquait à l'élève, ne lui permettrait pas de satisfaire convenablement aux exigences du travail graphique intérieur. Enfin les élèves auront à faire, au moment de l'examen, une composition de géométrie descriptive comprenant le tracé d'une épure à laquelle il importe qu'ils soient bien préparés.

Physique et Chimie.

Pour donner à l'enseignement des sciences physiques le moyen de pénétrer dans les détails que l'état actuel de nos connaissances comporte, sans augmenter la durée du cours, le conseil de l'École polytechnique a décidé qu'il exigerait désormais à l'entrée de l'École, de la part des candidats, la connaissance des matières qui font l'objet des vingt premières leçons du cours de physique et des vingt premières leçons du cours de chimie.

Les professeurs de nos lycées n'ont pas besoin d'autre information. Ils ont entre les mains des ouvrages qui représentent l'enseignement de l'École polytechnique. Le programme d'admission définit et circonscrit la matière de chacune des leçons. Ils ont donc tout ce qui est nécessaire à la bonne direction de leur enseignement.

Mais ils ne doivent pas perdre de vue qu'aux vingt leçons orales de chimie correspondent douze manipulations qu'il est indispensable de faire exécuter par les élèves, conformément au programme suivant :

Première manipulation. — Cristallisation du sulfate de soude. — Oxygène par le peroxyde de manganèse. — Oxygène par le chlorate de potasse. — Combustion du soufre, du phosphore, du charbon et du fer dans l'oxygène.

Deuxième manipulation. — Oxygène par le peroxyde de manganèse et l'acide sulfurique. — Hydrogène par le fer et la vapeur d'eau. — Hydrogène par le zinc et l'acide sulfurique. — Détonation d'un mélange d'hydrogène et d'oxygène dans l'eudiomètre.

Chlore sec. — Combustion du phosphore et de l'antimoine dans le chlore. — Décoloration de l'encre ordinaire, de la teinture de tournesol et du vin rouge par le chlore.

Troisième manipulation. — Azote par le phosphore. — Azote par le cuivre.

Cristallisation du soufre. — Soufre mou. — Distillation du soufre brut.

Extraction de l'iode. — Iodure d'amidon. — Recherche du brôme.

Quatrième manipulation. — Décomposition de l'eau par le charbon.

Calcination des os. — Décoloration de la teinture de tournesol et du vin rouge par le charbon d'os.

Analyse de l'air par le phosphore à chaud. — Analyse de l'air par l'hydrogène.

Cinquième manipulation. — Synthèse de l'eau par l'oxyde de cuivre.

Extraction de l'air de l'eau. — Son analyse.

Distillation de l'eau.

Essai des eaux par l'eau de chaux, — l'eau de savon, — le chlorure de barium, — l'azotate d'argent, — l'oxalate d'ammoniaque, — le carbonate de soude, — la teinture de campêche.

Sixième manipulation. — Décomposition du sel marin par l'acide sulfurique. — Préparation de l'acide chlorhydrique et du sulfate de soude.

Gravure sur verre par l'acide fluorhydrique. — Préparation de l'acide iodhydrique par l'iode et l'acide sulfhydrique. — Action de l'acide iodhydrique sur les sels de plomb. — Action du chlore sur l'acide iodhydrique.

Préparation du bisulfure d'hydrogène.

Septième manipulation. — Préparation du phosphure de calcium. — Préparation de l'hydrogène phosphoré.

Essai d'une dissolution d'acide arsénieux par le procédé de Marsh. — Essai d'une dissolution d'émétique par le même procédé.

Préparation du gaz des marais. — Préparation du gaz oléfiant et de la liqueur des Hollandais.

Huitième manipulation. — Préparation de l'ammoniaque en dissolution.

Décomposition de l'ammoniaque par le fer. — Analyse du gaz en provenant.

Action du chlore dissous sur l'ammoniaque liquide.
Préparation du protoxyde d'azote.
Neuvième manipulation.— Préparation et étude des propriétés de l'acide azotique.
Préparation du bioxyde d'azote.
Dixième manipulation. — Préparation de l'acide sulfureux. — Préparation de l'acide sulfurique de Nordhausen.
Action de l'acide sulfureux sur le bioxyde d'azote et l'air humide.
Préparation de l'acide phosphorique.
Onzième manipulation.—Préparation et étude de l'oxyde de carbone et de l'acide carbonique.
Préparation de l'acide borique.
Coloration du borax par les oxydes métalliques.
Douzième manipulation. — Préparation des chlorures de phosphore, du chlorure de soufre, du sulfure de carbone et de l'acide fluosilicique.

Il serait superflu d'appeler l'attention particulière des professeurs et la surveillance spéciale des proviseurs et des censeurs sur cette partie du service.
Les élèves ne doivent jamais être livrés à eux-mêmes pendant les manipulations. Celles-ci doivent toujours être précédées d'une conférence, où on expose avec tous les détails nécessaires les procédés opératoires relatifs aux manipulations que les élèves vont effectuer.
En décrivant ces opérations, le professeur les exécute, en se servant des appareils mêmes dont les élèves vont faire usage.
Enfin, on expose sous leurs yeux des appareils montés d'avance qui leur indiquent toutes les dispositions qu'ils auront à observer dans l'arrangement des pièces qui les composent.
Au moyen de ces précautions simples, mais indispensables, les laboratoires nombreux où les élèves de nos grandes écoles sont admis à manipuler, n'ont jamais été témoins ni d'un accident ni d'un désordre.

V. ENSEIGNEMENT DU DESSIN.

L'enseignement des lycées serait incomplet si, aux connaissances littéraires et scientifiques qui font l'homme instruit, on n'ajoutait pas quelques principes d'art également propres à donner de l'élégance à la pensée et à fournir, dans l'occasion, un indispensable auxiliaire du langage, nous voulons parler de l'art du dessin, dont il serait si utile de généraliser la pratique.

On n'a sans doute pas la prétention de former des artistes de profession et de susciter des chefs-d'œuvre; mais le goût qui juge les productions de l'art et qui sait en apprécier les impérissables beautés peut se former par l'éducation. L'œil s'habitue peu à peu à découvrir des perspectives inconnues, à saisir des proportions qui lui échappaient, à comprendre l'harmonie des tons ou le contraste des couleurs. Si le dessin est une langue et la plus universelle de toutes, il n'y a pas un enfant de nos lycées qui n'ait intérêt à en savoir les éléments. Le temps qu'il y consacrera sera bien employé, parce que, tout en le reposant par une ingénieuse distraction de ses travaux habituels, il lui donnera une adresse de main dont on peut tirer parti dans toutes les conditions. L'enseignement du dessin n'avait pas reçu jusqu'à présent dans les lycées les développements nécessaires. Livré au hasard des directions individuelles, et considéré comme un accessoire sans importance, il restait à peu près stérile. Le règlement du 29 décembre 1853, préparé par une commission qui a sérieusement approfondi tous les détails du difficile problème qu'elle avait à résoudre, comble une lacune regrettable; il répond à un besoin général. Appliqué avec intelligence d'après les principes si habilement exposés par l'honorable président de la commission, il vulgarisera des connaissances qui semblaient être le privilége du petit nombre, et préparera, en propageant le goût des arts, une société plus polie.

L'enseignement du dessin commence avec la classe de sixième, et se continue d'année en année jusqu'à la classe de logique inclusivement.

En sixième et en cinquième, cet enseignement n'occupe qu'une leçon d'une heure par semaine; il consiste en exercices préparatoires, qui familiarisent l'œil avec l'observation des formes, et donnent une certaine habitude de tracer des contours et d'indiquer des ombres. Ces exercices ont pour objet, en premier lieu, l'imitation de quelques figures simples, telles que celles de divers solides réguliers, de quelques parties de végétaux, en second lieu l'imitation des parties de la tête. Comme ces exercices préparatoires seront réduits à une extrême simplicité, ils n'offriront aucune difficulté sérieuse. Leur principal avantage sera d'habituer les enfants à manier le crayon avec aisance et dextérité.

L'enseignement réel et régulier du dessin commence avec la classe de quatrième, et, à partir de cette classe, il y sera consacré deux leçons par semaine, chacune d'une heure.

Le temps ainsi employé à l'étude du dessin ne permettant pas, à beaucoup près, que les élèves en approfondissent toutes les parties, il est évident qu'au lieu de n'apprendre de chacune d'elles que très-peu de chose, ils devront de préférence s'appliquer à pousser aussi loin que possible l'étude de ce qui est le plus difficile et le plus important, et que l'on ne possède point sans être capable d'acquérir en peu de temps tout le reste, c'est-à-dire l'étude de la figure humaine. Quiconque est en état de bien juger des proportions de la figure humaine, de son caractère et de sa beauté, apprendra sans peine et en peu de temps à juger de même des proportions, du caractère et de la beauté des animaux, du paysage, des fleurs, etc., tandis que la proposition inverse n'est pas vraie.

En conséquence, on n'enseignera point le dessin du paysage, des animaux, ni des fleurs, et la plus grande partie du temps sera consacrée au dessin de la figure humaine.

Néanmoins il est fait aussi une part à un enseignement qui, jusqu'à présent, n'a pas figuré dans les programmes d'études des lycées, et qui même n'a peut-être été organisé nulle part d'une manière régulière : c'est celui des formes que l'art crée pour les objets nécessaires aux différents usages de la vie : édifices, vases, candélabres, meubles et ornements de tous genres.

En effet, par cela même que ces formes sont celles des objets usuels que le besoin ou les variations de la fantaisie nous invitent continuellement à renouveler, nous avons à en juger incessamment, et dès lors il est désirable que des études spéciales nous mettent en mesure d'en porter des jugements éclairés.

En donnant dans l'étude des éléments de l'art du dessin la première et la plus grande place au dessin de la figure humaine, qui en est la partie la plus haute, il semble donc qu'il convient de réserver aussi une place à cette partie de l'art qui en occupe, pour ainsi dire, l'autre extrémité, et dont les applications directes sont les plus nombreuses, et, matériellement du moins, les plus utiles.

En conséquence, une leçon par quinzaine sera consacrée, à partir de la classe de troisième, au dessin des formes *artificielles* ; toutes les autres leçons seront consacrées au dessin de la figure humaine, précédé des notions théoriques nécessaires pour éclairer et pour guider la pratique.

On a proposé dans tous les temps, et de notre temps surtout, pour abréger l'étude du dessin, des méthodes qui consistent à faire retracer tout d'abord des ensembles plus plus ou moins compliqués, jusqu'à ce que, à force de s'exercer à les saisir, l'œil acquière cette rectitude et cette promptitude de jugement qui sont presque toute la science du dessin.

L'expérience a démontré, ce que les maîtres de l'art avaient toujours enseigné, que ces méthodes par lesquelles on se flattait d'abréger la carrière, l'allongent au contraire, ou même ne conduisent point au but. Il résulte de l'expérience, comme du raisonnement, que la méthode la plus sûre pour enseigner le dessin, c'est la méthode qui, passant des objets les plus faciles et les plus simples aux plus difficiles et aux plus composés, conduit les élèves de l'étude et de la reproduction des détails à l'imitation régulière des objets entiers par la connaissance et l'habitude des proportions qui existent entre leurs diverses parties.

Après les exercices préparatoires de la sixième et de la cinquième, on enseignera donc dans la classe de quatrième, d'abord la perspective, en second lieu l'anatomie au point de vue du dessin, et les proportions du corps humain.

Ce n'est pas que, lorsqu'on apprend à dessiner, on doive mettre fréquemment en usage les règles de la perspective pour déterminer la place et la figure des contours et des ombres. Construire géométriquement les formes n'est pas plus dessiner que de les calquer, et, par conséquent, ce n'est pas non plus ce qui peut enseigner à dessiner ; mais la connaissance des principes de la perspective, unie à l'habitude de les appliquer, en même temps qu'elle nous fournit un moyen exact de construction géométrique et de vérification, doit nécessairement, en nous rendant attentifs aux diminutions perspectives des grandeurs et aux lois qu'elles suivent, nous conduire à les mieux voir et à les mieux représenter.

S'il importe de connaître, dans l'étude du dessin, la forme et la place des os et des muscles, ce n'est point pour les accuser de la même manière et avec le même relief, quel que soit le modèle que l'on ait devant les yeux : c'est pour apprendre à mieux voir cette forme et, par suite, à la représenter avec plus de vérité en faisant servir ce qu'elle laisse entrevoir des parties intérieures, à expliquer ce qu'elle peut offrir au dehors d'incertain et d'équivoque. Si enfin il est utile de connaître les proportions qui sont la loi de l'espèce, ce n'est point pour y ramener d'une manière uniforme la diversité infinie des individualités, mais c'est que, connaissant une fois la règle générale de laquelle, malgré leur différence, elles ne s'écartent jamais beaucoup, on se rend mieux compte des irrégularités mêmes qu'elles présentent et de leurs caractères propres.

L'enseignement de la perspective, de l'anatomie et des proportions du corps humain, c'est-à-dire de ce qu'on peut appeler, avec Léonard de Vinci, les *principes scientifiques de l'art*, ayant donc pour objet d'en éclairer et d'en diriger la pratique, devra, dès le principe et jusqu'à la fin, lui être étroitement associé.

Ainsi, en exposant les principes de la perspective, on s'attachera surtout à montrer que cette science ne s'applique pas seulement à la représentation des formes régulières telles que celles d'un édifice, mais généralement à toute espèce de formes, et en particulier à la figure humaine. Les élèves seront donc exercés dès le début à en faire des applications à des objets qu'ils devront dessiner dans la suite du cours; pendant la durée entière de l'étude pratique du dessin, ils devront apprendre comment les problèmes qu'offrent à l'œil les raccourcis de toute nature rentrent sous les lois de la perspective, et comment elle conduit à les résoudre.

De même en donnant, au point de vue du dessin, les notions nécessaires sur la structure anatomique et sur les proportions principales du corps humain, on aura soin d'établir tout d'abord, par des exemples, l'utilité pratique de ces notions. Puis, au fur et à mesure que les élèves auront à dessiner soit les différentes parties de la figure humaine soit des figures entières dans diverses attitudes, on leur en fera étudier de nouveau et d'une manière plus approfondie, la structure ou les proportions.

L'étude pratique proprement dite consistera dans l'imitation de modèles de plus en plus complexes, depuis les parties de la figure humaine représentées par des estampes ou des photographies, jusqu'à des figures entières, ou *académies*, en ronde-bosse.

Pour que cette étude soit véritablement progressive, pour que, de l'imitation des modèles les plus simples, elle conduise les élèves à imiter avec succès les plus composés, il est essentiel que, selon le précepte formel de Léonard de Vinci, on ne passe pas d'un premier objet à un second avant de bien connaître le premier.

De là dérivent, dans la pratique, plusieurs conséquences. En premier lieu, les parties de la figure humaine doivent être, en général, soit dans les modèles, soit dans les copies demandées aux élèves, de dimensions égales à celles de la nature, ou qui en approchent. Car, dans les choses de petite dimension, on est plus exposé à ne pas tout voir, et, par la même raison, dit Léonard de Vinci, « dans les « petites choses, on ne voit pas ses fautes comme on le « le fait dans de plus grandes ». Une fois maître du détail des parties, on pourra, au contraire, sans inconvénient, réduire les figures entières à des dimensions plus petites. En dessinant des figures entières, il faut, pour mettre en proportion les unes avec les autres les diverses parties de la copie qu'on en fait, l'embrasser d'un seul et même regard ; et l'usage s'est établi avec raison de ne point donner à ces sortes de dessins des dimensions supérieures à celles d'une feuille ordinaire de papier à dessiner. Il y a plus, ces dimensions sont celles aussi qu'on donne ordinairement aux modèles. Or, comme apprendre à dessiner, c'est avant tout apprendre à estimer les rapports des grandeurs ou les proportions, et comme, par conséquent, il importe que les commençants ne puissent pas s'habituer à prendre sur le modèle des mesures qui les dispensent de ces jugements, c'est une chose utile de les exercer à donner à leurs copies des dimensions différentes de celles des modèles. Il sera donc bon, si les modèles n'ont en général que la hauteur d'une feuille entière de papier, d'en faire quelquefois des copies encore plus petites. Mais les dimensions des dessins des figures entières ne devront descendre en aucun cas au-dessous de celles d'une demi-feuille de papier à dessiner.

En second lieu, on ne connaît bien les objets que par les lumières et les ombres qui en rendent le relief sensible. Si le trait qui marque les limites extérieures suffit pour représenter en abrégé la figure et la faire reconnaître, ce n'est que par les lumières et les ombres que présente sa surface qu'on en apprécie d'une manière exacte et complète et les proportions et le caractère et la beauté propre. Afin de remplir ce précepte d'après lequel, dans toute la série de ses études, on ne doit pas passer d'un objet à un autre qu'on ne connaisse bien le premier, il est donc nécessaire que, pour chaque objet que l'on dessine, depuis les parties les plus simples jusqu'aux ensembles les plus composés, on ne s'en tienne pas au trait, ni même à une indication grossière du modèle, mais qu'on s'attache à reproduire avec exactitude les lumières et les ombres.

Sur une surface onduleuse, telle que celle du corps humain et de ses parties, les ombres font comme des ondes multipliées; de plus, elles s'unissent avec douceur aux lumières et se dégradent d'une manière insensible comme une molle fumée. Or, pour exprimer avec le même crayon qui sert à indiquer le contour, le caractère exact de telles ombres; pour l'exprimer par des traits, par des hachures juxtaposées ou croisées, il faut un grand travail, qui demande beaucoup de temps. Avec une estompe, on peut imiter plus facilement et plus vite et les ombres et le passage des ombres aux lumières. Il semblerait donc qu'il conviendrait de prescrire, pour l'imitation des ombres, ainsi qu'on l'a proposé, l'emploi de l'estompe plutôt que du crayon.

Néanmoins, pour former l'œil à bien juger des formes et de leur caractère, le crayon est préférable à l'estompe.

Le crayon représente des ombres par de simples traits. Ces traits, suivant le sens dans lequel on les trace, peuvent contrarier les formes dont ils doivent servir à exprimer le relief, ou, au contraire, en se conformant à elles, concourir, par leur direction même, à les faire mieux comprendre. Pour mettre les ombres avec le crayon, il faut donc observer à chaque instant et l'ensemble et les détails des formes, avec les changements que leur fait subir le raccourci. Chaque trait, chaque hachure devient ainsi un enseignement du caractère des choses, de leur construction anatomique et de leur perspective. C'est ce que nous font voir les dessins des meilleurs peintres et les estampes des meilleurs graveurs, chez qui mettre les ombres n'est toujours rien autre chose que dessiner. Ajoutons qu'on n'a pas toujours des estompes; au contraire, on a toujours à sa disposition ou un crayon, ou une plume, ou quelque chose qui peut en tenir lieu et faire le même office. Il importe d'apprendre, dès le principe, à se servir surtout du moyen qui peut le moins faire défaut, et de savoir enfin peindre les ombres avec la même pointe qui sert à faire le trait.

Si donc l'emploi de l'estompe peut être quelquefois autorisé, si même il est utile d'apprendre de bonne heure à la manier, ne fût-ce que pour se rendre indépendant de tout procédé et de toute manière particulière d'exécuter, néanmoins l'instrument habituel, et surtout au début, doit être le crayon.

De ce qui précède, il suit que le but qu'on devra se proposer en indiquant les ombres, ce ne sera pas tant de plaire, par la régularité du travail, à des yeux ignorants ou mal instruits, que d'exprimer d'une manière aussi parfaite que possible la figure et le caractère des objets. De la sorte, en consacrant au modelé et au clair-obscur tout le temps nécessaire, on ne consumera pourtant pas, comme il arrive souvent, la plus grande partie du cours dans une imitation littérale des travaux du burin et de la pointe des graveurs. En outre, une fois qu'on se sera rendu capable, par un exercice suffisant, d'exprimer complétement les demi-teintes, à défaut desquelles les lumières et les ombres n'ont point leur caractère véritable, mais qui sont aussi la partie la plus difficile du modelé, et celle qui exige le plus long travail, on pourra, sans les omettre, épargner néanmoins le temps qui serait nécessaire pour les bien représenter avec le crayon. Il suffira, pour cela, de dessiner sur un fond dont la teinte les supplée. C'est ce que l'on faisait habituellement dans le meilleur temps de l'art, en prenant pour papier à dessin des feuilles légèrement colorées, sur lesquelles on indiquait les ombres avec du noir, et les lumières les plus vives avec du blanc.

Comme il importe que des modèles aussi parfaits que possible soient mis sous les yeux des élèves, et que ce choix ne peut être bien fait que par un comité d'artistes éprouvés, il a été décidé qu'aucun modèle ne serait employé pour l'enseignement du dessin, sans l'approbation du ministre de l'instruction publique.

Rien ne saurait favoriser davantage les progrès dans l'art du dessin, que de s'exercer à reproduire de souvenir ce qu'on a précédemment dessiné d'après de bons modèles.

Au dessin d'après les modèles, on joindra donc autant que possible un autre exercice qui consiste à en reproduire un certain nombre de mémoire, exercice recommandé par Léonard de Vinci, et qui a été introduit avec succès depuis plusieurs années dans l'École impériale et spéciale de dessin. Mais pour que cet exercice n'ait point les inconvénients qu'entraîne après elle l'habitude de travailler de tête, et qu'il n'éloigne point de l'observation et de l'imitation naïve de la nature, il importe que, selon la recommandation expresse de Léonard, un calque fidèle du modèle serve à vérifier incessamment les inexactitudes du dessin de souvenir et à les corriger; c'est sous cette condition qu'un tel exercice pourra, sans nul danger, affermir dans l'esprit les résultats de l'étude des modèles.

Les formes artificielles se divisant naturellement en deux grandes classes, savoir : les figures mêmes des édifices, meubles, vases, etc., et les ornements dont ces différents objets peuvent être revêtus, l'enseignement des formes artificielles se divisera en deux parties répondant à ces deux classes d'objets.

Dans la première partie, on fera étudier des profils choisis, d'abord, de quelques-uns des principaux membres dont les édifices se composent, ensuite de vases, de consoles, de vasques, de balustres, de candélabres, etc.

A cet enseignement se joindra l'indication, par un nombre suffisant d'exemples, des modifications que les formes doivent subir et des caractères particuliers qu'elles doivent prendre, selon la diversité des matières, et d'après la nature différente du marbre, de la pierre, du granit, du bois, du fer, du bronze, des métaux précieux, des pierres fines, etc.

Dans l'étude spéciale de l'ornementation, on fera connaître, et les types principaux que l'art a créés, et ceux qu'il emprunte le plus ordinairement, soit au règne animal, soit au règne végétal; on montrera surtout comment il modifie et transforme ces éléments que la nature fournit.

Les modèles seront généralement empruntés à l'art grec, qui, dans ce genre, comme dans tous les autres, a su unir à la plus parfaite convenance des formes avec la destination des objets et avec leur matière, la plus grande originalité de caractère, le plus haut style et la plus excellente beauté. On y joindra néanmoins d'autres modèles empruntés à l'art romain, à l'art oriental, à celui du moyen age et de la renaissance, qui, sans atteindre au même point de suprême perfection, ont cependant produit aussi en ce genre une foule de chefs-d'œuvre.

Au dessin des formes artificielles et de leurs ornements s'appliquera enfin, comme à celui de la figure humaine, et avec le même fruit, l'exercice de la reproduction de mémoire, qui en gravera dans les imaginations les types les plus parfaits.

VI. JOURNAL DES PROFESSEURS,
CONFÉRENCES, RÉPÉTITIONS ET EXAMENS.

Il ne suffit pas d'avoir exposé dans ses principaux détails la méthode qui convient aux diverses parties de l'enseignement si varié dont se compose le cours des études secondaires, il faut encore en assurer la marche; il faut aussi réduire, autant que possible, le nombre des jeunes gens qui n'en tirent pas un profit réel.

Le journal tenu par chaque professeur répond à la première de ces nécessités; les conférences instituées dans tous les lycées répondent à la seconde.

Journal des professeurs.

Le cours complet d'études embrasse sept années au moins; il se compose, pour chaque année, d'exercices combinés de telle sorte que l'enfant qui les a régulièrement suivis a fait un progrès intellectuel déterminé, et qu'il est arrivé successivement de degré en degré jusqu'au plus haut point de l'instruction classique que peut donner le collège. D'enfant il est devenu jeune homme; il est en état d'embrasser une carrière, parce que l'instruction générale qu'il a reçue est le préliminaire obligé de toute profession libérale; mais cette œuvre si difficile de faire ou plutôt de préparer un homme, ce n'est pas un seul maître qui y a travaillé; chaque cours annuel a son professeur distinct, et souvent, dans la même année, plusieurs professeurs se partagent l'enseignement; c'est le principe de la division du travail appliqué à l'éducation publique. Si, pour quelques-unes des créations du génie de l'homme, le concours d'un certain nombre d'agents est indispensable, l'unité de l'œuvre dépend absolument de la fidélité scrupuleuse que chacun d'eux met à accomplir la tâche qui lui est dévolue. Il ne doit y rien ajouter, en retrancher rien. Le programme d'instruction secondaire a fait à chaque année sa part; à chaque professeur il a assigné sa mission : c'est un système d'enseignement où l'ordre et le nombre des leçons importent beaucoup et dont les détails ont été calculés de manière à faire concourir au même but les études les plus diverses. Aucune des parties de ce tout ne peut être traitée isolément; chacune d'elles est en rapport avec ce qui précède et avec ce qui suit; en modifier les proportions ou le caractère, ce serait rompre l'unité d'ensemble.

Il faut donc que chaque professeur se renferme strictement dans les limites de son programme particulier, qu'il se garde bien de l'étendre ou de le restreindre et d'y introduire des théories qui lui seraient personnelles. Avec les intentions les plus droites et le désir le plus légitime d'améliorer, dès qu'on a cédé une fois à l'attrait de la fantaisie individuelle, on s'expose à ne plus s'arrêter sur cette pente et l'enseignement public ne tarde pas à tomber dans l'anarchie.

La pratique salutaire du journal quotidien où le professeur consigne le résumé de chaque leçon, les exercices dont elle s'est composée, les expériences et les démonstrations qui ont dû l'accompagner, préviendra toute déviation. Elle sert à régler de la manière la plus simple la marche des différents cours, en imposant aux maîtres l'obligation de remplir méthodiquement leur programme, sans qu'ils soient jamais tentés de ralentir ou de précipiter leur enseignement. S'il est vrai que le cours classique se compose d'une suite de leçons dont aucune ne doit empiéter sur les autres, et qui toutes exigent qu'un temps voulu leur soit consacré, la première obligation des maîtres est de se rendre compte jour par jour du chemin qu'ils ont parcouru. Le simple rapprochement de leur journal et des programmes officiels suffira pour leur apprendre s'ils sont restés fidèles au règlement qui leur sert de guide.

C'est d'ailleurs un moyen de contrôle et de vérification dont on a pu apprécier déjà tous les avantages. Le censeur des études, qui est plus spécialement chargé de surveiller le travail des élèves et qui reste dépositaire du journal des classes, est tenu ainsi au courant de tous les détails de l'enseignement; il peut en constater les lacunes et y remédier avant que le mal ait eu le temps de faire des progrès. L'intervention du proviseur, qui ne s'exerce pas d'une manière aussi continue, devient bien plus efficace lorsqu'elle s'appuie sur des documents irrécusables. Les inspecteurs d'Académie, les recteurs, dans leurs visites, qui doivent toujours être imprévues, ont un point de départ certain. Enfin les inspecteurs généraux, plus directement initiés à la pensée de l'Administration supérieure, peuvent en suivre l'application, pour ainsi dire, jour par jour, dans ces annales scolaires où les professeurs, à la fin de chaque classe, ont résumé en quelques lignes la substance de leurs leçons.

Cette précaution est d'autant plus indispensable, que

l'Université n'est plus, comme par le passé, condamnée à une sorte d'isolement. Elle enseigne au nom de l'État et dans l'intérêt de l'État, qui lui confie le soin de préparer pour les grands services publics les candidats les plus capables. Aussi ses programmes d'études ne sont-ils ni l'expression d'un système, ni l'œuvre d'une corporation ou d'un parti; ils reflètent l'image de la société moderne, et pour qu'ils répondent mieux encore à tous les besoins de l'époque, les représentants les plus autorisés des ministères de la guerre, de la marine, des finances et de l'instruction publique ont été appelés à en préparer la rédaction. De la fidélité scrupuleuse avec laquelle ils seront appliqués dépend le succès des mesures concertées entre les différents départements ministériels pour donner une vie nouvelle à l'enseignement public.

Conférences.

L'institution des conférences a déjà porté les meilleurs fruits et elle ne peut manquer d'être de plus en plus appréciée. Dans une occasion récente et solennelle, un de MM. les inspecteurs généraux en a indiqué en quelques mots tous les avantages; il reconnaît hautement *qu'on a complété les leçons de la chaire par l'enseignement familier et pénétrant de la conférence.* C'est, en effet, là le caractère essentiel et l'inappréciable utilité de ces exercices si heureusement introduits depuis deux ans dans l'internat de nos lycées. On ne peut espérer que tous les enfants marchent du même pas; quoique l'éducation en commun excite l'émulation et triomphe généralement de l'apathie du plus grand nombre, quelques natures rebelles restent trop souvent en arrière, et si l'on n'y prenait garde, cette masse inerte grossirait rapidement et ne tarderait pas à paralyser les efforts du professeur.

Aussi faut-il, ainsi qu'on l'a déjà recommandé dans l'instruction spéciale du 22 octobre 1852, étendre à toutes les classes l'utile pratique des conférences, répétitions et interrogations. Elle n'est pas moins nécessaire à l'écolier qui débute dans la carrière qu'au jeune homme qui touche au terme de ses études. Elle s'applique avec un égal succès aux sciences et aux lettres. Ce n'est pas qu'on doive conduire les enfants comme par la main et leur épargner toute espèce de difficultés, en plaçant sans cesse à côté d'eux un guide qui leur montre le vrai chemin : ce serait favoriser la paresse de l'esprit et lui enlever l'aiguillon du travail personnel, qui développe l'intelligence tout aussi bien que les conseils d'un maître. Les leçons ordinaires remplissent vingt heures par semaine, tandis qu'en général, et sauf les exigences particulières de l'enseignement des sciences, trois heures seulement seront consacrées aux conférences, répétitions et examens, c'est-à-dire que ces exercices auront uniquement pour objet les parties essentielles des différents cours, ou celles qui n'auraient pas été suffisamment comprises. C'est dans ces entretiens familiers, que le professeur, plus rapproché de ses élèves, peut exercer sur leur intelligence une action plus directe et prévenir le découragement qui s'empare trop souvent d'un enfant abandonné à ses seules forces.

Les conférences, les répétitions et les examens sont trois exercices qui doivent avoir un caractère distinct.

La conférence est réellement le complément de l'enseignement de la classe. Le professeur y joue encore le principal rôle. Il revient sur ce qui a été dit précédemment, mais pour présenter les choses sous un autre aspect, avec de nouveaux détails; et comme la route qu'il a suivie dans l'espace d'une semaine ne peut être très-longue, le retour en arrière n'offre aucune difficulté sérieuse. Il s'assure de cette manière que les esprits lents ou inappliqués, qui sont le grand nombre, ne se laissent pas trop devancer par les esprits vifs qui tiennent la tête de la classe. Un mot placé à propos, une explication inattendue, ouvrent tout à coup les intelligences, et la lumière se fait. Tous les élèves ou presque tous seront dès lors en état de profiter des leçons nouvelles, parce que les leçons précédentes leur seront parfaitement présentes et qu'il n'y aura, pour ainsi dire, plus de lacune dans leur instruction. Mais il importe que les professeurs ne confondent pas la conférence avec la classe. La classe semble faite pour tout le monde; elle paraît supposer entre les esprits une égalité qui n'existe réellement pas. La conférence a pour but de rectifier cette erreur, et d'en prévenir les conséquences, en venant, autant que possible, au secours des intelligences les moins heureusement douées.

Répétitions.

Les répétitions sont destinées à suivre encore de plus près les progrès individuels. Rien ne s'oppose à ce que, pour les conférences, les élèves d'une même classe soient réunis; mais pour les répétitions, ils doivent être partagés en petits groupes d'égale force ou d'égale faiblesse, afin de pouvoir descendre, s'il est nécessaire, aux détails les plus élémentaires. Il est facile de concevoir que cette révision minutieuse ne serait que d'une médiocre utilité pour certains élèves privilégiés qui sentent le besoin de marcher en avant : pour les uns, la répétition doit être sommaire et rapide ; pour les autres, elle doit être lente, méthodique et détaillée.

Examens.

Les examens seront toujours individuels. Cette épreuve doit revenir souvent, une fois au moins par semaine, surtout pour les élèves faibles. Il faut qu'ils prennent l'habitude de rendre compte de ce qu'ils ont appris et de répondre avec précision aux questions du programme. Nous recommandons instamment aux professeurs de laisser à leurs élèves, dans cet exercice, une très-grande latitude. Qu'ils ne se hâtent pas de prendre la parole à la place de l'élève interrogé ou de lui suggérer la réponse demandée. L'épreuve de l'interrogation ainsi dirigée n'aurait point de signification. Si l'enfant ne s'est pas borné à recevoir passivement les leçons du maître, s'il a essayé de faire sur ces leçons un travail personnel, s'il se les est assimilées par la réflexion, il ne sera pas nécessaire qu'on lui arrache les paroles une à une ; il mettra même dans ses réponses une certaine abondance, pourvu qu'on lui laisse le temps de se reconnaître et de penser avant de répondre, et ce sera là le signe incontestabble d'un véritable progrès.

Les conférences, répétitions et interrogations sont instituées principalement pour les élèves pensionnaires. Beaucoup de familles, ne pouvant se charger de l'éducation de leurs enfants, les confient aux établissements de l'Etat : nous ne tiendrions pas tous nos engagements, si ces enfants ne recevaient pas les secours sans lesquels il est trop difficile d'arriver au but.

Le temps des classes est tellement limité, celui des conférences est si restreint, qu'il n'est pas permis d'espérer que le travail particulier de chaque élève puisse être toujours vérifié par les professeurs. Il importe cependant que les devoirs quotidiens soient tous vus et corrigés, et que les élèves ne soient jamais tentés de s'acquitter de cette tâche avec négligence, dans l'espoir d'échapper à une juste réprimande. Les maîtres répétiteurs, dont la situation a été relevée, et qui sont aujourd'hui les auxiliaires obligés du professorat, ont pour mission, comme nous l'avons dit en commençant, de surveiller efficacement le travail de l'étude et de faire en sorte qu'aucun devoir ne passe inaperçu. C'est par tous ces moyens réunis que nous obtiendrons de chacun de nos élèves la somme d'efforts intelligents dont il est capable.

CONCLUSION.

La réforme des études secondaires, dont je viens de parcourir le cercle entier, a été accomplie avec une extrême facilité. Pourquoi l'opinion publique a-t-elle accueilli avec une faveur marquée des innovations en apparence si considérables? C'est qu'en réalité dans ces changements nous n'avons été que les échos de notre époque. Les novateurs seraient ceux qui, engageant une sorte de lutte avec la société telle que le temps l'a faite, chercheraient à lui imposer un système d'instruction qui ne répondrait ni à ses besoins, ni à ses goûts, et prendraient à tâche de former, pour un monde imaginaire, des esprits chimériques.

Le nouveau plan d'études, dont on vient de développer les procédés et les méthodes, n'est pas d'ailleurs d'invention moderne; il est contemporain de la civilisation elle-même. Les Grecs et les Romains le suivaient exactement; ils faisaient apprendre à leurs enfants tout ce qu'ils savaient, tout ce qu'ils pratiquaient eux-mêmes. Le moyen âge à son tour ne s'est jamais avisé de laisser en dehors de l'éducation publique les connaissances qui faisaient l'objet de ses études, et la plus littéraire des époques de notre histoire, celle dont nous sommes le plus fiers à juste titre, le dix-septième siècle, n'a jamais cessé d'associer dans l'éducation commune l'étude des sciences et celle des lettres. Quoi qu'on en ait dit, ce n'est pas sur le modèle de la dernière Université de Paris que l'immortel fondateur de la quatrième dynastie avait voulu façonner son Université impériale; il avait, à cet égard, des vues plus hautes. En lui confiant le dépôt des sciences et des lettres, il entendait que les unes et les autres y fussent parallèlement cultivées, et il n'admettait pas plus des lettrés sans sciences que des savants sans lettres.

Fourcroy avait clairement indiqué ce but en donnant aux lycées leur première organisation. Tous les grands esprits, formés à la même époque, sous l'impression des mêmes besoins, ont obéi à la même pensée; et nous ne pouvons mieux terminer cette Instruction générale qu'en reproduisant les lignes où G. Cuvier, dans un article inséré au *Moniteur*, il y a près de cinquante ans, trahissait de la manière la plus sensée et la plus heureuse les graves préoccupations qui ont inspiré le nouveau plan d'études.

« Personne ne conteste[1] que la mémoire ne soit la première faculté que l'on doive cultiver dans les enfants ; que le langage ne serve d'instrument principal au raisonnement, et que l'étude d'une langue étrangère, et la comparaison qu'on en fait avec la sienne, ne fassent connaître mieux qu'aucun autre moyen le mécanisme de cet instrument admirable, et ne soient par conséquent le meilleur cours de logique pratique. On avoue aussi généralement que les Grecs et les Romains nous ont laissé, dans presque tous les genres d'écrits, les plus parfaits modèles de l'alliance du goût et de la raison avec l'imagination, et qu'en étudiant à fond leurs ouvrages on acquiert une connaissance solide du cœur humain, ainsi qu'une foule de faits utiles et agréables à posséder. Pour peu que l'on y réfléchisse, on ne tarde pas non plus à s'apercevoir que les nuances délicates des idées morales échappent à la rigueur des raisonnements mathématiques, et qu'une habitude trop exclusive de ceux-ci porte assez souvent l'esprit à vouloir tout réduire à des règles invariables, à des principes absolus ; méthode si dangereuse quand on l'applique au gouvernement des sociétés humaines, ou seulement aux rapports particuliers qui nous lient avec les autres hommes. Enfin, l'on peut être tenté de croire que cet amour de la précision, fruit naturel d'une longue étude des sciences exactes, doit refroidir l'imagination et ôter à ses tableaux ce vague qui fait partie de leur charme, précisément parce qu'il permet à chacun de les terminer par ses propres conceptions.

« Mais, d'un autre côté, l'on ne nie point que les gouvernements, dans l'état actuel de la civilisation, n'aient un besoin indispensable des sciences mathématiques et physiques ; qu'une foule de professions utiles ne soient évidemment fondées sur elles ; que la société ne leur doive déjà et n'en puisse espérer encore un grand nombre de commodités et d'agréments ; enfin que chaque particulier n'en puisse tirer avantage dans beaucoup de circonstances. On est aussi obligé de convenir que leur marche nécessaire offre un type de bon raisonnement dont il faudrait que l'on se rapprochât, autant que possible, dans tout ce qui a besoin d'être prouvé. »

Après avoir rappelé que, dans le moyen âge et dans les siècles les plus éclairés, les sciences et les lettres formaient ensemble la base de l'éducation commune, le grand naturaliste continue en ces termes :

1. *Moniteur* du 3 novembre 1807.

« Ce qui était raisonnable alors l'est encore aujourd'hui.
« Les doctrines d'une utilité commune doivent être ensei-
« gnées dans la faculté commune. On ne conteste pas l'utilité
« des sciences exactes aux militaires ni aux constructeurs
« de tous les ordres, depuis l'architecte ordinaire jusqu'à
« l'ingénieur militaire ou maritime. Le médecin, qui les a
« toujours étudiées, n'y renoncera pas maintenant qu'elles
« influent plus que jamais sur l'art de guérir. L'adminis-
« trateur, qui a sans cesse des opérations de finances,
« d'agriculture ou des différents arts à diriger, ne voudra
« ignorer ni le calcul, ni la chimie. Les sciences aideraient
« même l'ecclésiastique à détruire dans les campagnes les
« superstitions dangereuses, à y rendre sa charité plus
« utile. Enfin l'homme qui vit de son bien n'est pas abso-
« ment condamné à ne rien faire, et s'il veut consacrer ses
« loisirs au travail du cabinet, n'a-t-il pas plus de chances
« de réussir, ou du moins d'échapper au ridicule par des
« observations utiles que par des vers médiocres ? »

L'instruction secondaire, telle qu'elle est aujourd'hui distribuée dans les lycées, n'a pas un autre objet. Fortifiée de l'enseignement religieux, qui la domine et la vivifie, elle s'adresse aux sentiments les plus délicats de l'âme en même temps qu'aux forces vives de l'intelligence. Elle se propose surtout de graver fortement dans les esprits l'empreinte de la France, et de préparer ainsi les jeunes générations à porter toujours plus haut la prééminence de notre patrie dans les lettres, dans les sciences, dans les arts, dans l'industrie. Ces vérités, dont le corps enseignant est si profondément pénétré, recevront des instructions que je lui adresse aujourd'hui, un caractère d'évidence encore plus marqué.

Quelques modifications que les nouveaux programmes de l'enseignement puissent recevoir désormais, ils demeureront du moins comme la mesure de mon zèle à exécuter l'ordre que l'Empereur m'a donné de mettre l'enseignement des établissements de l'État en rapport avec les besoins et les lumières de notre siècle. Quarante ans de luttes et de discussions, les essais, les travaux, parfois même les erreurs de nos devanciers, et, je dois le dire aussi, l'unité de direction que la haute sagesse de Sa Majesté Impériale a voulu imprimer à l'instruction publique comme aux autres parties de l'administration du pays, avaient enfin rendu cette tâche possible. J'en confie à mon tour l'accomplisement, en toute assurance, aux membres du corps enseignant, qui trouveront dans ce document, destiné, tout à la fois, à préciser leurs devoirs et à proclamer leurs services, la preuve de ma constante sollicitude pour le succès de leurs efforts.

Paris, 15 novembre 1854.

Recevez, Monsieur le recteur, l'assurance de ma considération très-distinguée,

Le ministre de l'Instruction publique et des Cultes,

H. FORTOUL.

EMPIRE FRANÇAIS.

ACADÉMIE D

CERTIFICAT D'EXAMEN DE GRAMMAIRE.

Le Recteur de l'Académie d

*Vu l'attestation du Proviseur du Lycée impérial d constatant que le jeune
élève du Lycée impérial d
né à   le
est en état d'expliquer les textes français, latins et grecs prescrits pour la classe de quatrième des Lycées; qu'il possède une connaissance suffisante, 1° des trois grammaires classiques; 2° de l'histoire et de la géographie de la France; 3° de l'arithmétique théorique et usuelle,*

   *Donne, par le présent, audit
le certificat d'Aptitude institué par l'article 2 du décret du 10 avril 1852 et par le paragraphe 5 du chapitre II de l'arrêté du 30 août 1852.*

   Fait à   le

Le Recteur de l'Académie d

TABLE

DE L'INSTRUCTION GÉNÉRALE.

PLAN DE LA PRÉSENTE INSTRUCTION. 177
   Enseignement religieux. 178
   Maîtres répétiteurs. 180

I. DIVISION ÉLÉMENTAIRE. 186
   Objet des classes élémentaires. 186
   Leur institution. 186
   Développement autrefois excessif de leur enseignement. 186
   Inconvénients de ce développement exagéré. 187
   Avantages du nouveau programme. 187
   Procédés et méthodes d'enseignement. 188

II. DIVISION DE GRAMMAIRE. 193
   Changements introduits dans l'enseignement des classes de grammaire. 193
   Examen d'admission. 193
   Emploi du temps. 194
   Récitation des leçons. 195
   Lecture et explication des leçons. 196
   Dictée des devoirs. 197
   Corrections des devoirs. 198
   Explication des auteurs. 199
   Enseignement de l'histoire et de la géographie. 200
   Remarques particulières sur l'enseignement de la géographie physique. 202
   Étude de la grammaire comparée en quatrième. 204
   Enseignement du calcul dans les classes de sixième et de cinquième. 205
   Enseignement des éléments d'arithmétique et des notions préliminaires de géométrie dans la classe de quatrième. 206
   Méthode commune à l'enseignement scientifique des trois classes de la division de grammaire. 207
   EXAMEN DE GRAMMAIRE. 208

III. DIVISION SUPÉRIEURE. 210

§ Ier. Enseignement commun a la section des lettres et a la section des sciences. 210

Récitation d'auteurs français. 211
Explication des auteurs français. 211
Explication des auteurs latins. 212
Choix des devoirs. 214
Version latine. 214
Composition française. 214
Exposition des règles de la composition et du style. 215
Exposition des règles de la rhétorique et des principaux genres de littérature. 215
Correction des devoirs. 217
Distribution du temps des classes consacrées au cours de français et de latin. 218
Enseignement de l'histoire et de la géographie. 218
Enseignement des langues vivantes. 221
Première année. 221
Deuxième année. 222
Troisième année. 223
Récapitulation de l'enseignement commun aux deux sections. 224

§ 2. Enseignement particulier a la section des lettres. 224

Étude approfondie des langues latine et grecque. 224

Méthode applicable à l'enseignement plus spécialement littéraire. 224
Exercices littéraires de la classe de troisième. 227
Exercices littéraires de la classe de seconde. 229
Exercices littéraires de la classe de rhétorique. 231

Notions scientifiques appropriées aux élèves de la section littéraire. 233

Utilité des notions scientifiques pour la section des lettres. 233
Esprit du programme scientifique pour la section des lettres. 233
Notions générales de géométrie et de physique. 233
Notions de chimie et de cosmographie. 234
Notions d'histoire naturelle. 235

§ 3. Enseignement particulier a la section des sciences. 236

Mathématiques pures et appliquées. 236

Enseignement de l'arithmétique. 236
Enseignement de l'algèbre. 244
Enseignement de la géométrie. 246

Cosmographie. 255

Physique et Chimie. 256

Cours de physique, de chimie et d'histoire naturelle de la classe de troisième. 258
Cours de chimie des classes de seconde et de rhétorique. 260
Cours de physique des classes de troisième et de seconde. 266

Mécanique. 271

Histoire naturelle. 274

Cours d'histoire naturelle de la classe de troisième. 274
Cours d'histoire naturelle de la classe de rhétorique. 275

Applications de la géométrie. 277

Dessin géométrique. 278

Problèmes graphiques. 278
Représentation géométrique des corps. 278

Levé des plans. 279

Levé du plan proprement dit. 279
Nivellement. 281
Exécution de la carte. 281

§ 4. Classe de logique. 282

Enseignement de logique commun aux deux sections. 282

Esprit du nouveau programme de logique. 282
Première partie du programme de logique. 283
Seconde partie du programme de logique. 284
Troisième partie du programme de logique. 285
Méthode. 287

Enseignement particulier aux élèves de la section des lettres qui suivent la classe de logique. 289

Leçon complémentaire de logique. 289
Cours élémentaire de mathématiques et de physique. 292
Révision de l'enseignement littéraire. 294

Enseignement particulier aux élèves de la section des sciences qui suivent la classe de logique. 296

IV. CLASSE DE MATHÉMATIQUES SPÉCIALES. 298

    Mathématiques pures. 298
    Géométrie. 298
    Algèbre. 298
    Trigonométrie. 300
    Géométrie analytique. 302
    Mécanique et géométrie descriptive. 302
    Physique et chimie. 303

V. ENSEIGNEMENT DU DESSIN. 306

VI. JOURNAL DES PROFESSEURS. — CONFÉRENCES, RÉPÉTITIONS ET EXAMENS. 314

    Journal des professeurs. 314
    Conférences. 316
    Répétitions. 317
    Examens. 318

CONCLUSION. 319

FIN.

DÉCRETS ET ARRÊTÉS

RENDUS

POUR L'EXÉCUTION DU PLAN D'ÉTUDES.

1.

Décret-loi du 9 mars 1852, relatif à l'instruction publique. (Extraits.)

Art. 3. Le ministre, par délégation du président de la république, nomme et révoque.... les fonctionnaires et professeurs de l'enseignement secondaire public....

Il prononce directement et sans recours contre les membres de l'enseignement secondaire public : la réprimande devant le conseil académique, la censure devant le conseil supérieur, la mutation, la suspension des fonctions avec ou sans privation totale ou partielle de traitement, la révocation....

Art. 7. Un nouveau plan d'études sera discuté par le conseil supérieur dans sa prochaine session.

Art. 8. En cas d'urgence, les recteurs peuvent, par mesure administrative, suspendre un professeur de l'enseignement public secondaire ou supérieur, à la charge d'en rendre compte immédiatement au ministre, qui maintient ou lève la suspension.

2.

Décret du 10 avril 1852, relatif à l'instruction publique et à l'enseignement des lycées. (Extraits.)

Art. 1er. Indépendamment de la division élémentaire qui sera établie, s'il y a lieu, pour préparer les enfants à l'enseignement secondaire, les lycées comprennent nécessairement deux divisions : la *division de grammaire*, commune à tous les élèves, et la *division supérieure*, où les lettres et les sciences forment la base de deux enseignements distincts.

Art. 2. Après un examen constatant qu'ils sont en état de suivre les classes, les élèves sont admis dans la division de grammaire, qui embrasse les trois années de sixième, de cinquième et de quatrième.

Chacune de ces trois années est consacrée, sous la direction du même professeur :

1° A l'étude des grammaires française, latine et grecque ;

2° A l'étude de la géographie et de l'histoire de France.

L'arithmétique est enseignée, en quatrième, une fois par semaine à l'heure ordinaire des classes.

A l'issue de la quatrième, les élèves subissent un examen, appelé *examen de grammaire*, dont le résultat est constaté par un certificat spécial, indispensable pour passer dans la division supérieure.

Art. 3. La division supérieure est partagée en deux sections.

L'enseignement de la première section a pour objet la culture littéraire, et ouvre l'accès des facultés des lettres et des facultés de droit.

L'enseignement de la seconde section prépare aux professions commerciales et industrielles, aux écoles spéciales, aux facultés des sciences et de médecine.

Les études littéraires et historiques embrassent, comme par le passé, les classes de troisième, de seconde et de rhétorique.

Les études scientifiques ont lieu pendant trois années correspondantes.

Les langues vivantes sont enseignées pendant les trois années dans les deux sections.

Les programmes indiqueront les autres études qui pourront être communes aux deux enseignements.

Une dernière année, dite *de logique*, obligatoire pour les deux catégories d'élèves, a particulièrement pour objet l'exposition des opérations de l'entendement, et l'application des principes généraux de l'art de penser à l'étude des sciences et des lettres.

Art. 4. Des conférences sur la religion et sur la morale, correspondant aux différentes divisions, sont faites par l'aumônier ou sous sa direction. Elles font nécessairement partie du plan d'études des lycées. Le programme en est dressé directement par l'évêque diocésain.

Des mesures analogues sont prescrites pour les élèves des cultes non catholiques reconnus.

Art. 5.... Les élèves de l'école normale supérieure qui auront subi avec succès les *examens de sortie* seront chargés de cours dans les lycées.

Art. 6. Pour obtenir le titre de professeur dans un lycée, il faut être agrégé à la suite d'une épreuve publique.

Art. 16. Les nouveaux programmes d'études et d'examen prévus par le présent décret seront soumis au Conseil supérieur dans sa prochaine session.

Art. 17. Les anciens agrégés de grammaire, des classes supérieures des lettres, d'histoire et de philosophie sont aptes à recevoir le titre de professeurs des lettres.

Les anciens agrégés de mathématiques et de physique sont aptes à recevoir le titre de professeurs des sciences.

Art. 18. Le présent décret sera mis à exécution à partir du 1er octobre prochain.

3.

Arrêté du 14 avril 1852, relatif aux élèves de l'école normale de la présente année scolaire appelés à un emploi dans les lycées.

Les élèves de l'école normale supérieure qui termineront leurs cours d'études à la fin de la présente année classique, ne pourront être employés dans les lycées ou les colléges qu'après avoir subi avec succès, devant une commission d'inspecteurs généraux, un examen destiné à constater s'ils remplissent les conditions morales et scolaires exigées pour les fonctions de l'enseignement.

4.

Arrêté du 29 août 1852, relatif à l'enseignement religieux des lycées.

(Voir cet arrêté, page 18.)

5.

Arrêté du 30 août 1852, fixant le plan d'études des lycées.

(Voir cet arrêté, page 1.)

6.

Arrêté du 30 août 1852, fixant les programmes d'enseignement des lycées.

(Voir cet arrêté, page 19.)

7.

Arrêté du 8 septembre 1852, fixant la liste des lycées où l'enseignement des mathématiques spéciales est maintenu.

L'enseignement des mathématiques spéciales est maintenu pendant la prochaine année classique dans les lycées dont les noms suivent :

Lycées de Paris : Louis-le-Grand, Napoléon, Saint-Louis, Bonaparte, Charlemagne.

Lycée de Versailles.

Lycées de première classe : Bordeaux, Caen, Lyon, Marseille, Nantes, Rennes, Rouen, Strasbourg, Toulouse.

Lycées de deuxième classe : Besançon, Brest, Dijon, Douai, Grenoble, Metz, Montpellier, Nancy, Poitiers.

8.

Arrêté du 10 septembre 1852, relatif à la répartition de l'enseignement entre les professeurs des lycées[1].

Art. 1er. Dans les lycées où les deux sections de la division supérieure sont complétement organisées, l'enseignement des mathématiques pures et appliquées est réparti entre deux professeurs titulaires et deux professeurs répétiteurs ; l'enseignement des sciences physiques, chimiques et naturelles, entre un professeur titulaire et deux professeurs répétiteurs.

Un maître des travaux graphiques est attaché en outre à chacun de ces lycées.

Dans les lycées où il existe un enseignement de mathématiques spéciales, un professeur titulaire en est chargé.

Art. 2. Les deux professeurs titulaires de mathématiques sont professeurs de second ordre.

---

1. Cet arrêté a été modifié en partie par le décret du 16 avril 1853 (p. 337).

Le professeur titulaire de mathématiques spéciales et le professeur titulaire de sciences physiques et naturelles, conservent le rang de professeur de premier ordre. Ces quatre fonctionnaires participent au traitement éventuel.

Dans les lycées où les besoins de l'enseignement scientifique l'exigeraient, un second professeur titulaire de sciences physiques et naturelles peut être institué. Il a le rang et le traitement de professeur de second ordre.

Art. 3. Les professeurs répétiteurs reçoivent un traitement unique ainsi réparti :

Lycées de Paris et de Versailles. . . 2,400 fr.
Lycées de première classe 1,800
Lycées de deuxième classe. . . . 1,600
Lycées de troisième classe. . . . 1,500

Ce traitement est soumis à la retenue du vingtième pour la caisse des retraites.

Art. 4. Les maîtres des travaux graphiques reçoivent une indemnité annuelle ainsi répartie :

Lycées de Paris et de Versailles . . 1,500 fr.
Lycées de première classe 1,200
Lycées de deuxième classe. . . . 1,100
Lycées de troisième classe. . . . 1,000

Art. 5. Le professeur de mathématiques spéciales fait cinq leçons de deux heures par semaine.

Les professeurs et répétiteurs de mathématiques pures et appliquées, de sciences physiques, chimiques et naturelles, font chacun, par semaine, six classes de deux heures au plus.

Le professeur de mathématiques spéciales, les professeurs de mathématiques pures et appliquées, doivent, en outre, quatre heures chacun, par semaine, pour les conférences ou répétitions et examens.

Le professeur et les répétiteurs de sciences physiques, chimiques et naturelles, doivent, en outre, chacun, par semaine, deux heures pour les conférences ou répétitions et examens.

Art. 6. Les professeurs de logique, de rhétorique et d'histoire, font chacun, par semaine, sept classes de deux heures au plus; les professeurs de seconde et de troisième, huit classes. Les uns et les autres doivent, en outre, quatre heures chacun, par semaine, pour les conférences ou répétitions et examens.

Les professeurs de grammaire et les maîtres élémentaires font chacun, par semaine, dix classes de deux heures.

9.

Arrêté du 13 septembre 1852, relatif aux programmes d'admission des écoles spéciales et de l'examen du baccalauréat ès sciences. (Extraits.)

Art. 1er. Les examens d'admission aux écoles spéciales (école polytechnique, école militaire, école normale supérieure, école navale, école forestière) porteront exclusivement sur les matières déterminées par les programmes de l'enseignement scientifique donné dans les lycées, et auront pour base les portions de cet enseignement correspondant aux besoins de chaque école....

Art. 2. Aucune modification ne sera apportée aux programmes de l'enseignement scientifique des lycées, tel qu'il a été déterminé par l'arrêté du 30 août 1852, que du consentement mutuel des ministres de la guerre, de la marine, des finances, et de l'instruction publique et des cultes.

Art. 4. L'examen du baccalauréat ès sciences ne portera que sur les matières contenues dans les programmes de l'enseignement scientifique des lycées.

Art. 6. Jusqu'à l'époque où, conformément à l'arrêté du 30 août 1852, l'enseignement scientifique des lycées aura pu être complétement organisé, les matières sur lesquelles porteront les examens d'admission aux écoles spéciales du gouvernement seront contenues dans les programmes de l'enseignement scientifique de l'année de logique qui a précédé l'examen.

10.

Arrêté du 14 septembre 1852, relatif au concours général des lycées et colléges de Paris et Versailles.

Art. 1er Le concours général n'aura lieu qu'entre les élèves de la division supérieure des lycées et colléges de Paris et de Versailles, et pour les facultés ci-après désignées :

CLASSE DE TROISIÈME.

Section des lettres.	Section des sciences.
Thème latin, Version grecque.	Mathématiques.

Compositions communes aux deux sections.

Version latine,
Histoire et géographie.

CLASSE DE SECONDE.

Section des lettres.   *Section des sciences.*

Narration latine,   Mathématiques,
Vers latins,   Physique,
Version grecque,   Chimie.
Thème grec.

Compositions communes aux deux sections.

Version latine,
Histoire et géographie.

CLASSE DE RHÉTORIQUE.

Section des lettres.   *Section des sciences.*

Version grecque,   Mathématiques,
Vers latins,   Mécanique,
Discours latin (prix d'honneur).   Histoire naturelle.

Compositions communes aux deux sections.

Version latine.
Discours français,
Histoire et géographie.

ANNÉE DE LOGIQUE.

Section des lettres.   *Section des sciences.*

  (Prix spéciaux.)
Dissertation de logique en latin,   Sciences mathématiques,
Mathématiques,   Sciences physiques,
Physique.   Sciences naturelles.

Compositions communes aux deux sections.

Dissertation de logique en français (prix d'honneur).

CLASSE DE MATHÉMATIQUES SPÉCIALES.

Mathématiques spéciales (prix d'honneur).

Art. 2. Ne pourront être admis à concourir les élèves qui, au 1er octobre de l'année classique, auraient atteint :

Dans la classe de troisième, 15 ans révolus ;

Dans la classe de seconde, 16 ans révolus ;

Dans la classe de rhétorique, 17 ans révolus pour les nouveaux, et 18 ans pour les vétérans ;

Dans la classe de logique, 19 ans révolus ;

Dans la classe de mathématiques spéciales, 20 ans révolus.

Art. 3. L'élève qui a obtenu une nomination au concours de l'année précédente ne peut concourir l'année suivante dans la même classe, excepté dans la classe de rhétorique, s'il est vétéran.

L'élève qui a obtenu une nomination à la distribution particulière des prix dans un lycée ne peut prendre part au concours général, s'il entre dans la classe inférieure à celle qu'il a faite l'année précédente.

Art. 4. L'examen des compositions se fera au chef-lieu de l'Académie de Paris, dans des bureaux particuliers dont les membres seront nommés par le ministre. Les professeurs des lycées et colléges de Paris et de Versailles ne pourront en faire partie.

11.

Arrêté du 26 janvier 1853, fixant le programme de la classe de mathématiques spéciales des lycées.

(Voir cet arrêté, page 129.)

12.

Arrêté du 12 février 1853, modifiant le titre des lycées.

Art. 1er. Les lycées prendront désormais le titre de *lycées impériaux*.

Art. 2. MM. les recteurs sont chargés chacun en ce qui le concerne de l'exécution du présent décret.

13.

Décret du 16 avril 1853, relatif au régime financier des lycées.

Art. 1ᵉʳ. Les lycées sont tous du même ordre.

Art. 2. Le prix de la pension, de l'externat, des conférences, répétitions et examens, est fixé de la manière suivante dans les lycées ci-après énumérés :

Lycées de Paris :

	Prix de la pension.	Frais d'études à la charge des externes.	Suppléments dus par les externes admis aux conférences répétitions et examens.
Division élémentaire.....	950 fr.	120 fr.	60 fr.
Division de grammaire...	1,050	150	75
Division supérieure.....	1,150	200	100
Classe de mathématiques spéciales..........	1,500	250	125

[1ʳᵉ catégorie.] Lycées de Bordeaux, Lyon, Marseille, Metz, Nantes, Rouen, Strasbourg, Toulouse et Versailles :

Division élémentaire.....	750 fr.	100 fr.	50 fr.
Division de grammaire...	800	120	60
Division supérieure.....	850	160	80
Classe de mathématiques spéciales..........	900	200	100

[2ᵉ catégorie.] Lycées d'Amiens, Angers, Besançon, Bourges, Brest, Caen, [Colmar[1],] Dijon, Douai, Grenoble, Lille, Montpellier, Nancy, Orléans, Poitiers, Reims, Rennes, La Rochelle et Saint-Omer :

	Prix de la pension.	Frais d'études à la charge des externes.	Suppléments dus par les externes admis aux conférences répétitions et examens.
Division élémentaire.....	650 fr.	80 fr.	40 fr.
Division de grammaire...	700	100	50
Division supérieure.....	750	120	60
Classe de mathématiques spéciales (dans les lycées où cet enseignement est organisé).........	800	150	75

[3ᵉ catégorie.] Lycées d'Angoulême, Avignon, [Bar-le-Duc[2],] Clermont, [Évreux[3],] Laval, Limoges, Mâcon, Le Mans, Napoléon-Vendée, Nîmes, Pau, Saint-Etienne, [Saint-Quentin[4],] [Sens[5],] [Tarbes[6],] Tournon, Tours, [Troyes[7],] et Vendôme :

	Prix de la pension.	Frais d'études à la charge des externes.	Suppléments dus par les externes admis aux conférences répétitions et examens.
Division élémentaire.....	550 fr.	60 fr.	30 fr.
Division de grammaire...	600	80	40
Division supérieure.....	650	100	50

1. Décret du 4 avril 1854. — 2. Décret du 4 avril 1854. — 3. Décret du 23 mai 1854. — 4. Décret du 10 août 1853. — 5. Décret du 4 avril 1854. — 6. Décret du 30 juillet 1853; ce lycée ne reçoit que des externes. — 7. Décret du 10 août 1853.

[4e catégorie.] Lycées [d'Agen[1],] Alençon, Auch, Bastia, [Bourg[2],] Cahors, [Carcassonne[3],] [Châteauroux[4],] Chaumont, [Coutances[5],] Moulins, Napoléonville, Périgueux, Le Puy, Rodez et Saint-Brieuc :

	Prix de la pension.	Frais d'études à la charge des externes.	Suppléments dus par les externes admis aux conférences répétitions et examens.
Division élémentaire.....	450 fr.	50 fr.	25 fr.
Division de grammaire...	500	70	35
Division supérieure.....	550	90	45

Art. 3. Le prix des bourses, qu'elles soient fondées par le gouvernement, les départements, les communes ou les particuliers, sera égal au prix de pension réglé par l'article précédent[6].

Dans le cas où, suivant le nouveau tarif, le prix des bourses devra être augmenté, cette augmentation n'aura lieu qu'au fur et à mesure de l'extinction des bourses déjà accordées au moment de la promulgation du présent décret.

Il n'est rien innové relativement au prix des bourses antérieurement fondées par des particuliers.

Art. 4. Le prix des livres classiques et des fournitures scolaires est compris désormais dans le prix total de la pension, aussi bien pour les pensionnaires que pour les boursiers.

Art. 5. Les proviseurs, censeurs, aumôniers, professeurs et économes des lycées, sont distribués en différentes classes dans les proportions déterminées par les articles suivants.

Le traitement fixe de ces fonctionnaires dépend de la classe à laquelle ils appartiennent.

1. Décret du 4 avril 1854. — 2. Décret du 4 avril 1854. — 3. Décret du 10 août 1853. — 4. Décret du 10 août 1853. — 5. Décret du 30 juillet 1853. — 6. Cet article a été modifié par le décret du 30 septembre 1854 (p. 853).

Lors de la première nomination, ils sont rangés dans la dernière classe.

Ils ne peuvent être promus à une classe supérieure qu'après une année au moins de services dans la classe inférieure.

Art. 6. Le traitement fixe des proviseurs, censeurs, aumôniers et économes des lycées, est réglé de la manière suivante :

Lycées de Paris.

Proviseurs	6,000 fr.
Censeurs.	3,500
Aumôniers	3,500
Économes	3,000

Lycées des départements.

Proviseurs..	1re classe (10).	4,000 fr.
	2e classe (25).	3,500
	3e classe (nombre indéterminé).	3,000
Censeurs. .	1re classe (10).	2,500
	2e classe (25).	2,200
	3e classe (nombre indéterminé).	2,000
Aumôniers .	1re classe (10).	2,500
	2e classe (25).	2,200
	3e classe (nombre indéterminé).	2,000
Économes. .	1re classe (10).	2,000
	2e classe (25).	1,800
	3e classe (nombre indéterminé).	1,600

Art. 7. Indépendamment du traitement fixe, un traitement supplémentaire peut être alloué aux proviseurs par arrêté ministériel, après examen et approbation du compte administratif rendu à la fin de chaque exercice, sans que ce traitement puisse jamais excéder la moitié du traitement fixe.

Les économes reçoivent, outre le traitement fixe, un traitement éventuel qui se compose du centième du prix de la pension payé par chaque pensionnaire.

Indépendamment de ce traitement, il pourra être alloué aux économes une gratification qui, en aucun cas, ne sera supérieure au quart du traitement fixe affecté à leur emploi.

Art. 8. Les membres du corps enseignant qui ont obtenu le titre de professeur à la suite des épreuves de l'agrégation, conformément aux articles 6 et 17 du décret du 10 avril 1852, reçoivent un traitement fixe qui est réglé de la manière suivante :

Lycées de Paris.

1re classe (20).	3,000 fr.
2e classe (30).	2,500
3e classe (nombre indéterminé).	2,000

Lycées des départements.

1re classe (70).	2,000 fr.
2e classe (120).	1,800
3e classe (150).	1,700
4e classe (nombre indéterminé).	1,600

Art. 9. A l'avenir, les membres du corps enseignant qui, par suite de la vacance d'une chaire, seront chargés du cours avant d'avoir obtenu le titre de professeur par les épreuves de l'agrégation, recevront un traitement fixe de 1,200 fr.

Art. 10. Indépendamment des traitements fixes, déterminés par les articles 6, 8 et 9 ci-dessus, un traitement éventuel est distribué par portions égales entre les fonctionnaires ci-après désignés, qu'ils aient ou non subi les épreuves de l'agrégation : le censeur des études, les professeurs de mathématiques spéciales, de physique, de mathématiques pures et appliquées, de logique, d'histoire, de rhétorique, de seconde, de troisième, de quatrième, de cinquième et de sixième.

Une part d'éventuel sera réservée, en outre, aux deux professeurs de langues vivantes, et répartie également entre eux.

Le traitement éventuel est formé par un double prélèvement de 9/100es sur le prix de la pension payé par chaque pensionnaire, et de 5/10es sur le prix de l'externat et des conférences payé par chaque externe, à partir de la classe de sixième.

A Paris, les prélèvements opérés dans les cinq lycées forment un fonds commun qui est réparti également entre les ayants droit, suivant les proportions ci-dessus indiquées.

Dans les lycées où le prélèvement opéré sur la pension des pensionnaires libres et sur les rétributions payées par les externes, et destiné à former le traitement éventuel du censeur et des professeurs, ne suffit pas pour assurer à chacun des fonctionnaires qui y ont droit un traitement éventuel de 600 fr., une subvention supplémentaire est allouée sur les fonds de l'État ou provisoirement sur les ressources annuelles de l'établissement, afin de compléter ce minimum.

Art. 11. Lorsqu'il y a lieu, à cause du nombre des élèves, de dédoubler un cours, la subdivision est confiée à un fonctionnaire, qui prend le titre de professeur adjoint.

Le même titre est conféré aux professeurs répétiteurs déjà chargés dans les lycées d'une partie de l'enseignement scientifique.

Les professeurs adjoints reçoivent un traitement fixe et unique, déterminé comme il suit :

    Lycées de Paris. . . . . . . 2,500 fr.

Lycées des départements :

    1re classe (30) . . . . 1,800 fr.
    2e classe (40) 1,600
    3e classe (70) 1,400
    4e classe (nombre indéterminé). 1,200

Art. 12. Les fonctionnaires des lycées et les professeurs titulaires ou divisionnaires actuellement en exercice continueront de jouir des avantages dont ils sont en possession.

Le ministre règle, eu égard aux services, le traitement fixe des fonctionnaires chargés de cours actuellement en exercice.

Art. 13. Il est interdit aux fonctionnaires et professeurs employés dans les écoles dépendant du ministère de l'instruction publique de faire des classes ou conférences dans les établissements particuliers d'instruction secondaire, ou d'y donner des répétitions.

14.

Décret du 17 août 1853, relatif à l'institution des maîtres répétiteurs des lycées.

Art. 1er. Des maîtres répétiteurs sont substitués aux maîtres d'étude des lycées.

Art. 2. Il y a, dans chaque lycée, des répétiteurs de première et de seconde classe et des aspirants répétiteurs.

Les répétiteurs sont répartis par tiers dans chacune de ces classes.

Art. 3. Les répétiteurs sont chargés non-seulement de veiller à la discipline, mais aussi de concourir à l'enseignement.

Ils font observer les règles d'une bonne éducation ;

Ils maintiennent l'ordre dans les mouvements de la journée ;

Dans les salles d'étude, ils dirigent les élèves; ils s'assurent de l'exactitude des textes dictés, de la manière dont se font les devoirs, du soin avec lequel les leçons sont apprises;

Ils tiennent les classes élémentaires;

Dans les classes de la division de grammaire et de la division supérieure, ils remplacent les professeurs empêchés;

Ils prennent part au service des répétitions, conférences et examens.

Art. 4. Les candidats aux fonctions d'aspirant répétiteur doivent être âgés de dix-huit ans au moins et être pourvus du diplôme de bachelier ès lettres ou ès sciences.

Nul n'est nommé répétiteur de deuxième classe, s'il n'a exercé pendant un an au moins, avec un titre régulier, les fonctions d'aspirant répétiteur.

Nul n'est nommé répétiteur de première classe, s'il n'a exercé pendant un an au moins les fonctions de répétiteur de deuxième classe, et s'il n'est pourvu du grade de licencié ès lettres ou de licencié ès sciences.

Art. 5. Les répétiteurs et les aspirants répétiteurs sont nommés, remplacés ou révoqués par le ministre de l'instruction publique, sur la proposition du proviseur et sur l'avis du recteur, chargés l'un et l'autre de s'assurer, au préalable, de la moralité et de l'aptitude des candidats.

Art. 6. Le proviseur, avec l'agrément du recteur, répartit chaque année, entre les répétiteurs et les aspirants répétiteurs, le service de la surveillance des élèves dans tous les mouvements de la journée, le service de la tenue des études, des classes élémentaires ou préparatoires et du remplacement des professeurs.

Il fera cette répartition de telle sorte que les maîtres surveillent, autant que possible, à partir de la classe de sixième, les mêmes élèves dans tout le cours des études.

Il peut, en cas d'urgence, suspendre les répétiteurs de leurs fonctions, à la charge par lui d'en référer immédiatement au recteur, et sans que la durée de cette suspension puisse excéder trois mois.

Art. 7. Les aspirants répétiteurs et les répétiteurs de 2e classe sont tenus de suivre les conférences qui seront organisées dans chaque lycée pour les préparer au grade, soit de licencié ès lettres, soit de licencié ès sciences.

Art. 8. Chaque répétiteur ou aspirant répétiteur devra pouvoir consacrer, les jours de classe, cinq heures au moins aux conférences, à son travail personnel et au repos.

Il lui est accordé, en outre, un demi-congé le dimanche ou le jeudi, deux fois par mois.

Art. 9. Cesseront d'être employés comme répétiteurs ceux qui, après avoir suivi les conférences pendant cinq ans, ne justifieraient pas qu'ils ont été admis aux épreuves orales de la licence ès lettres ou ès sciences, ou qui, après six années de préparation, n'auraient pas obtenu l'un ou l'autre diplôme.

Pourront être appelés, après ce délai, soit aux fonctions de commis d'économat, soit à des emplois de régents ou de maîtres d'étude dans les colléges communaux, ceux qui auront eu une conduite exempte de reproches.

Art. 10. Les fonctions de surveillant général dans les lycées seront réservées à ceux des répétiteurs de 1re et de 2e classe qui auront fait preuve d'une aptitude particulière pour la direction de la jeunesse.

Art. 11. Les candidats à l'agrégation peuvent faire compter, pour chacune des années de stage exigées par l'art. 7 du décret du 10 avril 1852, chacune des années pendant lesquelles ils auraient exercé les fonctions de répétiteur de 2e et de 1re classe.

Art. 12. Le traitement des répétiteurs et aspirants répétiteurs est fixé de la manière suivante :

  Répétiteurs de 1re classe. . . . 1,200 fr.
  Répétiteurs de 2e classe 1,000
  Aspirants répétiteurs.   700

Art. 13. Les surveillants généraux sont partagés en trois classes, ainsi rétribuées :

  1re classe (10). . . . . . . 1,800 fr.
  2e classe (10). 1,600
  3e classe (nombre indéterminé). 1,400

Art. 14. Peuvent être nommés, par exception, répétiteurs de 1re classe, les maîtres élémentaires qui ont obtenu, en vertu des anciens règlements, le rang et le traitement de professeur de 3e ordre, les maîtres d'étude surnuméraires ou titulaires actuellement en exercice, qui justifieraient du diplôme de licencié ès lettres ou ès sciences au moment de la promulgation du présent décret.

Les autres maîtres d'étude surnuméraires ou titulaires, actuellement en exercice avec un titre régulier seront répartis par décision ministérielle, eu égard à la durée et à la valeur de leurs services, sur la proposition des proviseurs et l'avis des recteurs, dans les deux dernières catégories instituées par le présent décret.

Les maîtres conservés dans le cadre des fonctionnaires des lycées, quelle que soit la classe à laquelle ils appartiendront désormais, continueront de jouir du traitement qu'ils reçoivent aujourd'hui, s'il est supérieur à celui que leur accorderait le règlement nouveau.

Les maîtres qui ne pourraient trouver place dans le cadre des fonctionnaires des lycées seront placés dans les colléges communaux à titre de maîtres d'étude ou de régents, si d'ailleurs ils sont dignes de cette faveur par leur bonne conduite et leurs services.

15.

Arrêté du 31 août 1853, prescrivant des interrogations particulières pour les élèves des lycées de Paris qui se destinent aux écoles spéciales. (Extraits.)

Art. 1er. Indépendamment des examens ordinaires prescrits par les instructions et confiés aux professeurs de chaque lycée de Paris pour les élèves internes et pour les élèves externes admis aux conférences de la section scientifique, des examinateurs choisis parmi les membres de l'Institut, les professeurs de la faculté des sciences de Paris, de l'école polytechnique et de l'école normale supérieure, sont chargés de soumettre périodiquement ceux de ces élèves qui se destinent aux écoles du gouvernement à des interrogations particulières sur les sciences mathématiques, physiques et naturelles.

Le résultat de chaque interrogation sera consigné sur un registre disposé à cet effet.

Art. 3. Les examinateurs.... recevront une indemnité dont le taux sera ultérieurement fixé.

16.

Arrêté du 1er septembre 1853, concernant le régime alimentaire des lycées.

Art. 1er. Le poids de la viande cuite, désossée et parée, délivrée à chaque élève, est réglé ainsi qu'il suit :

Pour les grands, 70 grammes par tête et par repas;
Pour les moyens, 60 grammes;
Pour les petits, 50 grammes.

Lorsque le repas se composera de deux plats de viande, les deux plats réunis devront peser un tiers en sus du poids ci-dessus fixé.

Les parts des maîtres nourris dans l'établissement seront de 100 grammes par tête et par repas.

Quelques minutes avant l'heure des repas, tantôt le matin, tantôt le soir, et sans que ces vérifications aient jamais lieu à jour fixe, l'économe, le proviseur ou son délégué feront mettre en leur présence dans une balance le contenu d'un plat destiné à une table de grands, de moyens ou de petits élèves ; ils diviseront le poids obtenu par 10, 8 ou 6, suivant le nombre d'élèves admis à la table, et s'assureront ainsi que cette moyenne est égale au poids réglementaire.

Les mêmes vérifications sont faites fréquemment par le recteur ou par un membre délégué du conseil académique.

Le vin, suivant sa force, entre pour un quart ou pour un tiers dans la composition de la boisson donnée aux élèves.

Art. 2. Au commencement de chaque semaine, le menu des repas présenté par l'économe, approuvé par le médecin, est arrêté par le proviseur, qui se conformera aux règles suivantes :

Le repas du matin se composera, non pas seulement pour les plus jeunes enfants, mais pour tous les élèves indistinctement, en hiver d'une soupe ou d'un potage, et en été d'une tasse de lait ou de quelques fruits avec une ration de pain convenable.

Le bœuf bouilli ne figurera dans le menu du dîner que trois fois par semaine au plus, et, ces jours-là, les élèves auront un second plat de viande.

Lorsque le menu du dîner ne se composera que d'un plat de viande, cette viande sera rôtie ou grillée.

Les jours gras, un plat de viande sera toujours servi au souper.

Les jours maigres, aux légumes aqueux, aux confitures et fruits secs, etc., on substituera, comme second plat, des mets plus substantiels consistant en poissons, œufs, farineux, etc.

La durée du dîner est d'une demi-heure ; celle du souper de vingt minutes au moins.

Art. 3. Les maîtres nourris dans l'établissement sont servis en même temps que les élèves et dans les mêmes salles.

Les agents et domestiques prennent leurs repas après les élèves, et autant que possible dans une salle commune.

Tant que les élèves n'ont pas été servis, tout prélèvement à un titre quelconque sur les aliments préparés pour chaque repas est formellement interdit.

8.

17.

Arrêté du 5 septembre 1853, portant création d'une commission de perfectionnement et d'examen de l'enseignement littéraire des lycées de Paris. (Extraits.)

Art. 1er. Indépendamment du comité des inspecteurs généraux, institué par arrêté du 28 octobre 1852 pour surveiller l'exécution des règlements et l'observation des méthodes prescrites pour l'enseignement, il est établi une commission de perfectionnement et de surveillance spéciale des études littéraires des lycées de Paris, qui sera formée de membres de l'Institut, de professeurs de la faculté des lettres de Paris, de professeurs du collège de France et de maîtres de conférences de l'école normale supérieure.

Art. 2. Ladite commission est chargée de contrôler par des examens, dont la forme sera ultérieurement déterminée, l'enseignement littéraire des lycées de Paris, et de proposer toutes les améliorations qu'elle jugera utile.

18.

Arrêté du 22 octobre 1853, fixant le traitement des commis d'économat des lycées. (Extraits.)

Art. 1er. Les premiers commis d'économat des lycées impériaux sont divisés en trois classes, et leur traitement est réglé ainsi qu'il suit :

1re classe (10). . . . . 1,400 fr.
2e classe (25). 1,200
3e classe (nombre indéterminé). . 1,000

Art. 2. Les présentes dispositions sont exécutoires à partir du 1er octobre courant.

19.

Arrêté du 29 décembre 1853, organisant l'enseignement du dessin dans les lycées. (Extraits[1].)

Art. 1er. L'enseignement du dessin commence à la classe de sixième; il est continué d'année en année jusqu'à la classe de logique inclusivement.

---

1. Voir, page 163, les articles 2, 3, 4 et 8, relatifs au programme des cours de dessin.

Cet enseignement est donné à tous les élèves internes et aux élèves externes qui sont admis aux conférences.

Il a lieu, pour chaque classe, à des heures et à des jours différents.

Art. 5. Les professeurs de dessin des lycées sont nommés par le ministre de l'instruction publique.

A partir du mois d'octobre 1855, nul ne sera nommé professeur de dessin dans les lycées qu'après avoir subi un examen spécial dont la forme sera ultérieurement déterminée.

Art. 6. Le traitement des professeurs de dessin est fixé de la manière suivante :

    Lycées de Paris. . . . . 2,500 fr.

    Lycées des départements :

        1re classe (10). 2,000
        2e classe (20). 1,800
        3e classe (nombre indéterminé). . 1,500

Art. 7. Outre les inspections ordinaires qui embrassent toutes les parties des études, l'enseignement du dessin, dans les lycées, est soumis à des inspections spéciales.

Art. 8.... Les dispositions contenues dans l'art. 6 ci-dessus ne seront également exécutoires qu'à dater du 1er octobre prochain.

20.

Arrêté du 13 mars 1854, organisant l'enseignement de la gymnastique dans les lycées.

Art. 1er. La gymnastique fait partie de l'éducation des lycées de l'empire ; elle est l'objet d'un enseignement régulier qui est donné aux frais des établissements.

Les exercices gymnastiques sont empruntés au règlement des gymnases militaires, modifié conformément au programme ci-annexé [1].

Les leçons d'équitation sont facultatives et restent à la charge des familles.

Art. 2. Les élèves sont partagés, pour les exercices gymnastiques, en trois divisions : celle du *petit collége*, celle du *moyen collége*, celle du *grand collége*.

---

1. Voir, page 165, le programme du cours de gymnastique.

Ces trois divisions seront, au besoin, subdivisées en sections.

L'enseignement de la division du petit collège sera emprunté aux quatre premières séries et à la sixième série du programme ci-annexé.

L'enseignement de la division du moyen collège comprend les exercices indiqués dans les séries 1, 2, 3, 4, 5, 6 et 8 dudit programme.

L'enseignement de la division du grand collège comprend, outre la répétition des exercices ci-dessus, tous les autres exercices mentionnés audit programme.

Art. 3. Chacune de ces divisions reçoit, pendant toute l'année, deux leçons par semaine, à des heures qui ne sont pas celles de la récréation.

Une de ces leçons a lieu nécessairement le jeudi.

Un gymnase couvert est spécialement affecté aux exercices de gymnastique.

Art. 4. Les maîtres de gymnastique sont nommés par le ministre de l'instruction publique.

21.

Arrêté du 13 mars 1854, fixant le programme du cours de gymnastique des lycées.

(Voir cet arrêté, page 165.)

22.

Arrêté du 14 mars 1854, relatif aux absences des professeurs et des maîtres répétiteurs des lycées.

Art. 1er. Les professeurs et maîtres répétiteurs des lycées qui se trouveront dans l'impossibilité de faire leurs classes ou leurs conférences, en avertiront le proviseur par écrit, et feront connaître les motifs de leur absence.

Art. 2. Le proviseur désignera les maîtres répétiteurs qui seront chargés de remplacer les professeurs et maîtres empêchés.

Art. 3. Des retenues seront exercées sur le traitement des professeurs et maîtres chargés de classes qui se seront absentés. Ces retenues, pour chaque jour pendant lequel le fonctionnaires n'auront pas fait tout ou partie de leur service, seront égales à un jour de traitement fixe du professeur ou maître remplacé, fractions négligées, conformément au tarif ci-annexé.

Art. 4. Les professeurs et maîtres n'auront droit au remboursement des retenues qu'en cas de maladie régulièrement constatée, ou lorsque l'absence aura eu lieu par suite de circonstances extraordinaires, ce qui devra être justifié.

Art. 5. A la fin de chaque trimestre, le proviseur fera dresser l'état des retenues opérées, et proposera le remboursement de celles qu'auront subies les professeurs et maîtres qui se trouveront dans les cas prévus par l'article 4.

L'état des retenues et les propositions du proviseur seront transmis au ministre par l'intermédiaire du recteur, qui y joindra son avis.

Les retenues dont le remboursement n'aura pas été autorisé demeureront acquises au lycée.

TARIF des retenues à exercer sur le traitement des professeurs et maîtres répétiteurs chargés de classes dans les lycées impériaux, pour chaque jour pendant lequel ces fonctionnaires n'auront pas fait tout ou partie de leur service.

TRAITEMENTS.	RETENUES à exercer pour chaque jour d'absence.		TRAITEMENTS.	RETENUES à exercer pour chaque jour d'absence.	
fr.	c.	fr. c.	fr.	c.	fr. c.
3,000	» »	8 » »	1,600	» »	4 » »
2,500	» »	6 50	1,400	» »	3 50
2,000	» »	5 50	1,200	» »	3 » »
1,800	» »	5 » »	1,000	» »	2 50
1,700	» »	4 50			

23.

Arrêté du 7 avril 1854, relatif au régime disciplinaire des lycées.

Art. 1er. Les seules punitions autorisées dans les lycées de l'empire sont celles qui suivent :
1° La mauvaise note;
2° La retenue avec tâche extraordinaire pendant une partie de la récréation;
3° La retenue avec tâche extraordinaire pendant une partie du temps destiné à la promenade;
4° L'exclusion momentanée de la classe ou de la salle d'études, avec renvoi devant le proviseur;
5° La privation de sortie chez les parents;
6° La mise à l'ordre du jour du lycée;
7° Les arrêts avec tâche extraordinaire dans un lieu isolé, sous la surveillance d'un maître;
8° L'exclusion du lycée.

Les quatre premières peines peuvent être prononcées par le censeur, les professeurs, les surveillants généraux et les maîtres répétiteurs. Les quatre dernières ne peuvent l'être que par le proviseur.

La tâche extraordinaire est réglée de manière à ce qu'elle soit utile à l'instruction de l'élève. Le règlement intérieur, dressé en exécution de l'article 7 ci-après, déterminera la nature de cette tâche et fixera un maximum qu'elle ne pourra dépasser.

La peine de l'exclusion du lycée ne devient définitive, en ce qui concerne les élèves pensionnaires, qu'après approbation du recteur; en ce qui concerne les élèves boursiers, qu'après approbation du ministre.

Art. 2. Indépendamment des récompenses spéciales auxquelles donnent lieu les compositions hebdomadaires et les compositions de la fin de l'année, les récompenses suivantes peuvent être décernées, savoir :

Pour chaque jour,
1° La bonne note;

A la fin de la semaine,
2° La mise à l'ordre du jour de la classe ou de la salle d'études;
3° Le *satisfecit* délivré au nom du proviseur;
4° La mise à l'ordre du jour du parloir.

Les deux premières récompenses peuvent être accordées par le censeur, les professeurs, les surveillants généraux et les maîtres répétiteurs. Les deux dernières ne peuvent l'être que par le proviseur.

Art. 3. Lorsque la somme des tâches extraordinaires infligées à un élève par divers maîtres dépasse le *maximum* fixé par le règlement intérieur, le proviseur détermine, suivant la gravité des circonstances, celles de ces punitions qui doivent être réduites ou modifiées.

Le proviseur peut, dans tous les cas, établir une compensation entre les récompenses méritées et les punitions encourues par le même élève.

Art. 4. Tous les dimanches, après la messe, le censeur, en présence du proviseur, donne lecture, devant les élèves assemblés par divisions, du rapport récapitulatif des peines infligées et des récompenses décernées pendant la semaine.

Art. 5. Il est fait mention, dans les bulletins trimestriels adressés aux familles, des récompenses accordées et des punitions infligées aux élèves.

Art. 6. Le proviseur conserve le droit de prendre d'urgence, dans les cas graves, à la condition d'en référer au recteur dans les vingt-quatre heures, les mesures qu'il juge indispensables au bon ordre de l'établissement dont la direction lui est confiée.

Art. 7. Un règlement intérieur, dressé par le proviseur et approuvé par le recteur en conseil académique, pourvoira, dans chaque lycée, aux moyens d'exécution du présent arrêté.

24.

Décret du 22 août 1854, relatif à l'instruction publique.
(Extraits.)

Art. 19. Le recteur dirige, assisté, au besoin, des inspecteurs d'académie, les établissements publics d'enseignement secondaire.

Il reçoit, avec l'avis de l'inspecteur d'académie, les rapports des proviseurs des lycées et des principaux des colléges communaux. Il les résume dans le rapport mensuel qu'il adresse au ministre.

Il dresse le tableau d'avancement des fonctionnaires des lycées et des régents des classes supérieures des colléges communaux.

Il propose des candidats pour les emplois vacants de maître répétiteur des lycées et de régent des classes de grammaire des colléges communaux.

Il donne son avis au ministre sur les comptes administratifs et sur les budgets des lycées et collèges.

Lorsqu'il est en tournée, il réunit, s'il y a lieu, les bureaux d'administration placés près des lycées et des colléges communaux.

25.

Décret du 30 septembre 1854, fixant le prix de pension des boursiers impériaux des lycées.

Art. 1er. A partir du 1er octobre prochain, le prix de la pension des boursiers impériaux dans les lycées est fixé uniformément pour les élèves des trois divisions et de la classe de mathématiques spéciales, ainsi qu'il suit :

Lycées de Paris.	900 fr.
Lycées de la 1re catégorie. . .	800
Lycées de la 2e catégorie. . .	700
Lycées de la 3e catégorie. . .	600
Lycées de la 4e catégorie. . .	500

Art. 2. La portion du prix restant à la charge des familles des élèves qui jouissent d'une demi-bourse ou de trois quarts de bourse, continuera d'être payée conformément aux dispositions de l'article 2 du décret du 16 avril 1853[1].

---

1. Voir, page 337, l'article 2 du décret du 16 avril 1853 et le prix de pension des diverses catégories de lycées.

TABLE DES DÉCRETS ET ARRÊTÉS.

1. Décret-loi du 9 mars 1852, relatif à l'instruction publique. 329
2. Décret du 10 avril 1852, relatif à l'instruction publique et à l'enseignement des lycées. 329
3. Arrêté du 14 avril 1852, relatif aux élèves de l'école normale de la présente année scolaire appelés à un emploi dans les lycées. 331
4. Arrêté du 29 août 1852, relatif à l'enseignement religieux des lycées. 331
5. Arrêté du 30 août 1852, fixant le plan d'études des lycées. 331
6. Arrêté du 30 août 1852, fixant les programmes d'enseignement des lycées. 332
7. Arrêté du 8 septembre 1852, fixant la liste des lycées où l'enseignement des mathématiques spéciales est maintenu. 332
8. Arrêté du 10 septembre 1852, relatif à la répartition de l'enseignement entre les professeurs des lycées. 332
9. Arrêté du 13 septembre 1852, relatif aux programmes d'admission des écoles spéciales et de l'examen du baccalauréat ès sciences. 334
10. Arrêté du 14 septembre 1852, relatif au concours général des lycées et collèges de Paris et de Versailles. 334
11. Arrêté du 26 janvier 1853, fixant le programme de la classe de mathématiques spéciales des lycées. 336
12. Arrêté du 12 février 1853, modifiant le titre des lycées. 336
13. Décret du 16 avril 1853, relatif au régime financier des lycées. 337
14. Décret du 17 août 1853, relatif à l'institution des maîtres répétiteurs des lycées. 342
15. Arrêté du 31 août 1853, prescrivant des interrogations particulières pour les élèves des lycées de Paris qui se destinent aux écoles spéciales. 345
16. Arrêté du 1ᵉʳ septembre 1853, concernant le régime alimentaire des lycées. 345

TABLE DES DÉCRETS ET ARRÊTÉS.

17. Arrêté du 5 septembre 1853, portant création d'une commission de perfectionnement et d'examen de l'enseignement littéraire des lycées de Paris. 347
18. Arrêté du 22 octobre 1853, fixant le traitement des commis d'économat des lycées. 347
19. Arrêté du 29 décembre 1853, organisant l'enseignement du dessin dans les lycées. 347
20. Arrêté du 13 mars 1854, organisant l'enseignement de la gymnastique dans les lycées. 348
21. Arrêté du 13 mars 1854, fixant le programme du cours de de gymnastique des lycées. 349
22. Arrêté du 14 mars 1854, relatif aux absences des professeurs et des maîtres répétiteurs des lycées. 349
23. Arrêté du 7 avril 1854, relatif au régime disciplinaire des lycées. 351
24. Décret du 22 août 1854, relatif à l'instruction publique. 352
25. Décret du 30 septembre 1854, fixant le prix de pension des boursiers impériaux des lycées. 353

FIN.

www.ingramcontent.com/pod-product-compliance
Lightning Source LLC
Chambersburg PA
CBHW050738170426
43202CB00013B/2292